映画がつなぐ中国と日本

日中映画人インタビュー

劉文兵 *Liu Wenbing* 著

東方書店

目　次

第二部　共同製作の現場で

映画がつなぐ中国と日本

❖日中映画人インタビュー

はじめに　日中映画交流史の流れ

本書は陳凱歌（チェン・カイコー）や、張芸謀（チャン・イーモウ）、ジョン・ウー（呉宇森）、賈樟柯（ジャ・ジャンクー）ら数世代にわたる中国の映画人や、日本側の関係者へのインタビューをつうじて、戦中・戦後の日中映画交流にまつわる映画史の新事実を発掘するとともに、両国の映画が相手国の人々に与えた鮮烈なインパクトや、共同製作の舞台裏をも明らかにした証言集である。

本書は「映画史の深層」と「共同製作の現場で」の二部構成をとっている。第一部では人的交流の歴史にスポットライトをあて、第二部では日中合作映画製作の最前線に注目することで、映画史研究にとどまらず、現在の中国における日本映画の受容や、日中共同製作の現状をも視野に入れ、さらに新たな文化交流のモデル、あるいは可能性を探る。

まず、一〇〇年にのぼる日中映画交流史の流れをコンパクトに振り返ってみよう。

戦前

日中映画交流の歴史は、二〇世紀初頭に日本人が多く住む中国の東北地方や上海で幕を開け、一九二〇年代後半に一つのピークを迎えた。

メロドラマ『人面桃花』（陳寿蔭監督、一九二五年）、ホームドラマ『紅情怨』（邵酔翁監督、一九二六年）などの中国映画が立て続けに日本で劇場公開され、また、中国初の本格的なトーキー映画『雨過天青』（夏赤鳳監督、一九三一年）も、日中合作の形で製作された。中国側の企画で、監督をはじめ、メインスタッフや俳優も中国人だったが、ヘンリー小谷がキャメラを手掛け、録音において日本側の技術的バックアップを受け、さらに日本での撮影をおこなった異色作であった。

その時の日中双方のあいだでコーディネーターをとつめた川谷庄平（中国名は谷庄平）は日活出身のキャメラマンで、二〇年代の上海で二十数本の中国のサイレント映画のキャメラを担当していた。

当時の上海は東洋のハリウッドと呼ばれ、一〇〇に上る映画会社が集中していた。そこで製作された映画は中国国内だけでなく、中国人が多く住む東南アジアでも配給されることもあった。上海は大きな国際的映画市場だった。その時代に、多くの日本の映画人は上海に渡って、中国映画の製作に携わった。川谷庄平をはじめとする複数の日本人キャメラマンは上海のスタジオで活躍していた。

また、日本映画の上海ロケも頻繁におこなわれ、中国映画に出たいと熱望する日本人俳優も上海でチャンスを窺っていた。中国という大きなマーケットに飛び込みたいという当時の状況は、二〇一八年現在の日本映画界と似ている。

しかし、そのような合作の可能性は、「満州事変」（一九三一年）や、それに続く日中戦争（一九三七〜

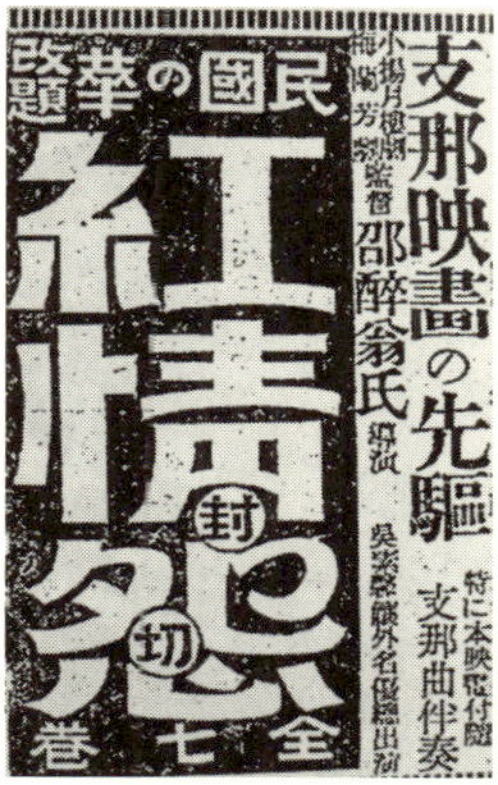

支那映畫の先驅
特に本映畫付題 支那曲伴奏
小楊月樓孃 梅瑞芳孃 監督 邵醉翁氏 導演
吳素馨孃外名優總出演
民國の華 改題
紅情怨
封切
全七巻

「朝日新聞」に掲載された『紅情怨』の広告。
1926年5月28日夕刊

綠牡丹主演の
新しい人情劇や
人氣女優の物など
初めて來た支那映畫

支那の映畫界が最近非常に進歩して盛んにいろ〳〵な映畫を製作して居るがその二三が今度輸入され「近日中」に封切になることになつたのは支那劇が盛ん

窯の息子何夢錐が同村の女を愛しその無教育なのを憂へて都の女學校に入れてやるが女は銀紫秋といふ友人に感化し都の「當世風」な

「読売新聞」に掲載された『人面桃花』の紹介記事。1926年5月26日朝刊

『雨過天青』

四五年）によって断たれてしまった。

一九三七年に日中戦争がはじまると、日中のコラボレーションは、日本が支配・占領していた満州と上海を舞台に、厳しい権力関係のもとでおこなわれていたが、製作された映画の多くは八紘一宇、大東亜共栄圏を賛美する国策映画であった。

戦中の満州

日本の国策映画の製作機構である「満州映画協会」（満映）は一九三七年八月に発足し、多くの日本映画人が満映に招聘された。しかし、そもそも満映を設立した目的が、「満州国」独自の映画製作にあった。その「自主性」と「日満親善」を演出するために、さらに中国人を喜ばせる映画をつくるために、中国人の俳優や、スタッフも多く養成・採用された。

満州国の映画館は、大まかに「日系館」と「満系館」の二通りに分けられる。前者は日本人居留民（朝鮮人も含まれた）を対象とし、日本映画や日本から持ち込んできた欧米映画を

満映俳優養成所の訓練風景
満州映画協会編『満州映画協会案内』（1938年）より

上映していた。それに対して、中国人が通う満系館は、主に上海映画や満州映画を上映していた。中国人の観客が日系館へ足を運ぶことはめったになかったという。

上海での日本映画上映

上海の日本人居住地域である虹口《ホンコウ》では、戦前から戦中にかけて、上海国際劇場、銀映座、東和劇場、上海歌舞伎座、虹口シネマなどの日本人向けの日本映画上映館があったが、「日本人街を一歩出外れて、ガーデン・ブリッヂを渡れば、もうそこには一本の日本映画、一本の満州映画さへも上映されたことがなかった」のが実情だった（「英鬼　撃ちて撃ちて撃ちてし止まむ：『万世流芳』特輯・解説」、『新映画』一九四四年六月号、九頁）。ハリウッド映画に独占されていた中国映画市場に、日本映画が参入する余地はまったくと言っていいほどなかった。

太平洋戦争の勃発（一九四一年一二月八日）とともに、日本軍は上海の全域を支配下に置いた。ハリウッド映画も敵性映画と見なされ、排除の対象となった。一九四二年六月に、日本映画が上海租界で初めて一般公開された。その後、「大光明大戯院」（GRAND THEATRE）、「南京大戯院」、「国泰大戯院」（CATHAY THEATRE）、「大華大戯院」（ROXY THEATRE）といった上海の一流の映画館は、次々とハリウッド映画の上映を打ち切り、中国映画や日本映画を上映する方針に転換した。そのなかで、「大華大戯院」は中国人観客を対象とする唯一の日本映画専門館だった。また、一部の日本映画は巡回上映のかたちで上映された。

一九三九年六月に上海でつくられた「中華電影公司」（略称「中華」）は、日本占領地域での一元的な映画配給をおこなうようになった。四二年四月、上海租界にあった一一の映画製作会社は、「中華聯合製片公司」（略称「中聯」）に再編された。四三年五月、「中華電影公司」と「中華聯合製片公司」、また興業部門の企業合同体の「上海影院公司」の三社が合併した「中華電影聯合公司」（略称「華影」）が設立された。ちなみに、日本では、「中華」、「中聯」、「華影」の三者を「中華電影」として一括りにする場合が多いように思われる。「中華電影」の最高責任者は川喜多長政であった。

銀映座

上海歌舞伎座

虹口シネマ

上海国際劇場

東和劇場

大華大戲院（ROXY THEATRE）

上海の日本映画上映館
中華電影股份有限公司編『中華電影の全貌』（1943年）より

いっぽう、日本では太平洋戦争が勃発したあと、『木蘭従軍』（卜万蒼監督、一九三九年）、『万世流芳』（卜万蒼、朱石麟、馬徐維邦、楊小仲監督、一九四三年）、長編アニメーション『西遊記　鉄扇公主の巻』（万古蟾、万籟鳴監督、一九四一年）が立て続けに劇場公開された。これらの上海映画の日本への輸入は、大東亜共栄圏のスローガンのもとでの「日華親善」を演出するためのイベントであり、また既成の中国イメージ、すなわち欧米列強の搾取に喘ぎ、日本に救済を求める「哀れな中国人」というイメージを確認する、あるいは増強するという目的によるものであったのは言うまでもない。

冷戦時代の日中映画交流

一九四五年に終戦を迎えると、日本映画は中国から一掃され、四九年に中華人民共和国が成立したあとも、しばらくはまったく上映されなかった。しかし、五四年になると、『どっこい生きてる』（今井正監督、一九五〇年）を皮切りに、山田五十鈴主演の『女ひとり大地を行く』（亀井文夫監督、一九五三年）、高峰秀子主演の『二十四の瞳』（木下恵介監督、一九五四年）、乙羽信子主演の『裸の島』（新藤兼人監督、一九六一年）が立て続けに中国全土で一般公開された。

戦後の日中映画交流は、「日本中国友好協会」（一九五〇年に東京で設立）と「日本中国文化交流協会」（一九五六年に東京で設立）という二つのルートを通して進められた。前者が主に日本国内での中国映画の上映を精力的におこなっていたのに対して、後者は両国映画界の人的交流に重きを置いていたのである。そのなかで、『白毛女』（王濱、水華監督、一九五〇年）、『青春の歌』（崔嵬、陳懐皚監督、一九五九年）、『不屈の人びと』（水華監督、一九六五年）などの中国映画は自主上映や、単館上映のかたちで上映されていた。
文化大革命（一九六六～一九七六年）の時代でも、両国の映画による交流は続いていたが、きわめて限定的な交流にとどまっていた。

「日中平和友好条約」と日本映画ブーム

ところが、一九七〇年代後半から八〇年代前半にかけての中国で、空前の日本映画ブームが起きた。『君よ憤怒の河を渉れ』（佐藤純彌監督、一九七六年）、『サンダカン八番娼館　望郷』（熊井啓監督、一九七四年）を皮切りに、『人間の証明』（佐藤純彌監督、一九七七年）、『愛と死』（中村登監督、一九七一年）、『砂の器』（野村芳太郎監督、一九七四年）、『男はつらいよ』シリーズ（山田洋次監督）などがつぎつぎと大ヒットし、高倉健、栗

『どっこい生きてる』　写真提供：山本駿

原小巻、中野良子、山口百恵は中国で国民的な人気を博した。これに伴って映画人の交流も大きく拡大した。

このような日本映画ブームの背景には、文革の終焉と、鄧小平による改革開放路線への体制転換という中国国内の政治的事情があったが、同時に一九七八年に締結された「日中平和友好条約」がもたらした日中関係の蜜月期が、その最大の要因であった。

一九七八年一〇月、「条約」の批准書交換式に出席するため、鄧小平が日本に向かった。その訪日日程に合わせて、「鄧小平副総理訪日記念」と銘打たれた「日本映画祭」が中国の八つの大都市で同時開催された。それこそ日本映画ブームの端緒であった。

イベントは、九一年に至るまでほぼ毎年中国でおこなわれ、映画祭で上映された七、八本の日本映画は、そのあと中国の各地へ配給され、あわせて計七六本の日本映画が中国全土で一般公開されたのである。

「日本映画祭」の開催

「日本映画祭」の主催者は、映画配給網と輸出入事業を統括する国営の「中国電影公司」であるのに対して、日本側で中心的役割を果たしたのは、中国関連事業を専門とする徳間書店の子会社・東光徳間であった。代表の徳間康快《やすよし》は、保有外貨が限られている中国側の経済事情を配慮して、採算を度外視してまで最新の質の良い日本映画の紹介に努めた。

そのため、同時期に中国で上映された他の外国映画と比べて、日本映画は題材的・ジャンル的な豊富さと新しさにおいて突出していた。すなわち、山本薩夫監督の社会派映画、山田洋次監督の人情もの、角川春樹製作の超大作、宮崎駿監督のアニメに至るまで、きわめてヴァリエーションに富んでおり、さらに日本で製作されてからほとんど間を置かずに中国で公開されたというタイムラグの少なさもまた、人気を集める要因となったのである。

日本映画が、文革後の空白期にあった中国社会にたいして与えたインパクトは計り知れなかった。当時の日本の映画やドラマは、エンターテインメントの次元を遙かに超えて、文革による精神的な自閉状態からの脱出、喪失してしまったヒューマニズム的な家族愛や男女愛の奪回、倫理観とモラルの再建、さらに近代化路線を推進する中国のメンタリティーの形成にまで、

第２回日本映画祭の会場。1979年

絶大な影響を及ぼしたのである。

いっぽう、これらの日本映画を支える演出・キャメラ・編集などの豊かで洗練された映画技法の数々が、文革体制下において支配的であったプロパガンダ映画のコードから脱出し、新たな中国映画の誕生に向けて模索を重ねていた当時の中国の映画人たち、たとえば日本でお馴染みの陳凱歌、張芸謀らに、きわめて大きな影響を与えたのである。

しかし、中国が急成長した九〇年代以降、大衆娯楽メディアの主流が映画からテレビへとシフトしたことに、九二年に中国での「日本映画祭」が打ち切られたことも追い打ちをかけ、日本映画は次第に人気を失くしていった。さらに二〇〇〇年以降はハリウッドの大作映画の輸入が本格化したことによって、中国における日本映画の存在感はますます弱まった。

中国での日本映画の転換期

しかし、二〇一六年に中国における日本映画の上映に大きな転換点が訪れた。『君の名は。』（新海誠監督、二〇一六年）をはじめ、年間一一本の日本映画（アニメ九本、実写作品二本）が立て続けに中国全土で公開され、その数は史上最多を記録した。この日本映画ブームを引き起こした起爆剤の一つは、前年度の中国でヒットした『STAND BY ME ドラえもん』（山崎貴、八木竜一監督、二〇一四年）であるように思われる。同映画は、中国で米国以外の外国映画の年間興行成績第一位（約九〇億円）という快挙を成し遂げ、そのヒットにあやかって、日本のアニメ映画が次々と輸入されるようになった。そして、『君の名は。』は一〇〇億円を稼ぎだす大ヒットとなった。

　中国映画市場においては日本アニメが安定した人気を博しているのに対して、日本の実写映画の受容は厳しい状況にあり、興行収入はよくても十数億円にとどまっている。その半面、日本映画に対する中国人の熱狂的な反応は、毎年、中国で開催される北京国際映画祭、上海国際映画祭の際に垣間見られる。数十本の日本映画の最新作が一気に上映され、人気映画のチケットがすべて入手困難となり、ダフ屋の値段は定価の何倍にも上ったという。しかし、全国で一般公開されるとなると、ヒットするとは限らない。日本映画ファンは、上海、北京、広州などの大都会に集中しており、しかも高学歴層が中心となっているからである。巨大な中国の映画市場にどう臨むのか、日本の映画人は今、

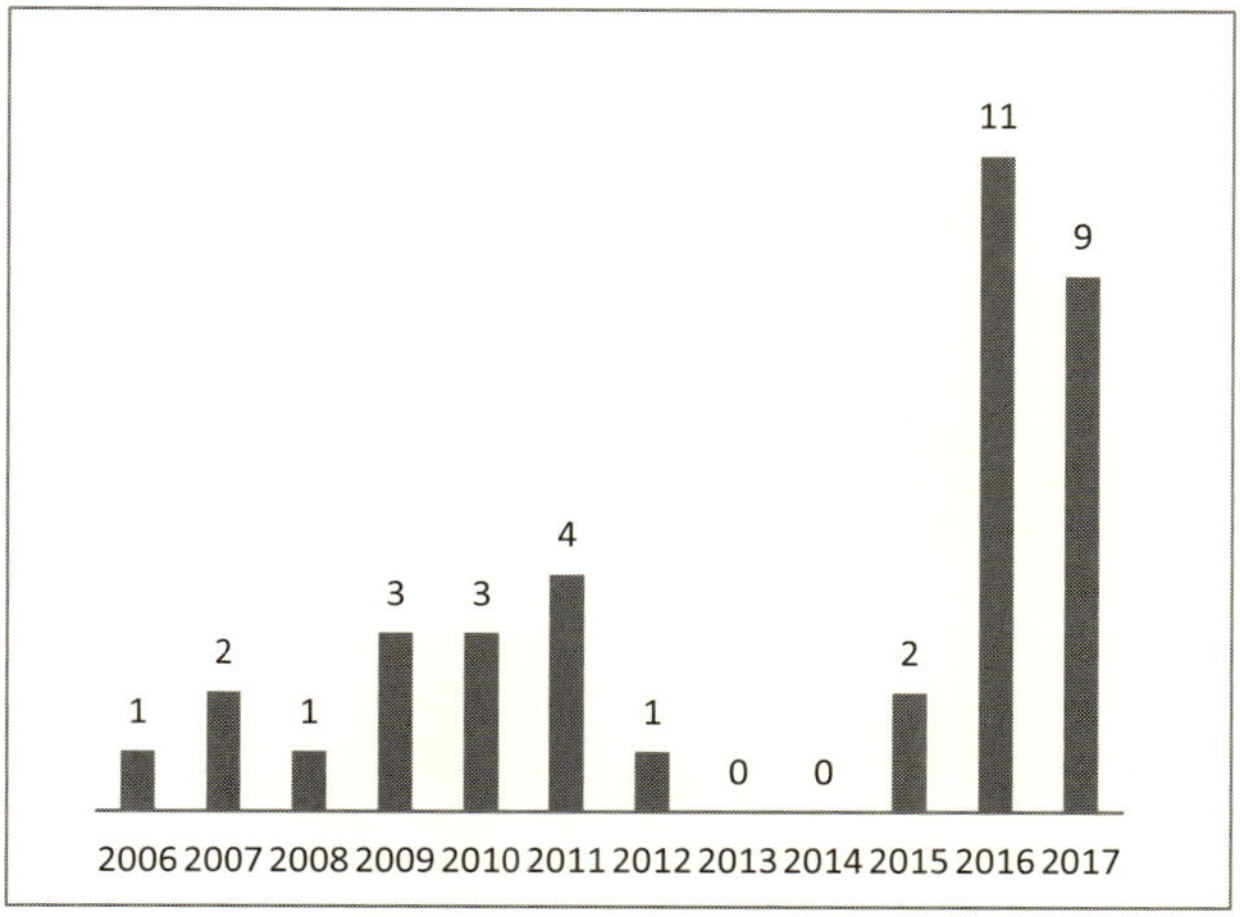

中国で劇場公開された日本映画の本数（2006 ～ 2017 年）

模索の最中である。

日本での中国映画の受容

徳間康快は、中国での「日本映画祭」と並行して、日本で一九七七年から計二〇回、中国の映画人を招いて「中国映画祭」を開催し、東京、大阪、名古屋などの大都市に加え、地方都市でも映画祭を開いた。ただ、それらの上映作品は、映画祭開催期間中の特別上映にとどまり、中国における日本映画の上映の規模と影響にははるかに及ばなかった。

そのような状況が変わったのは『黄色い大地』（陳凱歌監督、一九八四年）が公開された一九八五年頃である。『黄色い大地』の初上映は、東光徳間主催により、文芸坐でおこなわれた「85中国映画新作フェスティバル」だった。連日満員で評判もよかったため、映画祭の後、大手配給会社の日本ヘラルドが、一九八六年七月一一日からシネマスクエアとうきゅうで一般公開した。

つづいて『芙蓉鎮』（謝晋監督、一九八六年）が八八年三月二六日から岩波ホールで、『紅いコーリャン』（張芸謀監督、一九八七年）は八九年一

『紅いコーリャン』

『黄色い大地』

月二七日からユーロスペースで単館上映されて話題となった。『紅いコーリャン』、『芙蓉鎮』を観た三國連太郎が「中国映画の水準はもう日本を超えている。中国は未来への展望を持っていて、次世代への期待が大きいですね。この点も今の日本と違うんじゃないかと思う」（「この人と中国」、『日中文化交流』五一三号、一九九三年一月一日）と語ったように、その頃、日中映画の力関係の逆転さえ感じた日本映画人は少なくなかったのである。

そして、『菊豆　チュイトウ』（張芸謀監督、一九八九年）は、一九九〇年四月二六日から上野宝塚劇場で独占ロードショーをおこなった後、五月二六日から全国公開され、一億六四九万円の興行収入を稼ぎだした。

ヘラルド・エースが配給し、ル・シネマで一九九四年二月一一日から公開された『さらば、わが愛／覇王別姫』（陳凱歌監督、一九九二年）は一億七五七五万円の興行収入を上げ、その年の単館上映作品興行成績第一位を獲得した。多くの中国映画ファンを魅了しつづける不朽の名作である。中国映画の上映は、ビジネスとして成立したのである。

二〇〇〇年代以降、『山の郵便配達』（霍建起監督、一九九九年）や、『初恋のきた道』（張芸謀監督、一九九九年）、『鬼が来た！』（姜文監督、二〇〇〇年）、『HERO』（張芸謀監督、二〇〇二年）、『LOVERS』（張芸謀監督、二〇〇四年）も話題となった。そのうち、『山の郵便配達』は単館上映作品として四億円以上の興行収入を得、『HERO』はワーナーによって配給され、数百の上映館で一斉に公開されて四〇億円の興行成績をおさめた。さらに、インディペンデント出身の賈樟柯や、婁燁（ロウ・イエ）、王兵（ワン・ビン）らが手掛けたアート系作品も注目を集めたのである。

とはいえ、近年、日本での中国映画ブームが下火になった感は否めない。中国映画が日本へ輸入されなくなった要因の一つは、その価格が高騰したことにあるように思われる。中国映画ブームの再来が期待される。

合作映画の系譜

戦後、本格的な日中合作映画の嚆矢となったのは、一九八二年に日中両国で同時公開された『未完の対局』（中国語題『一盤没有下完的棋』、佐藤純彌、段吉順監督、北京映画撮影所・東光徳間株式会社製作）であった。

日中合作映画のなかで、もっとも多かったのは井上靖の歴史小説を原作とした歴史劇である。『天平の甍』（熊井啓監督、一九八〇年）、『敦煌』（佐藤純彌監督、一九八八年）、『狼災記』を

『未完の対局』の撮影の合間
写真提供：佐藤純彌

『敦煌』　写真提供：佐藤純彌

映画化した『ウォーリアー&ウルフ』（田壮壮監督、二〇〇九年）、そしてテレビドラマ『蒼き狼　成吉思汗の生涯』（一九八〇年）がそれにあたる。ちなみに『ウォーリアー&ウルフ』は、徳間康快が田壮壮監督・高倉健主演で長年温めていた企画だが、徳間の死後、高倉ではなくオダギリジョーの主演で実現した。

一九八〇年代当時の合作映画の製作過程においては、日本側の監督やスタッフがイニシアチブを握っていた。それは、両国の映画のレベルの違いや力量差によるものだった。

しかし、近年の日中合作映画において、その力関係は大きく変わってきているように思われる。昨今の『空海—KU-KAI—美しき王妃の謎』（陳凱歌監督、二〇一七年）、『マンハント』（ジョン・ウー監督、二〇一七年）は、従来の日本側主導の日中合作映画の枠を破り、製作にかかわる日中双方のスタッフが対等な立場で協力し合い、日本的要素を取捨選択した新しいタイプの合作映画を生みだしている。

いっぽう、日本のマンガや流行小説の映画化権を中国企業が取得する動きが活発になっている。二〇一七年に『容疑者Xの献身』（西谷弘監督、二〇〇八年）、『家族はつらいよ』（山田洋次監督、二〇一六年）がそれぞれ中国映画『嫌疑者X的献身』（蘇有朋監督）、『麻煩家族』（黄磊監督）として公開され、六二億円、五〇億円の興行収入を上げた。『嫌疑者X的献身』は「福山雅治主演の日本版に引けを取らない」と高い評価を得ている。また、岩井俊二、金子修介、本木克英ら日本の映画監督も、中国映画のメガホンを執るようになった。アニメとコミック原作映画に偏り、内向きの傾向にある日本映画界は、中国映画界と関わることにより、活性化が期待できるのではないだろうか。

さらに、二〇一八年五月、日中間で共同製作の際の手続きを円滑化するため、「日中映画共同制作協定」が締結された。それをうけて日本人スタッフやキャストがより多く参加する作品が、中国映画として公開されることになり、日中合作映画の製作はさらに活発化するに違いない。

不均衡性の先に

一〇〇年にのぼる日中映画交流史の一つの大きな特徴として、双方の映画受容の不均衡さが挙げられる。一九五四年、『どっこい生きてる』を皮切りに中国で公開されていった日本映画は、ソ連モデルに基づいた社会主義的映画配給システムに乗って、「一館残さず全国に配給されていった」（内田吐夢ほか「座談会：私たちは新中国で映画を作ってきた」、『中央公論』一九五四年二月号、一四五頁）。そのような状況は一九九〇年代後半まで続いた。しかし、日本での中国映画の劇場公開が一般化・恒例化するに至ったのは、一九八〇年代後半以降であり、『HERO』や『LOVERS』のようなわずかな例外を除いて、単館上映や、自主上映、映画祭での上映がほとんどで、そのような状況は今でも変わっていない。

そして、こうした両国映画の上映スタイルの違いは、お互いが相手国に与えたインパクトに大きな落差をもたらした。とりわけ、一九七〇年代後半から八〇年代後半にかけて、日本映画は中国国民に熱狂的に受け入れられ、高度経済成長への道を歩もうとする中国人のメンタリティーの形成にきわめて大きな影響を及ぼした。本書において声優の丁建華、王好為監督が証言しているように、中国の映画人もインテリ層も、一般観客と同じようにこぞって日本映画に夢中になっていたという特殊な時代状況だった。その時代の映画受容の位相を捉えるにあたって、観客層の細分化といった従来の方法論や一般論はもはや無力であるように思われる。

これに対して、一九八〇年代半ば以降の『黄色い大地』、『紅いコーリャン』、『さらば、わが愛／覇王別姫』など中国第五世代の作品や、賈樟柯、婁燁ら第六世代監督の作品のもつ芸術性が高い評価を得ているとはいえ、その人気は日本の知識層や中国関係の研究者、愛好家に限定されている感は否めない。そして、二〇〇〇年以降、中国での日本映画ブームが過ぎ去ったとはいえ、日本の大衆文化の影響は、マンガ、アニメ、ゲームのかたちで、中国の若者のあいだで深く浸透しているのに対して、中国映画は映画祭での上映に加え、年に数本、日本の限られた映画館で数日間上映されるにとどまっている。

さらに、日本での日中映画史研究において、日本映画受容に関する研究の層が厚く、逆に中国映画受容のそれが貧弱であるというアンバランスな現状も、おそらく研究対象そのものの存在感や影響力の差によって規定されているように思われる（そもそも映画史を記述する際に、両者を均等に扱うことに限界があるように思われる）。

日本の映画市場にどう臨むのか、中国映画をどう日本人に紹介していくのか。中国の映画人、そして、われわれ研究者にとっての大きな課題となるだろう。

第一部

映画史の深層

二〇一六年一月～二〇一七年一二月、七回にわたって東京で取材

冷戦時代の映画人交流

佐藤純子（日本中国文化交流協会常任理事）インタビュー

佐藤純子と中島健蔵。1959年

日本中国文化交流協会。それは、日本中国友好協会とともに、戦後、とりわけ冷戦時代、日中間の映画交流を牽引してきた民間団体である。日中の映画史を研究テーマとする著者は、この日中文化交流協会の機関誌を、創刊号から精読してきた。その中の記事や写真にしばしば登場し、ヒマワリのような笑顔を見せる佐藤純子という女性がいた。著者は知らぬうちに、彼女の笑顔に心惹かれていった。彼女は一九五〇年代後半から、協会の事務職員、のちに常任理事として、半世紀以上にわたって日中の文化交流の第一線で活躍し、日中国交正常化をはじめ、両国関係のターニングポイントとなった様々な歴史的な瞬間に立ち会っていた。そこで今回、佐藤氏にインタビューしてみたいと思い立ったわけである。

二〇一六年一月、協会を介して取材を申し入れたところ、それまでマスコミなどの取材依頼を断り続けてきた佐藤氏は、すぐさま快諾してくれた。拙著『証言　日中映画人交流』（集英社新書、二〇一一年）をお読みになり、気に入ってくれたそうだ。

有楽町にある協会の事務所で初めてお会いした時から、最高の歴史の証言者に恵まれたという興奮を覚えた。高齢者とはまったく思えないほど頭脳明晰で、人名や固有名詞など、数十年前の出来事の細部を鮮明に覚えているばかりでなく、国際関係や、日中の政治と歴史、文化芸術に至るまで、深く鋭い知見をもった方だった。その場で即座に次回の取材を申し入れ、二〇一七年一二月までに計七回、トータルで十数時間、取材することができた。著者はいつも、彼女のお話に聞き惚れていた。そして、それを基にした原稿は何度読み返しても飽きず、佐藤氏が長年、中島健蔵、井上靖から薫陶を受けていたことが納得できた。

今回はインタビュー集という体裁なので、十数万文字にのぼるテープ起こしの中のごく一部しか取り入れることができなかったが、追加取材をおこない、いつしか佐藤純子氏だけについての一冊を仕上げたく考えている。

なお、インタビューの際の語調の一部を話し言葉ではなく、「だ・である」調に変えて編集したことをことわっておく。

I――日中文化交流協会の職員になったきっかけ

――佐藤さんはいつ頃から中国に関心をお持ちでしたか？　また、日中文化交流協会に勤務した経緯は？

学生時代、私は中国を知らず、学校で勉強したのは英文学です。中国に関心もなかった。ただあの頃は満蒙開拓で中国に行った人たちが帰ってきたり、毎日夕方三〇分ぐらいラジオで「尋ね人」の放送があったり、山形の農村だったので、中国に行った人が多く、周囲の人々は関心があったようです。

その私が協会に入った第一の理由は就職難。一九五七年に勤めたい所はみな落ちてしまってどうしようかと思っているとき、大学の卒論指導教授の太田三郎さんから日中文化交流協会という組織がある、理事長は中島健蔵。入りたいなら「話してあげる」と言われました。中島健蔵はフランス文学者ですが、その頃、評論家として著名なだけではなく、社会的な活動をしており、日本比較文学会の議長でした。私の指導教授はそこの専務理事。中島健蔵という名前に心が動きました。もう一つは事務所が「丸の内にある」こと。丸の内のOLになることは当時の女子学生にとっては大変な憧れです。仕事の内容というより、丸の内ならどんな所でもいいという気持ちも半分ありました。

私は試験を受けて入ったわけではなく縁故採用です。中島先生は英文科の女の子を雇ったってしょうがないと思ったようですが、一応面接をしてから決めるということで中島先生の家で面接しました。そのときの質問は「中国の知っている人の名前を言え」。私は「周恩来」と答えました。それが中島健蔵の気持ちを動かしたようです。なぜ私が「周恩来」と言ったかというと、それは、私は映画が大好きで、しょっちゅう映画を見に行ってニュース映画（時事問題などの情報伝達・解説を内容とする短編映画で、多くは映画館で長編映画と併映された）で周恩来を見ていたのです。一九五四年にインドシナ問題（ベトナム・ラオス・カンボジアの独立戦争）のジュネーブ会議に周恩来が出席したときの映像でした。翌年はバンドン会議。

当時の中国は建国五年目。周恩来の国際舞台への初登場です。西側の心ある人は中華人民共和国が成立する前から共産党の幹部に対する関心が高く、将来性をにらんでいて、中でも毛沢東、朱徳、周恩来は知られていました。スメドレーやエドガー・スノーの功績によるものだと思います。

国連事務総長のハマーショルドが、五四年に周恩来に初めてジュネーブで会い、その印象を語るニュースでした。彼の言葉は、「周恩来と会ったならば、何人もいかに自分が野蛮人であるかということを感じないわけにはいかない」。それほど周恩来はチャーミングであり、ただ、容貌だけではなく、その思想、挙措動作から全てに非常にスマートだと。これほどの褒め言葉はない。

五四年に私は大学二年生。ニュース映画で見て、ものすごく印象に残った。だから「周恩来」と言ったのです。「あとは」と聞かれ「毛沢東」と。「あとは知りません」と言いました。「魯迅って知っているか」「知っています。名前だけは」。「趙樹理は」「知りません」。「巴金?」「知らない」。何にも知らないから駄目かと思ったら、中島先生は「いいじゃないか。蔣介石とか言わないで、周恩来と言ったからいいよ」。それであと「英文タイプできるか」「できます」と答えたことが、私が採用された一つの理由だったみたいです。

なぜ英文タイプかというと、当時中国はいわゆる第三世界の雄でした。第三世界の国々を支援する手段としてバンドン会議、アジア・アフリカ会議等があり、いろんな国際会議があった。日本と中国は国交がないから中国と直接連絡することは難しい。国際的なビューロー（事務所）はジュネーブにあり、その国際ビューローに英文で連絡するという仕事があったのです。

一九五〇年代初期に、中国からカイロのアジア・アフリカ作家会議にぜひ日本の作家も参加してくださいと招待が来て、木下順二、武田泰淳、阿部知二、堀田善衛、石川達三等が参加しました。その後も、そのような仕事が時々あって、タイプが打てて少し簡単な英文も訳せるならいいじゃないかと、私は採用されたみたいです。実際、入ってからは、もうとても大変でした。

だからきっかけは事務所が丸の内にあったことと、周恩来と中島健蔵とその三つです。

❖無給時代の奮闘記

――協会での仕事はいかがでしたか？

経済的に協会はどん底でした。事務所のドアには「日中文化交流協会」の名称はなく「東邦商会文化部」と書いてある。お金がなくて部屋代を払えず、東邦商会からの「また借り」だったのです。有楽町に移って「日中文化交流協会」と刻まれたのは創立から一〇年後の一九六六年でした。

二年半ぐらい月給が出なかった。最初、中島健蔵先生と面接をして、「採用する」って言われたときに、「月給は希望があるか？」って聞かれ、「ありません」と答えました。というのは、そのときに中野の中島先生の家で、日中文化交流協会の役員名簿と会報『日中文化交流』の三号ぐらいを見せられ、その第一号に乙羽信子（女優）が書いている、谷川徹三（哲学者）なども書いている。役員はすごいメンバー。谷崎潤一郎、井上靖、山本健吉（俳人、文芸評論家）等。映画界も。こういう仕事をする所で、しかも丸の内に事務所があって、私はどうしてもここに入りたいと思って月給なんて幾らでもいいと希望を言いませんでした。まさか出ないと思わないから。

その頃の大学四年を出た女性の初任給は一万円ぐらい。男の人が一万三〇〇〇円ぐらい。だから一万円はもらえなくとも八〇〇〇円とか、そのぐらいはもらえるだろうと思っていました。そのうち協会はどのように存続しているのか、経済的基盤がわかってきました。最初は三〇〇〇円。今は出せない、我慢してくれ。それで辞めるなら、しょうがないと。私は幸運なことに、弟が大学に入るために東京へ出てきていたので阿佐ヶ谷のアパートで一緒に生活しました。弟には親からの仕送りがあるから、それにぶら下がって、二年半ぐらいはそういう生活でした。質屋にも行きました。

そのあと少しずつ、一九五九年の夏ぐらいから月給が出るようになった。だけどボーナスなんてなかった。月給も少なかったです。その頃日本は朝鮮特需、岩戸景気で景気がいい。街はジングルベルなのに若い私はわびしかった。

❖日中文化交流協会の創立まで

――日中文化交流協会はどのように設立されたのでしょうか?

日中友好協会は一九五〇年に創立しました。日本国際貿易促進協会は一九五四年にできましたが、文化交流の窓口は日中友好協会しかなかった。日中文化交流協会が発足したのは五六年ですから六年間のブランクがある。中国建国後の一九四九年から五五年までの六年間は新中国にとって大きな六年間でした。国際連帯を重視した外交は第三世界をはじめ世界各国から清新な印象をもって迎えられた。素晴らしい時代だったと思います。

当時、周恩来総理は文化交流を重要視した。『梁山伯と祝英台』（桑弧、黄沙監督、一九五三年）は新中国の最初のカラー映画でしょう。中国は新中国の新しい息吹、新中国の文化として外国に宣伝したいわけです。日中友好協会が中国からフィルムの提供を無償で受けて、『梁山伯と祝英台』などを広く日本のあちこちで試写をした。私にとっても初めて見た中国の映画です。

日中文化交流協会ができたとき、既に日中友好協会が中国から映画フィルムを贈呈されて映画上映していましたから、それをあえて、日中文化交流協会はやらないという方針を決めたんです。日中文化交流協会の映画交流は人間の交流でした。

人間の交流をする土台は日中文化交流協会の創立前からあった。『二十四の瞳』（木下恵介監督、一九五四年）は中国で上映されていたし、乙羽信子、木下恵介さんら日本の映画人や文学者などが散発的に中国に行っていた。その芽を日中文化交流協会が引き継いだと言えると思います。

それまでの交流は、文学や音楽、映画の関係者等がカイロとかタシケントなどでの国際会議の帰りに中国を訪問するという、散発的なものでした。周恩来総理や廖《りょう》承志さん（対日関係の窓口として活躍した政治家。中日友好協会の会長を一九六三年の設立時から死去するまで務めた）が散発的な交流は非効率的だから、日本に文化交流を専門にやる組織をつくって系統的に交流してはどうかと考えたわけです。

❖廖承志と千田是也

そして、一九五五年に片山哲さん（元総理大臣）を団長とする憲法擁護国民連合という代表団が行ったときに、代表団の一員だった日本を代表する新劇の演出家で俳優座の千田是也にその話をしたのです。

千田是也は一九三〇年代にドイツで勉強した。そのとき廖承志先生もドイツで一緒だったんです。当時のドイツはマルクス主義の本拠地です。ソ連とは別に。当時の国際的な左翼青年はみんなドイツに行きました。廖承志先生も対外友協の会長をやった王炳南《へいなん》も。彼は外交官で国交正常化前からワルシャワで中米会談をやっていたときの首席担当官でした。また、同じ対外友協の会長をやった章文晋はキッシンジャーが七一年に秘密裏にパキスタンから中国に入ったときに案内した。その章文晋も三〇年代にドイツにいた。

千田さんと廖承志、王炳南はドイツ時代の「戦友」でした。一九五五年に千田さんが北京に行ったとき廖承志と胸襟を開いて話し合った。廖承志先生は「中国と日本が仲良くして、国交正常化するためには文化交流が最も必要である」と説いた。今までは散発的だったが、日本の文化の本流を担えるような組織をつくってほしいと。それで千田さんも共感し、中島健蔵を理事長に推挙して翌五六年に創立したのが日中文化交流協会なのです。

❖日中文化交流協会の指導者たち

私が恵まれたのは指導者です。歴代の会長である中島健蔵、井

中島健蔵(左)、廖承志

上靖、團伊玖磨（作曲家）、辻井喬（作家）、黒井千次（作家）、それに素晴らしい会員がたくさん参加していました。文学で言えば、井上靖、司馬遼太郎、水上勉、武田泰淳、野間宏、堀田善衛、木下順二等。映画は木下恵介（監督）、小林正樹（監督）ら数え切れない。演劇は千田是也、杉村春子（女優）をはじめ、ほとんどの新劇界は会員。他にも、美術、音楽、学術、体育、出版、印刷等、各界の代表的な人々が会員でした。そういう人たちの考えにすごく影響を受けました。身近で最も大切なのは、事務局の中の指導者、白土吾夫《のりお》です。事務局長もやり、最後は代表理事。事務局の指導者としての哲学、中国への対し方、その歴史とか、大げさに言えば、生き方のすべてを教わりました。

❖一九五七年の牛原虚彦の代表団

――創立当初の映画交流はどのようなものでしたか？

一九五七年に日本映画代表団が中国へ行きました。まさに私が勤めたときに出発した。牛原虚彦《きよひこ》（監督）、岸旗江（女優）、今村貞雄（監督）、佐伯啓三郎（記録映画監督）、伊藤雄之助（俳優）等がメンバーです。羽田で見送ったのが二月に協会に入って最初の仕事です。

日中映画交流が始まったのは一九五〇年代からです。日本の日中文化交流や映画交流を研究する人や中国の人も、ほとんどの人は国交正常化（一九七二年）以降のことしか考えない。日中映画交流は七九年に最初に中国で日本映画祭をやった徳間康快《やすよし》さんが始めたという論調が多いですが、始まったのは五〇年代からです。協会も、そのころからやっていました。

新中国が成立した当初は日本の映画五社（松竹、東宝、大映、新東宝、東映）の映画は中国には持って行けなかった。五社協定で中国に輸出できない。中国に輸出すると、当時の日本映画の最大市場の台湾が買ってくれなくなる。ところが中国には日本の映画を見たい気持ちがある。当時、中国に行ったのはほとんど独立プロの作品です。そういうときに山本薩夫、新藤兼人等の作品が行っています。

Ⅱ——私の訪中印象記

——佐藤さんはその後、何度も中国に行かれたと思いますが、その時々の印象はどうでしたか？

一九六〇年が私の最初の訪中で、二回目が六三年。中国からもお客さまが来る。中国への出張も増える。そういう交流の中で、中国の歴史を勉強しました。

最初の一九六〇年に中国に行ったとき、中国革命の歴史、プロセスを一生懸命勉強しました。中国の歴史、接した中国人、感動的でした。国と国の関係は、その基礎は人間と人間の関係です。どういう中国の人に会ったかによって決まる。私は中国問題の専門家じゃない。勉強もしたことはないし、言葉もできない。実践の中で勉強してきたにすぎません。

一九六〇年に前進座が二カ月間訪中公演をした。私はそれに事務担当として同行しました。二カ月間いたのに公演は一六回ぐらい。北京、西安、武漢、南京、上海、広州で、演目は四つしかない。時間があったので中国の映画、京劇、話劇（新劇）を見ました。博物館や中国革命の記念史跡も回り、勉強して帰ってきました。

そのときに見て印象に残った映画は『風暴』（金山監督、一九五九年）。素晴らしい映画です。京漢鉄道のストライキを描いた映画。話劇『最後の一幕』も忘れられない。善人は必ず勝つという勧善懲悪でなく重層的な作品です。謝芳主演の『青春の歌』（崔嵬、陳懐皚監督、一九五九年）は六一年ぐらいに中国から帰ってきてから見たように思う。于藍主演の『不屈の人びと』（水華監督、一九六五年）もあとから東京で見たんです。

そのあとは六三年、六七年、七一年、七二年に訪中しましたが、文革中の中国は全く印象が変わりました。六七年は武闘の時代ですごかった。飛行機の中にも紅衛兵が乗ってきて歌を歌う。食堂でも毛主席語録を掲げて

左から唐月梅（中日友好協会）、佐藤純子、中村翫右衛門、謝芳、大山夏樹（前進座）。1960年、武漢

語録を読んでからご飯を食べる。異様な感じでした。

❖一九七一年の訪中

一九七一年はピンポン外交の年です。アメリカのピンポン代表団が初めて中国を訪問して周恩来に会った。七月にキッシンジャーの秘密訪中、一〇月に国連における中国の代表権が回復した。中国にとって国際的には進展はありましたが、国内的には九月に林彪《りんぴょう》事件（毛沢東の後継者と見なされていた林彪がクーデターを起こして失敗し、逃亡途中に墜落死した）が起きた激動の年です。

ピンポン外交に協会が協力（後述）したことに中国が感謝して、秋に日中文化交流協会の二〇人を招待してくださった。その当時としては二〇人というのは大型代表団で、団長は理事長の中島健蔵。秘書長は白土吾夫。美術評論家の宮川寅雄、写真家の木村伊兵衛、演劇の杉村春子、映画監督の吉村公三郎、熊井啓、評論家の加藤周一、出版関係で徳間康快さんと平凡社の下中邦彦さん

1971年訪中団。右から杉村春子、小山内宏（軍事評論家）、佐藤純子、徳間康快、中島京子（中島健蔵夫人）、左下は下中邦彦　撮影：熊井啓

等。九月二六日に出発して三週間ぐらいいました。

香港経由で広州に着いたら、北京に飛べない。何が理由かわからない。広州に二泊か三泊した。後で考えると林彪事件が、その中旬に起きている。北京に着いて国慶節（一〇月一日）には間に合いました。国慶節とはいっても当時はパレードもなかった。国宴に出席して、それから西安、延安に行った。

延安で劇場に行ったとき、みな毛主席語録を持って語録の歌を歌う。公演というよりは、歓迎の舞踊会です。その時「日本の代表団も何か歌ってください」と言われた。それで事務局の若い木村美智子さんと私と二人で、中国語で『白毛女』を歌った。そうしたら徳間さんが「俺もやる」と言って壇上に上がって何を歌ったと思います？「相撲甚句」。徳間さんは日本相撲協会の役員をやっていたとかで、お相撲に詳しく「相撲甚句」もうまいんです。民謡も上手、流行歌もすごくうまい。

右から徳間康快、杉村春子、小山内宏、香坂順一（中国語学者）
1971年、北京

❖ 一九七二年の訪中

七二年も文革の真っ最中でしたが武闘は終わっていた。高峰三枝子さん（女優）と一緒でしたが文革中だから映画を見ても面白くない。何を見たかも覚えていません。映画人と会いたくてもほとんどいない。司徒慧敏（演出家）、趙丹（俳優）、秦怡（女優）も全部批判されている。それを尋ねること自体が「なんでそういう人たちのことを聞くのか」と言われるような心配があった。

高峰三枝子は新中国になってから初めての中国ですから、北京の撮影所に行きたいと言って撮影所に行った。そしたら謝芳（『青春の歌』、『早春の二月』の主演女優）がいた。成蔭、銭江（ともに監督）もいた。『早春の二月』の謝鉄驪監督は批判されていたけれども、ちょうどいたのです。高峰三枝子さんも『青春の歌』を見ていましたから謝芳とその話はしましたが、『早春の二月』はタブーで話せない。ただ形式的な表敬訪問ですよね。

1972年、北京映画撮影所を見学。右から團伊玖磨、謝芳、杉村春子、謝鉄驪、高峰三枝子、成蔭、銭江、一人おいて、王雄（現像技師）

『早春の二月』は日本で文革中に見ました。それから『林商店』（水華監督、一九五九年）、『祝福』（桑弧監督、一九五六年）とか、いわゆる中国映画の第一世代の人たちの作品を見ました。『林商店』は良かったですね。脚本は夏衍《かえん》（作家、ジャーナリスト）。監督は水華だった。夏衍は日本に留学していたので作品も日本人の感性に合うのかもしれない。不思議に思ったのは『早春の二月』や『林商店』がどうして反革命の毒草なのかが理解できなかった。文革にはそういう違和感があった。

Ⅲ——文革と日本の文化人

❖老舎の死と井上靖

——文化大革命中の日中の文化人・映画人の関係はいかがでしたか？

印象に残っているのは老舎（長編小説『駱駝祥子』『四世同堂』を代表作とする文豪）の死去と井上靖のことです。老舎の死は一九六六年八月とされていますが、香港情報で亡くなった直後ぐらいに新聞に出ました。六九年か七〇年に白土さんと私が、井上靖から「相談あるから来てください」と家に呼ばれて「老舎が死んだという報道があるけど、本当かどうか確かめてほしい」。だけど確かめられない。白土さんはしょっちゅう中国に行っていたけれども、聞くことさえできない。西側の報道だが本当じゃないかということで、日本の三人の文学者が老舎追悼を書きました。

水上勉は『こおろぎの壺』、開高健は『玉、砕ける』、井上靖は『壺』という作品です。老舎が文革の迫害を受けて死んだことに対する追悼の作品です。でも直接に追悼、悼むというものではなく、短編の文学作品です。非常に感動的ですよ。『壺』という作品も。

文革への直接的批判は匂わせてはいない。しかし、老舎の死を悼むっていうこと自体が文革に対する批判です。

六六年に始まった文化大革命は日中文化交流にとって、大きな打撃となった。街頭に繰り出し、暴力を振るう紅衛兵は多くの人々に衝撃を与えた。老舎の死が日本で報道されると友好的な文化人でさえ、動揺と落胆を隠さなかった。『壺』は井上靖のとてもいい短編で、井上靖全集（新潮社）にも入っており、単行本の『桃李記』の中に入っている。

井上靖は協会の指導部です。これを書くことは中国か

老舎（左）と井上靖。1965年

らにらまれることでしょう。だから「僕は中国に行けなくなるかもしれないし、日中文化交流協会にも迷惑を掛けるかもしれない」と、事前に協会に相談があった。井上靖としては、「自分は作家の良心にかけて、このことは書きたい」と。

『壺』の発表は七〇年だと思いますが、批判はなかった。文革派は読まなかったのでしょう。

七二年の日中国交正常化のあと七四年に航空協定が結ばれた。七四年の九月二九日に日本からＪＡＬが一番機として飛びました。中国民航も北京から飛んだ。大変なセレモニーで、その中国民航の一番機に招待された。協会は代表団を編成して井上靖がその代表団に選ばれたのです。

そのときに、井上靖は訪中をちゅうちょした。「文革中だし、『壺』も四年前に発表している。中国に行ったらまずいんじゃないか。協会に迷惑になるんじゃないか」

1965年、東京で催された歓迎夕食会。左から井上靖、劉白羽（作家）、中島健蔵、老舎、土岐善麿（歌人）、松本清張

と。そこで「そういう空気は今ないと思う。中国に行って何か言われても、みんながいる。中島健蔵が団長ですから」と。中国ではそのことは誰も触れなかった。知らなかったのかもしれない。

その後、七六年に文革が終息し、七七年に井上靖は『壺』が収められている『桃李記』を持っていって上海で巴金（作家）に贈呈した。巴金が読んで（巴金は日本語を読める）、その感動を井上靖に伝えたとき、私はその場に同席していました。井上靖の喜んだ顔が忘れられません。

また、一九八〇年に巴金が団長で来日したときの歓迎レセプションの挨拶で、巴金は「私たち中国の作家は誰一人、老舎を追悼する文章を書いていない。日本の作家三人が書いているのに。中国の作家として恥じ入るばかりだ」と。それに対して井上靖と山本健吉は、「巴金先生、恥じ入る必要はありません。その頃、巴金先生がどういう状況に置かれていたかを日本の作家はみな知っていま

巴金（左）、井上靖。1980年

す」と。私にとっても忘れられない光景です。

❖高峰秀子と趙丹

——高峰秀子さんが趙丹と再会したときのことを回想録に書いていますね。

文革に関連するエピソードでは、趙丹と高峰秀子夫妻の友情は本当に感動的です。彼らが初めて知り合ったのは、一九六二年に中国の映画代表団が来たとき。高峰さんは日本を代表する俳優で、杉村春子さんと仲がよく、進歩的な考えを持った人です。中国との関係もよく、何よりも『二十四の瞳』は中国人に強い印象を与えていました。

当時、日本の映画は中国で上映されることは少なかった。PCL（独立プロの一種）の映画『人情紙風船』（山中貞雄監督、一九三七年）や『箱根風雲録』（山本薩夫監督、一九五二年）などいろいろ行っていたけれども、その中で『二十四の瞳』は大きな一つの時代をつくりました。

日本映画といえば『箱根風雲録』、『二十四の瞳』っていう時代だった。『米』（今井正監督、一九五七年）、『縮図』（新藤兼人監督、一九五三年）とか独立プロのものは中国にも行っていましたけど。中国の人たちは日本で高峰さんに会いたいと自宅を何回も訪ねた。趙丹もそのひとりで意気投合しました。

翌年の一九六三年に高峰さんと夫の松山善三（監督）は中国へ招かれた。二人とも代表団に入って行くと自由が利かないと思うから、自分たちだけで行きたいと言いました。それで協会から中国に連絡をして夫婦だけで行ったのです。全行程の案内役に趙丹が付いた。そのときの友情が忘れられなかった。

趙丹が文革でひどくやられたのは、江青に攻撃されたからといわれています。解放前、江青は上海の女優だった。その当時は藍蘋《ランピン》という名前だった。

その後、文革で趙丹が殺されたとの風評があった。その間は高峰さんは絶対に中国に行かなかった。高峰さんの家に行くと「趙丹たちはどうしているか」といつも話していました。だから、再会したときは感動的でしょう？　高峰さんの本（高峰秀子『いっぴきの虫』、角川文庫、一九八三年）を私も何度も読みました。「アタン（阿丹）、アタン（阿丹）」って言って。

松山さんは七七年に趙丹に会った。高峰さんよりも松山さんのほうが早い。七七年一〇月に木下恵介の代表団で行ったときに上海で会ったのです。抱き合って泣いていました。趙丹は松山善三と私の二人を夜、食事に招いてくれた。奥さんの黄宗英と四人で食事しました。趙丹は七九年にも日本に来たのです。

左から岳林（長春映画撮影所所長）、高峰秀子、張瑞芳（女優）、唐月梅。1966年、東京

私は七七年九月にも趙丹に会いました。新疆ウイグル自治区への旅の帰りです。中島健蔵、井上靖、東山魁夷、司馬遼太郎、團伊玖磨等の協会代表団のときです。その当時のシルクロードの旅はハードな日程だった。北京に帰り、皆、疲れているけど、一晩でもいいから上海に寄って巴金に会いたいと、上海に行った。そのとき井上靖さんは『桃李記』を持っていったのです。

上海の空港に着いたとき、飛行機のタラップの下に中国の人たちが迎えに来ている。顔が見える。「巴金がいます。趙丹もいる。秦怡もいる」、私は叫びました。日本に帰ってきてすぐ、高峰さんに「趙丹と会いました」と伝えました。

❖**山本薩夫**

——文化大革命の時には山本薩夫さんも中国から批判されたようですね。

中国と山本薩夫の関係は最終的には良かったと思いま

左から趙丹、松山善三、秦怡。
1977年、上海

すが、文革のときには問題がありました。当時、日本共産党と中国共産党は、真っ向から対立していた。中国は山本薩夫監督の『戦争と人間』（一九七〇年〜一九七三年）を批判した。協会の立場としては『戦争と人間』が軍国主義の映画であるなんて、思ってもいなかった。でもそういう反論をしてもどうしようもない。本当に困ったものだと思った。それで山本薩夫は中国に反感を持ち、協会からもしばらく離れていたけども、心の広い人でしたから協会のことは直接批判しませんでした。そういう意味では大変な時代でした。

文化大革命について一番思うのは、たとえば日本に対する批判も非常に図式的です。当時、日本共産党と関係が悪かったので日共に近い俳優が出演しているから駄目、山本薩夫は日共だから駄目とか。山本薩夫の『戦争と人間』に対する批判も底が浅い。黒澤明の『デルス・ウザーラ』（一九七五年）に対しても、スタニスラフスキー

『戦争と人間』撮影現場での山本薩夫　写真提供：山本駿

（ソ連の俳優・演出家）を批判していることも理解できなかった。文革って何なのと思いました。

批判された巴金や、「四条漢子」（四大悪人）と呼ばれた周揚（文芸評論家）、田漢（中華人民共和国国歌「義勇軍行進曲」の作詞者）、夏衍、陽翰笙《かんしょう》（劇作家）はみな協会と親しい。そういう人たちが批判されている、話題にもできない。巴金も老舎も趙丹も。その人たちが悪人だと絶対に思えない。それが文革って何なのっていう疑問です。

❖千田是也

――千田さんや杉村春子さんも批判されたようですね。

俳優座の千田是也は協会の指導部です。協会の創立者で晩年は代表理事を務めました。その千田是也を批判する論文が『人民日報』や『北京週報』に出る。千田是也は日本の新劇界の重鎮で日本の新劇界を育てた人です。ソ連のスタニスラフスキー・システムやブレヒトの演劇を日本に紹介した人です。それを批判している。さらに

左から時計回りに千田是也、朱光（国務院対外文化連絡委員会）、張瑞芳。1962年、箱根

文学座の杉村春子に対する中傷。文学座の劇団員が『戦争と人間』に出ているから。また文学座が上演した芝居、宮本研作『夢・桃中軒牛右衛門の』（宮崎滔天と孫文〔孫中山〕の友情を描いた新劇）に対する批判などです。

千田さんはよく、「ほっときな。今はどうしようもない。長くは続かないだろう」って言っていました。協会を分裂させたり、消滅させたりは、絶対にしてはならないと。

杉村春子は千田是也とともに、日中演劇交流を切り開いた人です。中国への愛情と尊敬は終生変わることがなく、晩年は協会の代表理事を務めました。

Ⅳ――日中国交回復と日中文化交流協会

――文化大革命がまだ続いていたとき、日中両国が国交を回復しますが、日中文化交流協会は国交回復にどのような役割を果たしたのでしょうか?

日本と中国は七二年九月二九日、両国政府の共同声明の発表によって国交正常化します。周恩来総理をはじめとする中国の指導者は、日中国交正常化が成立した陰には、長年にわたる日本の民間交流が大きな土台になっているという考えを一貫して持っていました。

日中文化交流協会が国交正常化のために果たした役割は、二つあると思います。一つは、協会が日本文化界の本流を組織し、長年にわたる交流によって日中友好の世論形成に寄与したことだと思います。一過性の政治と違い文化交流は人間の交流です。人間同士の相互理解から友情が生まれ、互いの文化に対する尊敬と、それを学びあうことから真の友好が成り立つのです。木でいえば根っこみたいなもの。人の目には触れないが、根がちゃんとしてなければ、幹も花も育たない。

もう一つは日中国交正常化への前進に日中文化交流協会が直接的なきっかけを作ったということです。具体的には二つの交流があります。一つは一九七一年のピンポン外交、もう一つは一九七二年の舞劇団外交といわれる上海舞劇団の訪日。この二つは日中文化交流協会が中心的に行った事業です。

❖ピンポン外交と日中文化交流協会

一九七一年三月、名古屋で世界卓球選手権大会が開かれました。卓球の交流は日中関係に深いかかわりを持っていました。一九五〇年代からほかのスポーツに先駆けて続けていた。一九五六年にも日本で第二三回世界卓球選手権大会がおこなわれ、中国選手団が参加しました。鳩山（一郎）内閣の時代で、ちょうど日中文化交流協会が創立した年でした。当時、中国には荘則棟とか容国団とかとても強い人がいた。だけど国際的な経験が少ないので、当時は日本のほうが中国よりも強かった。たとえば、荻村伊智朗が世界チャンピオン。鳩山総理は中国に友好的な総理で、国交も正常化してない時代に卓球選手団を首相官邸に招待するなど、とてもいい雰囲気だった。荻村伊智朗ら日本の選手が荘則棟などの中国の選手を見て、将来性があると一生懸命指導した。

日中文化交流協会は日本卓球協会に協力して交流を推進していました。私が協会に入ったころは、毎年のように中国の卓球選手団が日本に来る、日本の卓球選手団が中国に行く。当時はほかのバレーボールとかバスケットはまだまだ行けない時代でしたが、日本卓球協会はあらゆる困難を排除して、日中交流を一生懸命やりました。そういう中で中国の選手は強くなった。今はもう日本をしのいでいます。

その後、文革が始まります。一九七一年当時、中国の卓球選手団は、国際大会、世界卓球選手権大会に参加できなくなった。国際卓球連合があり、そこには台湾ではなく中国が入っているのですが、アジア卓球連合には台湾が入っていて中国が入ってない。日本卓球協会はアジア卓連に加盟している。世界卓球選手権大会の主催は国際卓連ですが、主管は日本卓球協会です。アジア卓連に入っている日本卓球協会が主管する大会には中国は参加できない。世界で一番強いのに出られない。日本としても中国を招きたい。

その時、周恩来総理ら中国指導部が対日対米関係を前進させる一つの手段としてこの世界卓球選手権大会の舞台を選んだと言われています。当時中ソは大変険悪だった。一九六九年にダマンスキー島で国境紛争も起きます。文革で生産も落ち込んでいる。いろんな意味で中国は大きな国難に見舞われている時期です。それで西側なかんずくアメリカとの国交正常化を考えた。日中国交正常化ももちろん考えたでしょうが、その当時は佐藤（栄作）内閣ですからなかなか難しい。だけど日本はアメリカに追随する国だから、中米が良くなれば日本は後からついてくると中国は思ったと思うのです。だから日中よりはまず中米。日中の頭越しにアメリカと接近することを中国は現実的な問題として考えたと思います。

その一つの手段として名古屋における世界卓球選手権大会を考えた。アメリカ選手団が参加しますから。アメリカの代表と中国が同じ席にいることは当時多くなかった。

当時、日本卓球協会の会長は後藤鉀二《こうじ》さんで、アジア卓連の会長も務めていました。後藤さんは最強の中国チーム不参加の世界選手権大会は無意味と考え、中国チームの参加を熱望していました。そこで北京に行って周総理に会見し、中国チームの参加を要請しました。当時、日中文化交協会の事務局次長だった村岡久平さんも同行しました。周総理と会見して、日本卓球協会がアジア卓連から脱退する以外に中国チームの参加はないと考え、後藤さんは北京からまっすぐ、当時、アジア卓連の本部があったバンコクに行きます。臨時総会を開いて台湾を除名しようとしたのですが、ほかの国が賛成しないので、アジア卓連の会長をやめて脱退することにしました。その後、後藤さんは日本の右翼の脅迫も受けたり大変でした。ピンポン外交のことを考えるたびに、私は「歴史における個人の役割」ということを、つくづく感じます。

後藤さんの決断がなければ、世界卓球選手権大会に中国は参加できなかった。参加できるような土壌を作ることに日中文化交流協会が協力したということです。その選手権大会の最終日に、アメリカの卓球選手と荘則棟が話をして、戦後初めてのアメリカ代表団が中国を訪問することになった。それがピンポン外交。中米関係を促進する大きな外交の端緒を開いたわけです。

アメリカ卓球代表団が四月に北京を訪問、代表団に周恩来総理が会う。七月キッシンジャーが秘密訪問して周恩来総理、毛沢東主席にも会う。一〇月末に国連における中国の正当な議席が回復する。七一年は怒濤のように中米関係が進展した年です。

国連では多くの国が賛成して中国が正当な議席を勝ち取った。日本政府は棄権した。まだ佐藤内閣ですから。

翌七二年の二月、ニクソン訪中で上海コミュニケ（米中共同声明）を発表する。このピンポン外交に日中文化交流協会が一定の役割を果たしたということです。

❖ 舞劇団外交

日中文化交流協会がおこなった、日中国交正常化のきっかけを作ったもう一つの交流は舞劇団外交といわれている上海バレエ団の招請です。七二年の七月です。これがまさに国交正常化につながった。知らない人は偶然と思うでしょうが、日中文化交流協会にとっては決して偶然ではない。必然です。日中文化交流協会は七一年のピンポン外交で、中米関係の発展にある程度の役割を果たした。次は日中国交正常化です。

七月七日に佐藤内閣が退陣して田中（角栄）内閣になる。協会は、その日本の政治的な動きと上海舞劇団の日本公演をぶつけたのです。田中内閣ができてから一気に日中国交正常化の機運が盛り上がってきました。日生劇場での初日には三木武夫、中曽根康弘などの閣僚が何人も出席した。孫平化さん（東京に開設された覚書貿易事務所の初代首席代表。日本への留学経験もあり、日本の政財界に知己が多かった）が団長で来て覚書貿易事務所首席の蕭向前さんと、舞劇団がバレエをやっている間に秘密裏に政治的な働きをした。それを日中文化交流協会がセットしたのです。協会は藤山愛一郎さん（元外務大臣）に頼った。藤山愛一郎自身が日中国交正常化に大変積極的な人だったから、大平正芳外務大臣と孫平化さんの会談などを藤山さんが実現してくれた。

上海舞劇団は二〇八名。七月一〇日に来日して八月一六日に帰ったのですが、その一カ月半に公演は一六回ぐらいしかやらない。

財政的には何千万円の赤字です。日中文化交流協会はお金はもともとない。上海舞劇団は朝日新聞社と日中文化交流協会の招きで日本に来た。そこで朝日新聞社と協

北富士の忍草の仮設スタンドで上演された『白毛女』

会は財界に寄付を仰いだ。財界は日中国交正常化間近だとわかるから寄付金は予想以上に集まりました。

孫平化団長は東京で大平さんに会い、田中総理とも秘密裏に会い、北京で待っていますと約束して帰った。それで九月二五日、田中、大平が北京に行って、宴会で田中総理が「麻煩（マーファン）」と言った（「ご迷惑をおかけした」を、軽い謝罪のときに用いる「添麻煩」と訳し問題視された）とか、いろいろ紆余曲折がありましたが、とにかく国交正常化が成ったわけです。

七二年の舞劇団の招待は、舞劇団外交と言われるように、日中の国交正常化に大きな役割を果たしたと言われています。一九七三年に日中文化交流協会は「長年にわたる日中文化交流への貢献」により、朝日賞（朝日新聞社主催）を受賞しました。

❖一九七二年の代表団で訪中した高峰三枝子

――国交回復直後の代表団の訪中と高峰三枝子さんのエピソードをお聞かせください。

七二年の国交回復後、正常化記念祝賀会に出席するため、日中文化交流協会代表団が北京に招かれた。団長は宮川寅雄副理事長。メンバーは杉村春子、團伊玖磨、藤堂明保（中国語学者）、日本相撲協会の武蔵川理事長などです。藤山愛一郎さんの推薦で高峰三枝子さんも入りました。同じ代表団に日本の代表的女優が二人入ることを心配したのですが、杉村さんは「いいんじゃない。一緒に行きましょうよ。同じ映画に出たことあるし、おみえさんっていい人よ」と言ってくれました。

全部で一〇人ぐらい。白土さんと私も一緒に行きました。日中間の飛行機はまだ就航してないので、香港周りで、香港に一泊、翌日に広州に泊まって、それで北京に行った。北京飯店では全員部屋が一人ずつですが、香港ではそうではなかった。団長は一人一部屋だけど、男の人は二人一部屋。女性には三人なのに二つしかない。杉村さんに相談したら「高峰さんに一つあげましょう。私とあなたと一緒でいいでしょう」。高峰さんは杉村さんに「ありがとうございます、私のためにそこまで気を遣ってくださって」と、そういう礼儀もちゃんとした人でした。

高峰三枝子は日中戦争の時代に松竹の代表的な女優で、日本兵の慰問に行ったことがある。昭和一三～一四年とか一四～一五年じゃないかな。「湖畔の宿」が一番ヒットしたころです。彼女はそれがものすごく心の中にある。日中国交正常化のお祝いの会に招かれて行くのは、彼女の中では複雑なことですよね。そういうことを考える頭脳、理性を持った人です。彼女の心の中にはそういう葛藤があった。旅行して一日、二日、三日ぐらいたつとだんだん高峰三枝子という人のそういうところがわかってきた。

彼女はフジテレビの「3時のあなた」という番組の中で、非常にセンスのいい司会者だった。政治的なことにも目配りがある。日中国交正常化という大きなイベントのときにも、「3時のあなた」に協会の白土さんが呼ばれたり、座談会をやったり。政治的な視野も歴史に対する考えも、学者と違って心情的かもしれないけれども、きちっとある人です。それが旅行している間によくわかりました。

みんなの前でなく私に「佐藤さんね。私はね北京に何回も来たことがあるのよ。私の歌を聞いて兵隊さんがみんな泣くのよね。『湖畔の宿』を聞いて、明日戦争に行って、この人たちが死ぬんだと思って私は歌えなかった」とか、そういう話をして、とても親しくなった。

一方で高峰三枝子は無邪気でおおらかな人です。どこか子どもっぽくて、天真爛漫で面白い人。一つ紹介すると、北京に着いて彼女は感慨無量なわけ。自分が軍国主義時代に来た北京と本当に変わったと。北京の人たちがみんな生き生きしている。天安門広場は昔はなかったのですごく感激している。「王府井に私行きたい」と高峰さんが言うので日程の合間に私と一緒に王府井に行った。お昼休みに三〇分ぐらいでバッと走って帰ってきたのです。高峰さんは代表団のみんなに好かれていたからみんなが「どうだった？　高峰さん。王府井、きれいだったでしょう」と聞いたら「本当にきれいだった。私が昔来たときと全然違っている。驚いたのは洋服屋さんがものすごく多い。どうしてあんなに洋服屋さんが多いの？」って答えた。「えっ、洋服屋さん？　まあ王府井は洋服屋さん多いと思うけど、そんなたくさん？」って言ったら、「だって、人民服ってたくさん書いてあるじゃない」って。「為人民服務」。文革中だから至るところに「為人民服務」っていう字が書いてあるわけ。それを高峰さんはスローガンだと思わないで、人民服の洋服屋さんと思っちゃったわけ。それでもう、みんなゲラゲラ笑って。「それはね、高峰さん。洋服屋さんじゃないの。『為人民服務』というのは、人民のために服務しなさいっていうスローガンなの」って言ったら、「あら、恥ずかしいわ。私、知らなかったわ」って。あっけらかんとした高峰さんのその何とも言えない人間性ね。

もう一つ、私が今でも忘れられないエピソードは、人民解放軍の参観があったときのことです。天津に近い楊村の人民解放軍陸軍の師団に高峰さんが「私も行ってみたいわ」と言い出して藤井治夫さんという軍事評論家と二人で行った。高峰さんは帰ってきて私の部屋に来てわっと泣いたの。「どうしたんですか」って言ったら、「佐藤さん、聞いて」って。陸軍一九六師団に三八式銃とか日本の兵隊の制服が展示されていたそうです。日本の軍人の持ち物の中に、高峰三枝子のブロマイドがあった。偶然、それを見た高峰さんは、胸に込み上げてきてその場で泣いたそうです。随行した中日友好協会の金黎副秘書長が帰ってきて私に「高峰さんのブロマイドがあったのよ。高峰さんが泣いたのよ」と言った。生々しいでしょう。自分のブロマイドを持って、当時の兵隊はみんな戦争に行って死んだわけですよ。

そのときの訪中で、日中国交正常化を祝う周恩来総理主催のレセプションが一〇月二三日北京の人民大会堂であった。五〇〇人ぐらいが出席した盛大なレセプション

周恩来から菊の花を受け取る高峰三枝子。1971年

でした。周恩来総理がメインテーブルで杉村春子さんと高峰三枝子さんは四卓目ぐらいだった。私は七卓目ぐらい。周恩来総理が演説して、今日お招きした民間団体の皆さまの長期にわたる努力なしには今日の日中国交正常化はないと、すばらしい演説をした。そろそろ宴会も終わるかなというときに突然会場が暗くなり、メインテーブルに座っていた周恩来がスポットライトを浴びながら、テーブルにあった菊の花を二輪、手に取って、立ち上がって歩き出した。どこに行くのかとみなが息をこらしていると、杉村さんと高峰さんのテーブルに行って二人にその花を差し出した。それは本当に感動的でした。みんな万雷の拍手です。その写真があります。謝芳も後ろに写っている。

高峰さんと杉村さんは本当に大感激、大感激です。それ以来、高峰三枝子さんは、日中文化交流協会の熱心な会員。中国の代表団が来れば、レセプションにも出席し

藤山愛一郎（左）、鄧穎超、高峰三枝子。1977年

たり、代表団を自宅に招いたりしました。

七七年にも高峰さんは日中文化交流協会代表団の一員として中国に行きました。藤山愛一郎が団長だったときです。そのときは周恩来夫人の鄧穎超女史が全人代の副委員長として一行と会見しました。高峰さんに自宅の庭に咲いた白菊をプレゼントしました。そのときも、前年に逝去した周総理の思い出を語り、涙しながら、その白菊を胸に抱いておりました。私は二回とも高峰さんと一緒に行きました。日本に帰ってきてからも、田園調布の家にも何回も行きました。「中国の話教えて」とか。とにかく中国のことを知りたがった。亡くなる寸前も行きました。どうしてあんなに早く亡くなったのかと思うと、本当に残念です。

亡くなったときにはお宅に行きました。ただ外からお焼香をしようと思って、長い列に並んでいた。そうしたらお手伝いの木村さんが私を見つけて「佐藤さん、中に入ってください。高峰さんの死に顔を見てください」と、わざわざ呼んでくれた。それで高峰さんの顔を拝ましてもらいました。きれいでした。高峰さんは歌う映画女優でしたから、お通夜のときは高峰さんの歌をずっと流していた。私、少女のころから大ファンだったから高峰三枝子と一緒に中国に行って毎日毎日話をするなんて夢のような気分でした。

V――映画人たちの心を通わせた交流

❖一九六二年中国映画代表団

――一九六〇年代当時、中国映画代表団も何度も日本を訪問しましたね。

一九六二年の中国映画代表団（司徒慧敏団長）は日中映画交流史の中で、最初の大型代表団です。袁文殊（映画評論家）が副団長。俳優では趙丹、秦怡、凌子風監督も参加した素晴らしい代表団だった。日本映画界の大歓迎を受け、日本の映画人との友好を結びました。当時の日本映画製作者連盟事務局長の池田義信という人は中国に友好的な人で、池田さんの尽力で映画五社の代表者何人かとも会いました。

司徒慧敏さんは若き日に今の東京芸大に留学したこともある。日本の事情を知っているし、ハリウッドで勉強した人です。そんな美男子じゃないけどチャーミングな人でした。

その後も司徒慧敏さんは何回か来ました。日中文化交流協会との縁は非常に深かった。戦後最初の中国ロケは熊井啓監督の『天平の甍』（一九八〇年）ですが、それをOKしたのは当時の電影工作者協会の司徒慧敏です。後に中国電影家協会に名前が変わりました。私が協会へ勤めた頃は、主席が蔡楚生で、司徒慧敏は副主席でした。司徒慧敏さんはものすごく親日派でした。だから文革のときに批判されたのではないか。

代表団が日活を表敬したときに、『草を刈る娘』（西川克己監督、一九六一年）を撮っていた吉永小百合さんに会いました。そのとき石原裕次郎にも会っている。

趙丹は絵も上手で、私も何枚かもらいました。夫人の黄宗英が、趙丹が亡くなってから北京で趙丹の絵の展覧会をやるので「日本にいたときに描いた絵を貸してくれ」と言われてお貸ししたこともある。凌子風も絵が上手だった。

代表団は大歓迎を受けて、多くの人と会い過ぎて、持ってきたお土産が足りなくなった。それで毎晩、趙丹と凌子風が、ホテルで絵を描いて描いて。画用紙を買ってきてくれと頼まれて、たくさん夜、持っていく。翌日また二人で描く。墨で描くから墨が下に落ちる。床に紙を敷き詰めてじゅうたんは一切汚れないようにしていた。帰るときにはきれいに整理し、ちり一つなかった。「あの二人は立派だ」って言ったのを覚えています。

代表団を出迎える香川京子（中央）

訪日中の趙丹（中）、凌子風（右）

❖中国のトップ女優たち

秦怡さんは六二年の四月に映画代表団で日本に来ている。張瑞芳も六二年の一〇月に中国演劇家代表団で来ています。わが協会の役員、会員に一番強い印象を残したのは女優ではこの二人だと思います。女優のオーラもあるし。それから人間性にもひかれたと思う。一九七七年、白楊は徳間さんの中国映画祭で来ている。解放前からの女優でトップ女優ですからタイプが違いますね。白楊と張瑞芳、秦怡。私は個人的には、その三人なら、もちろんそれほど親しいわけじゃないけども、張瑞芳が一番好きです。彼女は九一年に団長でも来ました。チャーミングな人で本音を話す人です。

張瑞芳さんは文革中の六六年も、七三年に廖承志が率いた五〇人ぐらいの大型代表団にも入って来ています。人民服を着て質素な感じだった。皆「張瑞芳さん、張瑞芳さん」と駆け寄っていったら、あまり騒がないでほし

張瑞芳

1962年、訪日した秦怡

いという感じでした。でもタクシーの中では私に「会えると思わなかった」とか、「中国はいつまでも冬の時代は長く続かない」とか、そういう話もした。

団長は廖承志さんでしたが、副団長は于会泳、浩亮とかみな四人組の仲間。七三年は廖承志さんも、あれだけ偉い人でも発言には気をつけていましたね。

❖一九七七年の木下恵介団長の日本映画訪中団

――国交回復後に本格的な映画交流が始まりましたが、木下恵介団長の代表団は中国ではどのような反響でしたか?

当時、人的な交流のために日本映画代表団を編成することは難しかった。文革の直後だったし、映画人はみんな忙しい。協会は俳優では仲代達矢さんに是非行ってもらいたいと思っていました。仲代さんは小林正樹さんと大変親しい。小林さんが説得して仕事を空けて行くことになった。吉永小百合さんは俳優座の佐藤正之プロデューサーが聞いてくれて、空いている、行きたいっていうこと

白楊、栗原小巻

になった。団長として考えたのは木下惠介監督です。やっと木下先生を説得して代表団が決まった。

団員は木下忠司（作曲家。木下惠介の弟）、小林正樹、松山善三、熊井啓、岡崎宏三（キャメラマン）、仲代達矢、吉永小百合、佐藤正之（多くの小林作品を手掛けたプロデューサー）が団員として加わった。協会からは、横川健さんと私が同行しました。

当時これだけのメンバーが、よく集まったと思いますが、木下さんの発案です。木下さんは、ただ人が行って乾杯だけじゃ意味がない、交流のためには自分の作品を持っていくことだ、と言って四人の監督の作品を持っていきました。

熊井さんに対してだけは、私たちの協会が『忍ぶ川』（一九七二年）とかいろんな作品がありますが、『サンダカン八番娼館　望郷』（一九七四年）がいいんじゃないですか、と言いました。小林さんは『化石』（一九七五

廖承志と接見する日本映画代表団。1977年
前列左から熊井啓、仲代達矢、佐藤正之、吉永小百合、木下惠介、廖承志、小林正樹、木下忠司、岡崎宏三、松山善三

年）を持っていこうとしていたが、『切腹』（一九六二年）も持っていったほうがいいと協会から言い、小林さんだけ二本持って行きました。

あとは、木下さんが自分で『楢山節考』（一九五八年）を選び、松山さんも自分で選びました。

❖無為替輸出と『サンダカン八番娼館　望郷』の反響

当時、映画フィルムを持っていくことは大変な手続きが必要でした。松竹、東宝など製作会社は輸出されては困る、ということなので無為替輸出という制度を使いました。持っていったら必ず持ち帰るというのが原則です。

中国の不特定多数に見せてはいけないなどいろいろな制約がある。三五ミリだったのでとにかく重い。代表団が行くときに全部は持っていけない。何百キロにもなる。そこで事前に行く人に脚本と一緒に持っていってもらい、対外友協（中国人民対外友好協会）に預けておいた。それで中国側は代表団が行く前に関係者が映画を見ていたのです。

多分、同時通訳で見たのでしょう。茶話会のときには脚本を中国語訳して読んでいたから、内容もわかっていたのでしょう。綿密な交流でしたね。当時の私たちがやった交流はただの乾杯ではない。日本作家代表団の時にもその人たちの著作を何冊も事前に送りました。作品なくして交流はできない。

一九七七年一一月七日、北京の国際クラブで王炳南会長の茶話会があり、主だった中国の映画関係者がたくさん集まった。茶話会の後、『泣きながら笑う日』（松山善三監督、一九七六年）が上映されました。

中国の映画関係者は既に持っていった映画をみな見ていました。その中で一番反響が多かったのは『サンダカン八番娼館　望郷』でした。芸術的に評価が高かったのは、『切腹』です。

『サンダカン』を見た中国の人たちは、この作品のどの部分をカットすれば、中国に輸入できるかと考えた。代表団が広州に一泊した時、対外友協の張和平さんという担当者が私に相談しに来ました。台本のこの部分はカットできるかという相談です。それを私が熊井啓監督に伝えるという役割でした。

熊井さんは自分の作品が評価されたと喜びましたが、同時にあまりにもカットの部分が多いので戸惑っていました。その後、いろいろ曲折があって、七九年、徳間康快さんが主催した日本映画祭で『サンダカン』が正式に出品されました。後に一般上映もされました。

なぜ『サンダカン』があれほど中国で大きな反響を得

女優・于藍と歓談する熊井啓

たのか。巴金先生の『随想録』にも、この『サンダカン』についての評論が載っています。もちろん一般の人の反響もうれしいことですが、文豪巴金があれほど『サンダカン』という作品に心を寄せたことを、熊井さんも主演した栗原（小巻）さんも、みんな大変喜んでいました。

『サンダカン』が中国映画人たちに非常に評価されたことも、その後の熊井監督の『天平の甍』のロケーションの実現につながるわけです。栗原さんもその後、日中映画交流に一生懸命です。今、日中文化交流協会の副会長として活躍しています。文化交流の芽はすぐ出ない。木は何十年たたなければ大きな木にならない。森になるまでは何十年、何百年かかるかもしれないが、最も大切な交流だと思います。

❖岡崎宏三が上海時代の知己と再会

関心を引いたのは『サンダカン』はテーマ性。芸術性では『切腹』と『化石』だと思います。『化石』は井上靖原

再会を喜び合う王丹鳳、岡崎宏三

作のわかりやすいラブロマンスです。特にキャメラマン岡崎宏三の技量に中国側は感激し、「キャメラワークに学ぶものがある」と高く評価した。岡崎宏三は一九四四年に上海ロケの『狼煙は上海に揚る』（稲垣浩、岳楓監督）にキャメラ助手として参加していた。七七年、上海に行ったときに、『狼煙は上海に揚る』に出演した王丹鳳という女優にも会った。岡崎さんは自分が昔四〇年代に一緒に仕事をしていたときは、まだ小さな娘だったと。王丹鳳も「まだあなたやってるの?」と抱き合っていました。

『切腹』は、仲代達矢の迫真の演技はもちろんですが、武満徹が手掛けた映画音楽、宮島義勇のキャメラ。巨匠二人の仕事に中国側が感動した。武満さんはその前年の音楽家代表団で中国に行っています。

『サンダカン』は大衆にわかりやすい映画ですが、『化石』と『切腹』に中国の人が関心を示したこと、キャメラワークと音楽に関心を示したことに対して、日本の映

『狼煙は上海に揚る』での王丹鳳（中央）
写真協力：公益財団法人川喜多記念映画文化財団

画代表団はとても喜んでいました。

❖ 大同訪問

訪問先ですが、映画の人たちだから北京と上海はどうしても行きたい、あとは協会に任せるということでした。団長の木下惠介が「一度見てみたいね。桂林には行こうか」と言って桂林が決まった。

大同は協会が勧めたのです。大同の雲崗石窟は、敦煌莫高窟、龍門石窟とともに三大石窟として日本人にはよく知られています。ずっと外国人は行けなかったが、一九七五年にアンドレ・マルロー（フランスの作家、冒険家、政治家）が行ったと報道された。協会は七六年に團伊玖磨が団長の日本音楽家代表団が訪中したときに、雲崗石窟に行きたいという希望を出し、強力にお願いして行ったのです。みんな感動しました。協会から派遣する代表団に、大同がゴールデンコースになった。七六年一一月には井上靖の作家代表団も行っています。

雲崗石窟の見学。
左から岡崎宏三、佐藤正之、
小林正樹

映画代表団の時は小林さんが一番「行きたい」って言いました。映画『敦煌』を撮るつもりでいましたし、彼は早稲田出身で會津八一の門下で映画だけではなく美術、歴史に造詣の深い人。学者タイプの監督です。だから一番喜んだのは小林さんだった。

❖団長をためらった木下恵介

――木下恵介さんはどのような方でしたか？

木下恵介は戦中、二等兵で中国に行っている。日本軍国主義の、言葉に表せないような卑劣さを目撃している。それを忘れていないことに私は感動しました。木下さんは一九四〇年代につくった『陸軍』の中で、最後に田中絹代が出征する息子を追いかけるあの名場面を撮った人です。『二十四の瞳』が中国で非常に高く評価されて一九五六年に訪中したが、それ以来ずっと行ってない。

七七年に代表団を派遣しようとしたとき木下さんに団長をお願いした。そしたら「絶対に駄目」と言う。中国には行きたいが映画代表団の団長にはなれないと。「僕は兵隊で行った人間ですよ」って。それで協会の白土さんと私が、狸穴の木下さんの家に行って、ウイスキーを飲みながら夜遅くまでお話した。木下さんも何となく行ってもいいような感じになって「とにかく考えておくよ」っていうことで帰ってきた。小林正樹と松山善三から（木下監督は）気が短く、気が変わる人だから、そのつもりでつきあいなさいと言われていた。みな木下組です。翌日「それじゃ、僕、行ってみようか」と団長として行くことが決まった。自分の作品『二十四の瞳』が中国で非常に高く評価されたのはうれしいが、兵隊で行ったことが心にあるということで、そのためか打ち合わせ会のあとでまた「行かない」。それでまた白土さんと私が浜名湖の寸座にある別荘に行った。木下さんの秘書が赤いポルシェで迎えに出てきた。お酒をいただきながら訪中を説得しましたが、そのときも「考えておく」で終わり。翌日、電話かかってきて「行きます」と。

木下さんは公式の場のスピーチなどでは、政治的な決まりきった味もそっけもないスピーチではなく、本音で語り合う人間交流の大切さを、中国に対する自分の考え、思いを、自分の言葉でお話をする。感動的なものでした。でも、小さいことでは本当に苦労させられた。参観する所に寸前になって行かないと言う。それでいつでも代理に頼んだのは小林正樹さん。

上海で人民公社の訪問があった。木下さんが言い出した計画です。ところが寸前になって「行かない」。実は誰も行きたくなかったが、キャンセルはできない。そう

左から李徳倫（音楽家）、張瑞芳、曹禺（劇作家）、木下惠介。1977年、北京

いうときに優しいのは仲代達矢と吉永小百合です。私が困ったという顔をしていると「佐藤さん、向こうは全部準備しているんでしょう？　誰も行かないって言ったら悪いよね。僕と小百合ちゃんが行きますから」と。人民公社に私と三人だけで行った。

だけど木下さんのそういうところも正直で決して嫌みじゃない。悪びれない。不思議な人です。心のやさしい人でした。本当に懐かしい人です。お葬式に行って温顔をしのびました。

❖吉永小百合さん

――吉永小百合さんと中国との関係はどのようなものでしたか？

吉永さんは中国との文化交流に非常に熱心な人です。七七年と七九年の映画祭のほか、八四年の日中文協代表団では井上靖と一緒に行っています。木下恵介と行ったときとか、井上靖と行ったときなどは、単なる映画女優

人民公社を訪問する仲代達矢、吉永小百合

としてだけではなく、「人間吉永っていうものをちゃんと理解してくれた」と言って喜んでいた。

高倉健が八六年に初めて中国に行ったときは吉永さんが勧めてくれた。高倉健は騒がれたくなかったようです。吉永さんが「騒がれないような形で行きたいのなら、日中文化交流協会を通じて行ったほうがいい」と勧めてくれたようです。吉永さんから頼まれ、協会が中国の対外友協に「高倉健が行きたい」、ホテルも小さなホテル、とにかく騒がれないようにと頼んだ。協会から横川健さんが付いていった。

八四年に亡くなった日中文化交流協会の宮川寅雄理事長は會津八一門下で、美術評論家。吉永さんはこの人と親しかった。井上靖とも親しかった。

彼女は真面目で先進的な人だと思います。戦争反対を声高には言わないけれど、「原爆詩」の朗読をライフワークにしていることでもわかります。吉永小百合は今でも

孫平化、吉永小百合。1977年、北京

協会の会員です。

Ⅵ——川喜多長政と徳間康快

❖映画人としての川喜多長政

——戦中、中国との関わりが大きかった川喜多長政と、国交回復後に日中映画祭を開催した徳間康快と協会との関わりはどうでしたか?

川喜多長政のヒストリーは、私はよく知りません。戦後、日本の映画界に大きな足跡を残しました。東和映画として『制服の処女』『格子なき牢獄』などドイツやフランスの三〇年代、四〇年代の映画を輸入している。

だけど解放前の中国との親しさがどういうものだったかは、私にはよくわからない。当時の汪兆銘の南京政府は日本の傀儡で日本の文化人を利用した。

当時は大変な複雑な時代だったと思います。たとえば趙丹は解放前からの俳優なわけでしょう? それが抗日に対する判断を迫られる。当時としては蔣介石の側にいた方が映画に出る機会も多かったろうに、趙丹は革命に身を投じた。中国の映画人も、その当時中国にいた日本の映画人も自分自身の立ち位置を鮮明にしなければいけない場に追い詰められたと思う。川喜多長政はそれほど右派とか左派とか言われるような人ではないのではないでしょうか。

ある一面だけを見て決めつけるのは間違いだと思う。そんなに単純な話ではない。全体として何をしたかが大切です。『桜』（韓小磊、詹相持監督、一九七九年）という中国映画も輸入しました。

川喜多長政はプロデューサー。映画監督などは割合はっきりさせられると思うが、芸術家じゃないから自分の立場をはっきりさせることは相当難しいと思う。内田吐夢、木村荘十二《そとじ》ら（ともに映画監督）満映グループもいる。複雑だと思います。山口淑子も川喜多さんがいなければ、帰ってこれなかったかもしれません。川喜多長政が日本と中国の映画界に果たした役割は、非常に多面的だと思います。日本と中国に限らず映画そのものの発展に大きな足跡を残しました。チャーミングな人です。

『桜』のスタッフを日本に招聘した川喜多長政夫妻。1980年
写真協力：公益財団法人川喜多記念映画文化財団

奥さまのかしこさんもすてきでした。川喜多夫妻は協会の会員でしたし、会合にもよく出てくださった。いつも奥さまは和服を着て。

❖ 徳間康快の果たした大きな役割

徳間さんの最初の訪中は協会が編成した、一九六六年の日本出版代表団の一員としてです。それから一九七一年の日中文化交流協会代表団。そのときは女優の杉村春子も一緒です。それ以後は何回も、出版代表団でも映画関係でも行っています。九一年の国慶節にも招かれました。

七一年の日中文化交流協会代表団のときは林彪事件が起きた直後で大変だった。だから専門交流は全くできない。みな何となく消化不良。『紅灯記』（革命京劇）とか、『針麻酔』（記録映画）とか、芝居も決まりきった映画ばかりで、同行した評論家の加藤周一さんも「何をしに北京まで来たのか」と、機嫌が悪い。そういうときに、徳間さんは全体の融和を考えてか、冗談を言って皆を笑わせたり、独特の人間性、キャラクターを持った人です。心の広い、いい人です。人間を差別しない。人間を差別する基準はたくさんあるが、いかなることでも差別をしない人です。そして何よりも決断と実行力はすごい人だと思います。

徳間さんは、新潟出身と聞きました。頭が良くて早稲田大学に入る。卒業後、読売新聞社に入り、レッドパージ。読売争議で読売新聞にいるのが難しくなって、いろいろな事業を経て苦労をして徳間書店を立ち上げる。人生経験がものすごく豊富です。それから新しいことをやろうという、進取の気性が強い人です。

日本の代表的な出版社のほとんどは同族がオーナーで、息子とか孫が社長になっている。徳間さんは、自分で会社を興した。一九六六年の日本出版代表団は全部で六人ぐらいですが、徳間さん以外はみな二代目か三代目でした。

進取の気持ちがあるからこそ、日中の映画交流に、あれだけ心血を注いだ。経済的にはペイしなかったと思いますよ。

日本と中国の映画交流で日中文化交流協会がやっていることは、映画人同士の交流とか技術交流で、商業的な意味で映画を売り買いしたり、日本や中国で上映したりすることはできなかった。徳間さんは、これでは駄目だと考えた。文化交流の中で映画交流は、文学などよりも何十倍も大衆性がある。商業的に両国で一般上映しなければと。

『サンダカン八番娼館　望郷』『君よ憤怒の河を渉れ』（佐藤純彌監督、一九七六年）は中国で爆発的な反響があった。お金の採算はとれないだろうけれども、それを度外視して日本で中国映画祭を毎年やって代表団も迎え、中国では日本映画祭をやった。そういう意味でも日中の映画交流にとっては欠かせない人だと思います。

❖徳間康快の人柄

徳間さんは日中文化交流協会と非常に親しかった。中島健蔵会長の時代も、井上（靖）会長の時代も、團（伊玖磨）会長の時代も。よくごちそうにもなりました。私たちが若いとき、協会はお金がないから、おいしいものを食べてないだろうと、「おいで」と言われてよくごちそうになりました。

歌もすごく上手でとにかく明るい人です。七〇年代に今の有楽町マリオンの所に日本劇場がありました。そこを借り切っていろいろな歌手を呼んで、徳間書店が「音楽の夕べ」をクリスマスの頃、毎年やっていた。徳間音工というレコード会社もやっていたから。私たちは毎年招待されて行きました。ちゃんとした歌手が歌った最後に徳間さんが自分で歌う。それがまた、独特の味があって上手なんです。

徳間さんは日中文化交流協会に本当に協力してくれました。毎月の会費も徳間さんの所は一番高額の会員でした。それに高額な会員をたくさん紹介してくれた。井上靖先生に対して尊敬の念を持っていたし、事務局の白土さんをとても信頼していた。徳間さんがいつも言っていた言葉を忘れません。「日中文化交流協会は政府などの援助も受けず、会員の会費で運営し、一貫して民間の立場を守り常に政策、姿勢がぶれない」と。

❖経済人　徳間康快

徳間さんは大きな仕事をした。いったんつぶれた大映を彼が立て直したわけですよね。中には徳間さんを嫌いな人もいるかもしれない。経済はシビアです。経済人ですから、徳間さんと仕事をしたことのある人で、徳間さんを嫌いな人もいるかもしれません。ですけども、少なくとも私たちは、嫌な面を見たことはありません。いろんな意味で、新しいものを作り出すことに情熱を傾けた人です。人間を見抜く目。人間を観察する目がものすごく鋭い人です。

スタジオジブリがあそこまで仕事ができたのは徳間さんがいたからでしょう。スタジオジブリの鈴木敏夫さんというプロデューサーはスタジオジブリが今日あるのは徳間さんのおかげだと、感謝しています。いろんなときに鈴木さんは徳間さんの名前を出していますね。

❖徳間康快の思想的立場と義理人情

思想的にはあの人は左派だと思います。一九四〇年代の末から五〇年代初期の読売争議では労働者の味方だった。四五年の敗戦から五二〜五三年頃まで日本では左派勢力が強かった。短かったけれども片山哲の社会党の政権もできた。四七年ぐらいに日本共産党も勢力を伸ばした。だけど共産党は国際派と所感派の路線対立があった。ようやく一九五五年に日本共産党第六回全国協議会（六全協）で共産党が統一する。日本の左派勢力が躍進した時代でした。たとえば今の読売新聞の渡辺恒雄も共産党員。産経新聞の水野成夫も共産党の秘密党員だった。徳間さんのことははっきりは知りませんが、非常に短い時間だけど参加した時期があるんじゃないかと思う。でもその人たちはみな党内抗争に嫌気がさして政治を辞めて、頭のいい人たちだから経営に乗り出す。日中文化交流協会の会長をやった辻井喬（本名は堤清二。西武グループの創業者一族）もそうです。

徳間さんは社会主義思想に対して寛容な人でした。心の中には、青年時代に共鳴した理想があったのだと思います。まだ国交正常化していない中国に行くこと、しかも映画交流をやること自体が社会主義に対する親しみを表していると思います。

中国に対する贖罪意識が強く、明確な歴史認識を持っている人でした。日本が中国に犯した罪については、きちんと認識している人でした。

徳間さんは非常に情に厚い人です。いわゆる義理人情に厚い人。自分が苦労したときに助けてくれた人のことは、その人が今、別の立場になっていたとしても、自分はその人を裏切らない。求心力のある、スケールの大きな人でした。ああいう人は少なくなりましたね。

❖インタビューの最後に——民間交流と政府間交流

冷戦の時代そして国交のない時代は、政府間交流はないに等しいです。特に文化交流はほとんど民間交流でした。貿易など経済交流も当時はほとんど民間が窓口だったわけです。経済の方は、日本国際貿易促進協会や日中貿易促進会です。

日中文化交流協会は純粋に民間組織です。創立以来現在も政府から全く補助を受けていません。会員の会費と寄付によって運営しています。それでも質的にも量的にも大きなよい交流をしてきたと思います。多くの人々の協力と支持があったからです。

国交正常化以降は政府間交流と民間の交流は車の両輪だと思います。ただ、量的には民間のほうが多いと思います。

政府間交流と民間交流の性格は異なると思いますが、友好を深める上で有利であれば、互いに支持し、協力しあって進めることが大切だと思います。しかし、必要なことは相対的独自性を保つことだと思います。民間交流は一時的な政治の季節に一喜一憂することなく、草の根から湧きいずるような、人間の感性をともなった息の長い交流であるべきと思います。

私は五三年間、日中文化交流協会に勤務しましたが、今、つくづく思うのは「人間に恵まれた楽しい年月だった」ということです。それ以上の幸せはありません。

中国には一〇〇回ぐらい行きましたが、激動の時代にあっても、心を許して話しあえる人たちとの出逢いがありました。

私は古いタイプの人間ですから、好きとか嫌いとか、尊敬する人は、ちっとやそっとのことがあっても変わりません。中国に対しても、周恩来の時代の中国と比べて、今の中国には大きな戸惑いを感ずることもありますが、中国は私を裏切らないと思うし、私も中国を裏切らないと思います。

（写真提供：佐藤純子、日本中国文化交流協会）

二〇一七年九月一九日、北京で取材

戦後、初めて訪日した中国の映画女優

謝芳《シエ・ファン》（女優）インタビュー

撮影：劉文兵

戦後の日本では、日本共産党の外郭団体であった日中友好協会が、公会堂などで中国映画の自主上映を積極的におこない、共産主義・社会主義的思想を広めようとしていた。その観客は一部の若者や文化人に限定されていたとはいえ、民間交流は少なく、国交もなかった時代に、両国を結ぶ貴重な絆となった。そのなかで、映画を通じて中国の映画スターも知られるようになったが、とりわけアイドル的存在だったのは、女優の謝芳だった。彼女はまた、戦後初めて訪日した中国の映画女優でもあった。

謝芳は一九五九年に『青春の歌』（崔嵬、陳懐皚監督、一九五九年）で衝撃的なデビューを果たし、一躍トップスターとなった。六二年には中国文化部から「二二人のスター」の一人に選出された。のちに出演した『早春の二月』（謝鉄驪監督、一九六三年）、『舞台の姉妹』（謝晋監督、一九六四年）はいずれも中国映画史に残る名作となり、中国映画を代表する女優として、日本の中国映画ファンのあいだでも人気が高い。とりわけ、リアルタイムで上映された『青春の歌』は六〇年代初頭の激動の時代を生きる日本の若者たちの共感を得、そして、謝芳も彼らのアイドルとなった。矢吹晋著『二〇〇〇年の中国』（論創社、一九八四年）には「六〇年アンポを間に挟む学生時代に『青春の歌』という中国映画（原作・楊沫、一九五九年）を見て、ヒロインの女子学生林道静を演ずる謝芳の美貌に憧れたことがある。間もなく来日したこの女優に握手を強要したが、わが中国の恋人の、その掌のえもいえぬ柔らかさが印象的であった」との記述がある。

人民共和国建国後の一九四九年を境に、中国映画の主人公はかつての「才子佳人」から、たくましい労働者にとって代わったが、そのなかで、謝芳は異色の存在であった。一九三〇年代前半の北京を生きる女学生（『青春の歌』）、一九二〇年代の地方都市で暮らす旧家の令嬢（『早春の二月』）、そして一九四〇年代の上海で活躍するトップ舞台女優（『舞台の姉妹』）の役柄のもとで、持ち前の知的な美貌と気品を遺憾なく発揮した。たとえ小津安二郎作品に出演しても、そのスター性は原節子に引けを取らないだろう。そのことが「中国映画の原節子」と映画評論家の佐藤忠男氏に言わしめた所以である（佐藤忠男「謝晋監督の仕事」、『芙蓉鎮』パンフレット、岩波書店、一九八八年）。

八三歳になった現在でも、映画やテレビドラマの主役を演じ続け、同世代で活躍するほぼ唯一の女優である謝芳は、二〇一七年九月一九日に撮影の合間を縫って、著者の単独インタビューに応じた。目の前に現れた謝芳は真っ白になった髪の毛が、過ぎ去った半世紀以上の歳月を物語っているが、輝く目、華奢なスタイル、上品な立ち振る舞いは『青春の歌』のヒロインそのものだった。

神学校の校長の父を持ち、母親も名門大学・燕京大学出で、九人兄弟の末っ子だった謝芳は亥年（イノシシ年、一九三五年）生まれだったため、父親が「おまえは家で育てる（注：中国ではイノシシ年はブタ年であり、家畜のイメージを喚起する）」と言って、小学校五年生までは家で母から教育を受けた。戦争のさなかにあって、子煩悩の父による精いっぱいの愛情だった。中卒の学歴しかなかったとはいえ、謝芳は家族の薫陶でインテリ女性の素養と気品が自然に身に付いたようだ。

『青春の歌』に出演した経緯について、謝芳は次のように語った。

楊沫作の原作小説はベストセラーだったので、多くのベテラン・スター女優はそのヒロイン役を射止めようとした。当時、私はまだ武漢歌舞劇院所属のミュージカル女優で、映画出演の経験がゼロだった。オーディションの会場に現れた私を見た監督やキャメラマンは、いささかがっかりしたように見えた。痩せていて顔色もよくなかったからだ。しかし、メークさんは私の顔にドーランを塗った直後に、思わず「この子はいいかも」と漏らした。さまざまな角度から顔を撮られたテスト映像をスタッフたちとともに見た際に、われながらよく写っているのに驚いた。私は美人ではないが、顔が小さく目は大きく輝いていて、キャメラをいくら近づけても耐えられるようだ。

その後、離婚したヒロインがそのいきさつを無二の親友に打ち明ける場面、そして国民党の特務機関に逮捕され、投降するよう求められた際にきっぱりと断る場面を演じてみせたところ、演技力も認められ、林道静の役を得た。

❖演技派女優として成長

一九六二年に北京映画撮影所から、柔石の小説を映画化した『早春の二月』の出演依頼があった。ヒロイン・陶嵐は、謝芳にとってもっとも思い入れのある役だった。

『青春の歌』

原作の小説を読んだとき、孤高で封建的慣習と相いれず、みずからの愛を貫こうとする陶嵐がまるで目の前に立っているようだった。彼女の生き方や、その一挙手一投足までに強く共鳴した。考えれば、愛憎がはっきりしていて、わがままな彼女は私自身の性格に似ていたからなのかもしれない。ただ、出産した直後の私は、痩せていて、ふくよかな旧家の令嬢のイメージとかけ離れていたため、撮影に入る前に、北戴河（河北省秦皇島市にある高級保養地）に送られ、しばらく療養生活を送っていた。そこで、中国映画界きっての重鎮・夏衍先生に会った。夏衍自身もプロの脚本家で、『早春の二月』の映画化を巡って、スタッフとの座談会まで開き、貴重なアドバイスをくれた。それに従って、私は封建時代を舞台とした文学作品を浴びるほど読みあさり、そのなかで、魯迅の『狂人日記』での狂人と古典『紅楼夢』の林黛玉を、陶嵐というキャラクターの下地とした。

そもそも謝鉄驪監督が『早春の二月』を映画化しようとしたきっかけは、彼の前作にあたる『暴風驟雨』（一九六一年）がモスクワで上映された際に、「悪くない作品だが、演出がいささか雑である」と評されたからだった。そのため、彼は堅実かつ緻密な製作姿勢で『早春の二月』の演出に臨んだ。それにつられて、俳優の私も「せりふがなくても、登場人物の心の中の声に耳を傾けなければならない。背中しか映されていなくても気を緩めてはいけない」と心掛けた。また、現場で台本どおりに演じる際に、どうしても納得がいかない場合、私はそれをスタッフに打ち明けた。終わってから後悔するぐらいなら、そのときは周囲の気分を損なうにしろ、言わずにはいられなかった。

「你真的愛她嗎？ 不，你這是同情，不是愛！（彼女のことを本当に愛しているの？ それは同情であって、愛じゃないわ）」というヒロインの名せりふもそのなかから生まれたと記憶している。

北京映画撮影所製作の『青春の歌』、『早春の二月』に続いて、三作目の『舞台の姉妹』は上海映画撮影所の謝晋監督の作品となる。同作品は日本で開催された「中国映画祭」や「中国映画の全貌」の特集上映においても繰り返し上映され、日本の中国映画ファンにも馴染みのある名作である。

その当時、私が所属する北京映画撮影所の監督からも出演依頼があり、どちらにしようかと迷ったが、映画局のトップだった陳荒煤さんに相談したところ、彼は『舞台の姉妹』は文化部がサポートする「重点映画」だからぜひ出るようにとアドバイスしてくれた。上海に行く前

『早春の二月』

に陳さんはあらためて「上海映画界は歴史が長く、映画人も知識が豊富で経験豊かなので、しっかり勉強してこい」と励ましてくれた。実際に撮影チームの各部門のコミュニケーションはスムーズで、やりやすかった。何より、上海の方の細やかな心遣いも印象的だった。正月休みには故郷を離れて一人になるので、たくさんの野菜を届けてもらい、好きなものを選んで料理してもらうことができた。

私がもっとも好きな女優は、上海映画撮影所所属の上官雲珠さんだ。『早春の二月』に続いて『舞台の姉妹』でも彼女と共演した。この二作で彼女が演じたのは、いずれも自殺に追い詰められた哀れな中年女性の役だが、全く別のキャラクターとして演じ分けていた。『舞台の姉妹』では盛りを過ぎた往年のスターの役で、その悲しみと矜持を、目の表情だけで見事に表現した。上官雲珠さんとは個人的な付き合いはなかったが、北京で開催され

『舞台の姉妹』
左から曹銀娣、謝芳、上官雲珠、鄧楠

た国慶節のイベントでは、チャイナドレス姿の彼女に見とれてしまった。そのチャイナドレスは体のラインにぴったりのオーダーメードしたもので、本当に洗練された正真正銘の大スターだった。

❖文化大革命の嵐

しかし、後の文化大革命では、上官雲珠は自殺に追い込まれ、謝芳も反革命的「黒線人物」とのレッテルを貼られ、農村へ下放され、ブタの飼育を強いられた。その苦しい過去を、彼女は豊かな感性を持って振り返っている。

ブタにもそれぞれ個性があって、四川省のブタは豪快に餌を食べ、鼻先を餌入れにぶつけて大きな音を立てた。フランス産のブタはとがった鼻先で餌を選び、表面に浮かんだ餌をつまみ食いしていた。人間と同じように、他のブタをいじめる乱暴者や、おとなしいかわいいブタもいた。初めてのブタの予防注射の際に、経験のなかった私は早く薬を押しだし過ぎて、ブタのお尻が腫れ上がったのは申し訳なかった。

一九七二年に周恩来総理の特別な計らいで、謝芳はようやく北京に戻ることができた。訪中した朝鮮映画代表団、日本文化代表団の接待係を務めるためであった。そのなかで、女優の杉村春子、高峰三枝子、望月優子とも北京で会った。「望月さんは明るい性格で、いつも『インターナショナル』（有名な革命歌）のメロディーを口ずさんでいた」と謝芳は懐かしそうに振り返った。

文革末期に、謝芳は農村映画『山花』（崔嵬監督、一九七五年）においてたくましい農民のリーダーの役を演じた。役作りの一環として、ロケ地の山西省大寨の虎頭山で現地の農民（「鉄姑娘」チーム）とともに農作業に従事していた。「毎日、くたくたになって死にそうだった。あの文革がなかったら、曹禺作『日出』の陳白露役、あるいは女傑・秋瑾（清朝末期に清朝打倒を目指した女性のテロリスト）の役を演じることができたはずなのに」と謝芳は嘆声を漏らした。

文革が終焉を迎え、一九七九年に謝芳は文化大革命の罪を告白する『涙痕』（李文化監督）のヒロイン役を務め、再びスターの座に返り咲いた。このヒロインは、迫害から逃れるために気が狂ったふりをする「汚れ役」だった。

監督から「気が狂っているように見えなくてはいけないが、同時に美しくなければならない」と注文をつけられた。そのため、私は精神病院に行って患者を観察し、医者の話を聞いた。医者は「患者を演じるには、必ずしも床を転げ回ったり、泥を顔に塗りつけたりするような大げさなことをしなくてもよい。同じ言葉を三回ほど間を置いて繰り返せば、その異常さを浮き彫りにすることができるはずだ」とアドバイスをくれた。そこで私は、小道具のバラの花を生かそうとした。外国の花占いのように花びらを一枚ずつ摘み取り、まとめて手のひらに乗せて息を吹きかけるという演技を思い付いた。文革が終わったばかりの頃だったので、『涙痕』の撮影現場でも、それが上映される映画館でも、人々は映画を身近に感じ、すすり泣きに包まれた。

❖一九六一年に訪日

謝芳はまた日本とゆかりのある映画人の一人である。一九六一年三月一七日から四月一七日にかけて、日中婦人交流会の招聘により、魯迅夫人の許広平が団長を務める中国婦人代表団が訪日したが、芸能界の代表として謝芳も加わった。一カ月間の滞在中に、日本各地の二七の都市を飛び回り、東京で開催された「日中国交回復総決起大会」や、仙台でおこなわれた魯迅記念碑の除幕式にも出席した。謝芳は訪日の様子を次のように語っている。

『涙痕』

中国婦人代表団のメンバーは文字通り、通訳を除いて一二名全員が女性だった。三月の日本はまだ寒く、靴を脱いでストッキングで畳の家に入ると足が冷たかったのを覚えている。主催者の気遣いで足を伸ばせる机を用意してもらったが、やはり足先は冷たかった。

『青春の歌』が既に日本で自主上映の形で公開されていたので、行く先々で役の名前、リンドウセイ（林道静）と呼ばれた。建物の二階から一階まで届く巨大な映画看板が掲げられていて、大歓迎された。当時の日本の若者は革命にあこがれ、進歩的な生き方を求めていた。私が演じる『青春の歌』のヒロインは思想的な齟齬で夫と別れたが、それに共感した日本人の女性は「私も全く同じような体験をした」と私に打ち明けた。訪問先を離れる際に、人々は私が乗った列車を結ぶ紙テープを握ったまま列車を追い掛け、なかなか離そうとしなかった。

許広平先生は決まって各地で演説をされていたが、何

訪日中の謝芳
1961年

度も聞いているうちに、そのスピーチを締めくくる日本語を、意味のわからないまま覚えてしまった。「チュウニチ　ユウコウ　ダンケツ　バンザイ（中日友好団結万歳）」だった。とても良い思い出だった。

インタビューの後、著者が用意した色紙に謝芳さんは丁寧にサインしてくれた。意外なことに、書き終わった彼女は手帳を取りだして、著者にもサインを求めた。「字が汚いので恐縮ですが」とことわったうえ、恐る恐る名前を書いたが、謝芳さんは「字は上手でなくても、一画一画ごとにゆっくり丁寧に書くのが正しいわよ」と優しく言ってくれた。

（写真提供：謝芳）

二〇〇六年一二月二六日、東京で取材

「中国の黒澤明」と呼ばれた男

謝晋《シエ・ジン》（監督）インタビュー

取材して二年もたたない二〇〇八年一〇月一八日、謝晋監督が逝去された。訃報に接して信じられない気持ちだった。思えば、日本のメディアのための取材は、著者が最後になったようだ。

二〇〇六年一二月に監督の来日を知り、A4サイズ四枚の質問事項を事前に送って取材を申し込んだ。快く受け入れていただいたが、「こんなたくさんの質問に全部答えるなら、何日もかかるから、一回の取材では無理だろう」と言っておられたので、インタビューはざっくばらんに進んだ。

インタビュー記事を掲載した雑誌『東方』（二〇〇七年三月号）を監督に送ったところ、直筆の葉書をいただいた。そこには、「旧正月にはいつも紹興の田舎でゆっくり過ごすから、今度、中国国内の研究者と一緒に来なさい。君の質問に全部答えるから」と書かれてあった。

その後、取材の段取りについて伺いの手紙を出したが、返事はなかった。後で知ったことだが、監督が演出を手がけた話劇の舞台『金大班的最後一夜』の世界巡回公演の多忙さに加えて、最愛の長男・映画監督の謝衍に先立たれたことで、大きなショックを受け、落ち込んでおられたようだ。そして、それを紛らわすためか、母校の創立記念イベントに参加するため出かけたが、宿泊していたホテルで急死されたという。「キャメラが回っているところで死ぬのが幸せ」という監督の言葉が思い出された。

二〇〇六年一二月、東京テアトルと上海電影集団公司（上海フィルム・グループ・コーポレーション）との交流事業の一環として、第一回「中国上海映画祭」が東京で開催された。そして、そのメインゲストとして代表作『芙蓉鎮』（一九八七年）を携えて来日したのが、中国映画の巨匠・謝晋監督だった。高齢のうえ、ヴェネチア国際映画祭の招待まで断わりつづけてきた監督にしては、きわめて異例な外国訪問であるといえるだろう。

謝晋監督は、著者が子どものときから憧れつづけてきたヒーローである。初めて接した彼の作品は、文革中に観た『春苗』（一九七五年）であった。それは、とある農村の素人医者（赤脚医生）が、ブルジョア的修正主義者や反革命分子に立ち向かいつつ、医学の権威を押しのけて医療の第一線で活躍するという、まさに文革イデオロギーを体現する内容のものだった。幼い子どもだった著者にとって、その内容のすべてを理解することはできなかったが、しかしながら、主演女優の李秀明の初々しさと、ストーリー展開の明快さに抵抗しがたい魅力を覚え、心を奪われた。荒廃の極みにあった文革時代にあって、謝晋監督の作品だけには、いまだ「色気」が失われていなかったからである。

中国映画史上もっとも長いキャリアを誇る謝晋監督にたいして、聞きたいことは山ほどあった。幸い、映画祭の主催機関の協力を得て、監督本人と直接インタビューする機会を得た。一八〇センチもの長身で、よく通る大きな声で滔々と話す謝晋監督の姿は、八三歳とは思われ

謝晋監督と高野悦子氏（岩波ホール支配人）
撮影：劉文兵

ないほどパワフルであった。

まず、監督の修行時代の話から尋ねてみた。一九二三年、浙江省紹興上虞の名家に生まれた監督は、三〇年代末に上海金星映画・演劇訓練所で、四一年から演劇の名門「国立劇専」の第七期生として演技と演出の勉強を重ねたのち、重慶において本格的に演劇活動を開始する。その際、洪深、曹禺、焦菊隠、黄佐臨といった中国演劇界の巨匠たちからうけた薫陶は、監督の人生にとってかけがえのないものであったとのことである。たとえば、謝晋監督はつぎのように当時を振り返っている。「焦菊隠先生が演出する『ハムレット』の舞台に関わっていたときのことだった。舞台でリハーサルがおこなわれている最中に、私は楽屋で仲間数人と談笑していた。それに気づいた焦菊隠先生は、リハーサルを中止して『誰だ、出てこい！』と怒鳴った。私が渋々出ていくと、怒りの収まらない先生は、罰として私を舞台の隅に一時間以上も立たせた。大変恥ずかしい思いをしたが、このことが教訓となって、懸命に仕事に打ち込むという精神を身に付けることができた。私は、映画監督になってからも、俳優やスタッフに厳格な態度で接すること

『春苗』

を心がけているばかりでなく、現在経営している演技学校の生徒にたいしても、在学中の恋愛を禁じている。その原点となったのは、やはり、焦菊隠先生の教えにあったと思う」。まれに見る完璧主義者として知られる謝晋監督だが、その堅実かつ緻密な製作姿勢は、この重慶の修行時代に育まれたのである。

その一方で、「東洋のハリウッド」と呼ばれた一九四〇年代後半の上海における助監督としてのキャリアも、その監督人生にとって決定的なものであった。すなわち、一九四八年に謝晋監督は、中国映画の父と呼ばれる巨匠・張石川が経営する「大同」映画会社に入社、『啞妻』（呉仞之監督、一九四八年）、『幾番風雨』（何兆璋監督、一九四八年）、『二百五小伝』（鄭小秋監督、一九四九年）といった作品の助監督を務めるようになるのである。「夏衍氏は、ハリウッド映画が中国映画の最初の師匠に当たると指摘しているが、まったくその通りだ」と監督自身も語っているように、当時の上海映画は、演出、撮影、編集といった面においてハリウッド映画から強い影響をうけていた。そして、この助監督時代に若き謝晋は、ハリウッド映画の技法を貪欲に吸収したのであり、おそらく、そうした知識と経験が基盤となって、五〇年代半ばに監督としてデビューしてからも、メロドラマ、コメディー、スポーツ映画など、さまざまなジャンルの作品の演出を柔軟にこなすことができたのであろう。そのため、初期の謝晋監督の代表作において、上海映画の伝統的なモティーフや手法が踏まえられていながらも、一方で、ハリウッド映画から受けた影響の痕跡は歴然としている。たとえば、『女籃五号』（一九五七年）のコーチと選手の母親のあいだで繰り広げられるラブロマンスでは、ハリウッド映画『カサブランカ』（マイケル・カーティス監督、一九四二年）のメロドラマの話法が生かされているし、『三人の李さん』（一九六二年）は、上海の舞台喜劇「滑稽戯」を下敷きとしつつ、仕草や表情によるギャグは、監督お気に入りのローレル＆ハーディーのコメディー映画を連想させずにはいられない。

しかし、その頃から謝晋監督は、一人の映画監督として、みずからのスタイルに一種の危機感を抱くようになったという。「新中国が成立して以来、抗日戦争や国民党との内戦を描く戦争映画が圧倒的に多くなり、それにともない、ベテラン軍人から映画監督に転身した者が、私の同世代の監督たちの多くを占めるようになった。そのために、彼らがつくった戦争映画は非常にリアルだった。そのことに当時の私は大きなプレッシャーを感じた。そこで、『紅色娘子軍《こうしょくじょうしぐん》』（一九六〇年）の撮影にあたっては、俳優やスタッフとともに、映画の舞台となる海南島に赴き、資料収集のほか、紅色娘子軍（赤軍女性中隊）の元兵士たちへのインタビューや、軍事訓練への参加をおこなった。とりわけ、元女性兵士たちの証言はショッキングなものだった。たとえば、過酷な戦闘に没頭するあまり、口や鼻から無数の蛭が入り込んだことにまっ

『三人の李さん』

『女監五号』

たく気づかなかったことや、捕虜となった女性兵士たちが敵軍（国民党軍）士官の妾にさせられたり、売春宿に売られてしまったり……。このように、三カ月をかけて、軍隊の生活を体験・追体験してから撮影の段階に入った。その結果、完成した映画は高い評価をうけた」。

謝晋監督は、社会主義リアリズムの原則に従い、兵士や労働者階級の生活を身をもって体験することをつうじて、社会主義時代の新たな製作環境に柔軟に対応した。監督の証言によれば、その過程において、五〇年代に中国で盛んに上映されたソ連映画や、イタリアのネオレアリズモ映画、日本の左翼映画人の作品からも多く学んだという。

しかし、一九六六年に文化大革命が勃発すると、かつての監督作『舞台の姉妹』（一九六四年）が「ブルジョア的ヒューマニズム」として糾弾されたばかりでなく、謝晋監督自身もブルジョア的修正主義者として吊るし上げられ、激しい迫害を受けた。

しかし、のちに監督は「恩赦」され、『海港』（一九七二年）、『春苗』、『盤石湾』（一九七六年）といった文革プロパガンダ映画の製作に携わるようになる。「当初の監督が力不足のため降板させられ、急場しのぎに

『舞台の姉妹』

『紅色娘子軍』

私が起用されたのだ」と謝晋監督が証言しているように、それは、江青たちが監督の卓越した演出の才能を、おのれのプロパガンダ映画に利用したかったからにほかならない。さらに、文革期の苦難をいかに乗り越えたかという点について、謝晋監督はこう語った。「国家主席の劉少奇さえ失脚したのだから、私のようなちっぽけな一映画監督は、どんな目に遭っても不思議ではないと、つねに自分に言い聞かせた。そのように度胸を決めることによって、はじめて厳しい現実と向き合うことができた。下放先ではつねに重労働に熱心に励んだために、表彰されたこともあった」。その言葉を聞いた著者は、ふと心に落ちるものを感じた。というのも、『芙蓉鎮』のなかで、迫害された主人公が罰として与えられた清掃の仕事を、ワルツを踊りながらおこなうというシーンを思い出したからである。おそらく、過酷な文革体験をもっているからこそ監督は、『芙蓉鎮』のなかで、文革の惨めさをセンチメンタルに描くだけにとどまらず、悲惨な環境に置かれている人々が、にもかかわらず見せる強靭なヴァイタリティーをも鮮やかに描き出すことができたのであろう。

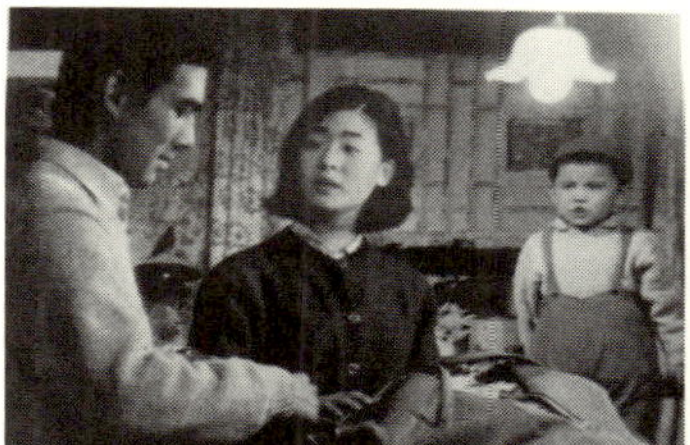
『牧馬人』

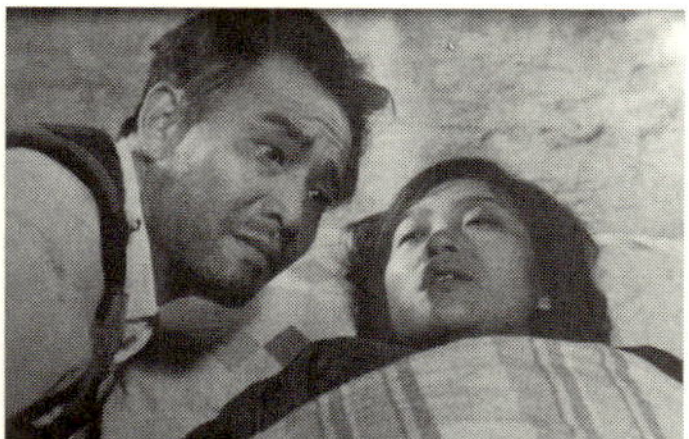
『天雲山物語』

やがて文革が終焉し、一九八〇年代になると、謝晋監督が手がけた『天雲山物語』（一九八〇年）、『牧馬人』（一九八一年）、『戦場に捧げる花』（一九八四年）、『芙蓉鎮』といった作品は、いずれも中国国内において億単位の観客を動員し、その人気は一種の社会現象にまでなった。そのために、一般に中国映画史において、一九八〇年代前半は「謝晋の時代」と評されている。全盛期の作品について、謝晋監督はこう語った。「文革直後の中国社会は、そういった作品を求めていたので、自分はその時代の需要に素直に応えただけだ。激動の時代こそ、良い作品を生み出すものである。たとえば、満州事変直後の一九三〇年代初頭、そして文化大革命終焉直後の一九八〇年前後は、それぞれ中国映画史上の黄金時代となったが、それは決して偶然なことではない」。

このように、謝晋監督は時代の波に翻弄されつつも、さまざまな厳しい制約をくぐり抜けて粘り強く映画製作をつづけてきたのである。そして、そのあとも謝晋監督は、『阿片戦争』（一九九七年）のような話題作を精力的に世に送るばかりでなく、亡くなるまで、高度経済成長期の中国をヒューマニズムの視点から描く作品や、あるいは日中戦争

『芙蓉鎮』

を舞台とした歴史ドラマの企画を進めていた。「映画をつくることが好きで仕方ない。私にとって、キャメラが回っている最中にこの世を去るのが一番幸せな死に方だ」という謝晋監督の言葉が、きわめて強く印象に残った。

『芙蓉鎮』をはじめとする謝晋監督の作品は、日本でもたびたび上映され、多くのファンを魅了してきた。そして、みずからの作品のキャンペーンや日中映画交流のために、監督自身もまた、これまで十回以上にわたって日本を訪れている。そこで最後に、日本の印象や現在の日中関係について聞いてみたところ、監督の返答はつぎのようなものだった。「一九八〇年に中国映画代表団のメンバーとしてはじめて訪日した際に、物質的に豊かな日本社会を目の当たりにして、大変大きなショックを覚えた。その当時、一般の中国人の家庭には乗用車どころか、テレビや冷蔵庫さえなかった時代だったからだ。しかし、今回の訪日で再び目にした東京の町並みや住宅街は、経済急成長を成し遂げ、高層ビルが林立する上海に見慣れてしまった私の目には、むしろみすぼらしくさえ見えた。それによって、この二十数年のあいだに中国社会がどれほど著しく変化してきたかを実感した」。さらに、監督は日中映画交流の黄金時代を懐かしく振り返っている。「五〇年代に中国で上映された『二十四の瞳』(木下恵介監督、一九五六年)や『最後の女達』(楠田清監督、一九五四年)には深い感銘を覚えた。とりわけ『二十四の瞳』は私のもっとも好きな映画だ。木下監督の演出や、高峰秀子さんと子どもたちの自然な演技はじつに素晴らしい。その後、木下監督と数回ほど会って話をする機会があったが、そのとき、『二十四の瞳』の成功が、監督やスタッフたちの戦争体験と密接にかかわっていることがわかった。そして、文革終焉後、さらに多くの日本映画が中国の観客に熱狂的に受け入れられ、日中の映画人のあいだの交流も盛んにおこなわれるようになった。山本薩夫監督、山田洋次監督、高倉健さん、栗原小巻さん、高野悦子さんをはじめとする数多くの日本の映画人と私は親しい友人となった。これほどの日中映画交流の蓄積があったにもかかわらず、近年、靖国問題で両国関係が険悪になり、かつて活発におこなわれていた映画交流もほとんど途絶えてしまった現状にたいして、大変残念な思いを禁じえない。今回の来日も、日中間の映画交流を何とか復活させたいという希望によるところが大きい」。政治的摩擦のある時代だからこそ、映画交流をつうじて日中の相互理解を深めたい——。そのような謝晋監督の熱意が、ひしひしと伝わってくる言葉だった。

二〇一七年五月三日、北京で取材

文革後の忘れ難い訪日体験

張金玲《ジャン・ジンリン》（女優）インタビュー

一九七〇年代末から八〇年代半ばにかけて、盛んにおこなわれていた日中の映画人の交流。それは両国の蜜月期を飾り、「日中友好」の具体的な象徴ともなった。栗原小巻、吉永小百合、中野良子、そして高倉健は、頻繁に中国を訪問したが、その際の中国側の接待係を務めたのは、トップ女優の張金玲だった。彼女自身もまた、一九七九年一一月に第三回中国映画祭のため来日している。中国ではまだ自由に海外渡航ができなかった時代、彼女にとり外の世界に接することのできた貴重な機会となった。

張金玲は一九五一年、中国河北省滄州の農村に生まれた。一九歳になった七〇年、湖北省話劇団に入団。話劇の俳優となる。そして、文化大革命のさなかの七三年、映画『渡江偵察記』（湯暁丹、湯化達監督）のヒロイン、年若い女ゲリラ役に抜擢される。その美貌と初々しさが、荒廃した中国国民の心に潤いを与え、『春苗』（謝晋監督、一九七五年）の主演女優・李秀明とともに、文革時代の「アイドル女優」となる。やがて文革終結後、北京映画撮影所の看板女優として、劉暁慶、李秀明とともに「花のトリオ（北影三花）」と呼ばれ、一世を風靡する。

一九七九年、彼女は中国映画代表団のメンバーとして、出演作『将軍』（王炎監督、一九七九年）を携え来日を果たす。そして日本のマスコミから「中国の小巻ちゃん（栗原小巻）」と騒がれ、名実ともに中

中国の小巻ちゃん
プライバシー 夫も俳優「庭つき一部屋」の宿舎暮らし
「四人組」の頃の作品は大衆にあきられていました
中国民族は受け入れません

「夕刊フジ」（1979年11月21日）

国を代表する大女優となった。

出産を機に、一九八二年からはスクリーンから遠ざかっていたが、九〇年代以降、画家として再び脚光を浴びることとなる。そんな張金玲に、今回単独インタビューをおこなった。二〇一七年五月三日、北京でのことだ。

❖文革時代の思い出と女優デビュー

文革が起きたのは、私が中学を卒業した直後の、一九六六年のことでした。当時、私は中学で文体委員（芸術体育係）の活動をしていたので、特別推薦枠で「天津体育学院」への入学が内定していたんです。これでも投てき選手の卵として、将来を嘱望されていました。でも、内定の通知を受けて三週間もたたないうちに文革が起こり、新入生募集が取りやめになってしまった。そして、スポーツ選手への道が閉ざされてしまったんです。

同じ年の一一月、毛主席が紅衛兵への七回目の接見をおこなった際、私は同級生たちと、紅衛兵として汽車に乗って北京へと向かいました。しかし、北京駅のホームに降りると、その場で北京の紅衛兵に止められ、「毛主席は汽車に乗ってくる奴とは接見しないんだ」と言われ、そのまま帰されてしまったんです。当時は、歩いて北京まで行かない人間は、忠誠心の足りない者と見なされていたようです。

そこで私たちは滄州に戻り、再び徒歩で三泊四日かけて北京へとたどり着きました。そして「北京化工学院（化学工業大学）」の仮宿舎に泊まり、翌日未明に起きて天安門広場へと行きました。その日、車に乗った毛主席をすぐ近くで見たときにはとても感激しました。

その後、私は地元の村で小学校の先生となり、子どもたちに勉強を教えていました。そんなある日、あれは一九七〇年の冬のことだったでしょうか。中学時代の恩師である張家明先生が、突然私の家までやって来て、こう告げたんです。「湖北省話劇団が新入生を募集するために中学まで来ているんだが、先生たち皆が推薦したのは誰だったと思う？　あなただよ」。そしてこう続けました。「だから、今から面接に来なさい」って。当時は文革の時代だったので、厳しい環境で育った労働者や農民出身の俳優を育てようと、彼らはわざわざ私の住む田舎にまで探しに来たんでしょう。今では全く考えられないことですけど。

それで、面接の会場はなんと中学校の教室だったんです。で、会場に入ると、面接官がずらっと座っていました。それを見て、とてもびっくりしちゃって。その中には、話劇団の厳欣森副団長と、女性の潘虹光先生もいました。そして先生は私に、「なんでも自由に、自分の得意なことをやりなさい」と言われました。それで、私は毛主席の詩「紅軍不怕遠征難　万水千山只等閑（赤軍は遠征の困難を恐れない、多くの山も川も物ともしない）」を朗読したんです。さらに、昔ラジオで聞いて覚えた革命京劇『紅灯記』の曲、「做人要做這様的人（このような立派な人間になりたい）」も歌って聞かせました。実は、後で面接官から聞いた話では、「君が会場に入ったその瞬間に、合格はこの子しかいないと思っていたので、ここだけの話、あのテストはうわべだけだったの」ということでした。

濬虹光先生は私に、「あなた合格ね。だから、あなたの実家から遠い武漢まで行くことを、ご両親に説明しておいてもらえる?」と仰いました。私はこう答えました。「父は多分許してくれます。でも、母はちょっと……」。そうすると濬先生は、「じゃ、私が一緒に家まで行って、お母さんを説得してあげる」と言いました。そこで私は、自転車の後ろに先生を乗っけて、あぜ道を走って家まで帰ったんです。濬先生は若くて美しく、何より紫外線を毎日浴び放題だった私たち田舎者と違い、肌が白かったんです。なんせ、家の外にいた弟が濬先生を一目見た途端、走って家に入り、母に「ねえちゃんが白人を連れてきた」と告げたくらいですから。

私、四人兄弟の長女なんです。下に幼い弟がいたので、母の手伝いをしなければいけませんでした。「武漢まで行く」という私の話を聞いて、母は猛反対して泣き崩れました。でも濬先生は、「お母さん、娘さんを安心して私たちに預けてください。私たちは国の正規の文芸団体であって、怪しい者ではありません」と仰いました。さらに、母を信用させるため、先生は「今からお母さんのため、ダンスを披露します」と言いだしたんです。当時の家は土れんが製で、もちろん電気などなく、照明といえばオンドルの上に置いた石油ランプだけでした。でも、先生はオンドルの上に飛び乗って「北京的金山上」という歌を歌いながら、チベットのダンスを披露してくれました。それでようやく母の許可が下りたんです。その三日後に、私は布団一式を担いで汽車に乗り、遠い武漢へと旅立ちました。

❖田舎娘が文革時代のアイドルになった

武漢では湖北省話劇団の研修生として、演劇の基本を学びつつ、舞台に立つ機会にも恵まれました。ちょうどその頃、上海映画撮影所の魯韌監督が、「赤脚医生（裸足の医者）」がヒロインである『春苗』の俳優を選ぶために全国を回っていたんです。そんな時、武漢市話劇団の俳優・胡慶樹さんが、魯韌監督に私のことを推薦してくれました。彼の手元に私の写真があったんですが、それは日本の「劇団はぐるま座」の訪中団が武漢を訪れた際に、私が接待役を務めたときの集合写真でした。そこに写った私を見て、監督は湖北省話劇団にやって来て、私たちの舞台のリハーサルを見学したんです。

『雷鋒』の一幕、少年雷鋒と死に際の母親が別れる場面で、私は母親役でした。監督は、農村出身で外見も年齢も『春苗』のヒロインにぴったりと、私をたいへん気に入ってくれました。しかし、『春苗』は脚本検閲になかなか通らず、戦争映画『渡江偵察記』を先に撮ることになり、魯韌監督がその若いヒロイン役に私を推薦しました。この映画は、国共内戦の決戦を控えるなか、偵察の任を引き受けた人民解放軍の一連隊の活躍を描いたものです。

しかし、湖北省話劇団としては、私を映画撮影所に貸したくはありませんでした。写真が映画撮影所に流れないよう、私から写真やアルバムを取り上げたくらいですから。ある日、上海撮影所から、キャメラテストに来てほしいと劇団を通して連絡がきました。劇団は、私が出演するとしたらヒロインの回想シーンだけ、撮影もたった三カ月だと告げられて、渋々、私をキャメラテストに貸し出しました。私は、「長いおさげの髪の毛を切らないように」としつこく念を押されました。というのも、話劇の舞台『高原風雪』のヒロイン役で、チベット人女性民兵の役を演じていたので、長い髪の毛が必要だったからです。キャメラテストの会場は物々しかったですね。湯暁丹、湯化達の両監督を交えて、名優の張瑞芳先生もいました。当時、私は張先生の出演した『李双双』（魯韌監督、一九六二年）が大好きで、先生は私にとっての神様みたいな存在でした。それから台本を渡され、相手役となる複数の男優といくつかの場面を演じました。ちなみに、映像の審査は上海撮影所内だけでなく、北京の電影局でもフィルム審査がおこなわれたみたいです。

数日後、湯暁丹、湯化達の両監督が、私が宿泊していた招待所にやって来ました。そして「主役を君に決めたよ」と知らされました。しかも、ヒロインの少女時代だけではなく、成人後の場面も私一人で演じること、さらに、共産党ゲリラのリーダー役だったので、長い髪の毛を切って、おかっぱ頭にしなければならないことも告げられました。

文革が始まって以来五、六年間、京劇など舞台を映画化したものを除いて、新作の劇映画がつくられなかったので、『渡江偵察記』は封切られるとたちまち大ヒットとなりました。現在の中国各界の実力者の多くは、当時、この映画の熱狂的なファンだったので、巡回上映のフィルムを追って十数回も観たという人の話もよく耳にしました。そして、大勢の男性役に混じって唯一のヒロイン役として、私もたいへん注目されました。私、外出する時には絶対サングラスや帽子を着けていたんですが、それでも見つけられたくらいですから。当時のファンは、現在のアイドルたちの追っかけとは異なり、大人しかったけれど、それでも撮影所の入り口には、いつも私を待ち構えるファンがいました。

❖演技派女優への脱皮

デビュー作の後、映画出演の依頼が立て続けに舞い込みました。そして、農村に下放された紅衛兵たちの活躍を描いた『山村新人』（姜樹森、荊傑監督、一九七六年）に出演した直後、とうとう文革が終焉を迎えました。文革時代の映画では、主人公たちのスーパーマン的な側面を強調するために、常にオーバーな演技を求められていました。今見直すと、気恥ずかしくなるところが多々あるんですが。

今風の、自然な演技をするようになったのは、謝鉄驪監督の『大河奔流』（一九七八年）からでした。黄河の氾濫に苦しめられながら、自然災害に立ち向かう河南省の農民たちの運命をたどった群像劇です。謝監督は『早春の二月』（一九六三年）などの名作を手掛けた大御所で、私は喜んで出演依頼を引き受けま

『渡江偵察記』

した。

私が演じる農民の娘は、婚約者とはぐれて流浪の生活を強いられるんですが、数年後に彼と再会して結ばれます。しかし、夫役の劉衍利さんの姿を見て、実は私、「役を降りたい」と監督に申し出たんです。なぜかって、私は一七〇センチの長身ですが、彼は小柄の童顔で、しかも年下だったんです。だから、二人はとても夫婦には見えませんでした。でも、脚本家の李準から、「河南省では、働き手となる年上の嫁を迎えるのはごく当たり前のことなんだ」と説得されたのを覚えています。それを理解した途端、私の中で違和感は一気になくなりました。しかし、私たち二人を同じ場面に収める際、見栄えを良くするため、スタッフは並々ならぬ苦労を味わいました。たとえば、二人が歩きながら会話するシーンでは、地面に溝を掘り、私はその中を歩いたりして。それから、立ったままのシーンでは、彼を箱の上に立たせて撮りましたね。

一九七〇年代後半の中国映画界では、いくら映画に出演して

『大河奔流』
張金玲、劉衍利

も、毎月決まったお給料しかもらえませんでした。でも、幸か不幸か、物質的な誘惑がなかったので、スタッフもキャストも映画製作に打ち込むことができました。『大河奔流』の撮影の合間、私が散歩に出掛けようとした際、謝鉄驪監督に呼び止められ、二元のお金を渡されて「おいしいものを食べたいから揚げピーナツを買ってきて」って頼まれたんです。大監督にとっての贅沢が、実はその程度のものだった時代でした。

それまで、世間における女優・張金玲のイメージと言えば、「美しさ、素朴さ、純真さ」といったものばかりでした。肝心の演技力は、ほとんど注目されていなかった。私の演技が初めて評価されたのは、『将軍』（王炎監督、一九七九年）からだったと思います。

日中戦争中、敵である日本軍を相手に勇敢に戦った実在の人物に、共産党軍の羅霄将軍という人がいるんですが、その人の伝記映画。その中で、私は主人公の妻を演じました。貧しくて身売りにされそうになったところを主人公に助けられ、そのまま将軍の妻となります。その後、数十年、夫を支えつづける役。少女時代から中年までの彼女の成長や、その変貌ぶりを表現するのに、高い演技力が要求されました。それに挑戦したくて『戦場の花』（張錚監督、一九七九年）の出演依頼を断って、この『将軍』を選びました。のちに『戦場の花』は大ヒットし、私の代わりに出演した劉暁慶を大スターの座に押し上げることになりましたが、『将軍』への出演を一度も後悔したことはありません。ベテラン監督・王炎の指導のもと、女優として新境地を切り開くことができたからです。

撮影現場で王炎監督は「演技は十のうち七くらいでいいんだ。あとは観客の想像力に任せろ」と、つねに控えめな演技を私に求めました。のちに、私は『将軍』を携えて、日本で開催された中国映画祭に参加したんです。そこで、大竹しのぶさんら日本の映画人と意見を交換する機会があったんですが、『将軍』の私の演技について、「夫を亡くしたヒロインが大泣きする代わりに、静かに涙を流す場面がとてもいい」って、皆さん評価してくださいました。

私の代表作『許茂和他的女児們（許茂とその娘たち）』（一九八一年）もまた、王炎監督の作品です。文革時代の四川省の農村を舞台に、農民一家の運命を描いたこの映画に、北京映画撮影所の「花のトリオ」といわれる、私を含めた三人の女優が出演することになり、大きな話題を呼びました。

良妻賢母の四女役が私にはぴったりだったのに、監督に振り当てられたのは、短気で喧嘩早い三女役でした。自分の性格とかけ離れていましたが、長年、農村で生活していた経験を生か

喧嘩する場面での張金玲（右）
『許茂和他的女児們』

『将軍』

し、役づくりに没頭しました。村の女性と喧嘩する場面での演技に、子どもの頃、母から教わった麻紐づくりのしぐさを取り入れたんです。紐を両の手のひらでより合わせながら、毒を含んだ言葉を相手に投げかけました。これ、とてもリアルで、生活感あふれた場面となりました。そして『許茂和他的女児們』の演技は、専門家や観客から高く評価され、その年の「金鶏賞（中国映画のアカデミー賞）」の演技賞にノミネートされました。

❖ 報われなかった努力

でも、努力が必ず報われるとは限りません。大慶油田の女性がヒロインの映画『希望』（于彦夫監督、一九七七年）には、石油が入ったドラム缶の山が火事となり、私が演じるヒロインが身を挺して消火活動をするシーンがあって、撮影は、真冬の長春でした。消火に使う水道水は、触れると痛いほど冷たく、それでも撮影は何時間も続きました。しかし、完成した作品は、文革後の政治体制とは合わなくなっていたので、ほとんど上映されることはありませんでした。

一九八〇年、私は初めて、アクション映画である『黄英姑』（荊傑、舒笑言監督）に出演しました。女カンフー使いのヒロインが、共産党赤軍の女性戦士へと成長していく筋書きです。ほとんどスタントマンを使わずにアクションシーンの撮影に臨むということで、一日五角の手当が付いたと記憶してますが、それにしても過酷な撮影でしたね。真冬の東北の荒野で乗馬の練習をした時に、馬が足を滑らせて私を遠くに飛ばしてしまって。馬に乗りながら、両手に拳銃を持って射撃するシーンでも、何度も馬から転げ落ちました。でも、私が命賭けて挑んだアクションシーンの多くは、完成した作品には見当たりませんでした。その代わり、監督の判断で、ヒロインの入党の宣誓式などが入り、多分に思想教育の場面が採り入れられて、エンターテインメント性が損われてしまいました。

私の女優人生の大きな転換点になったのは『姐妹倆（姉妹）』（淘金監督、一九八一年）という作品でした。一九三〇年代の山東省を舞台に、国民党が支配する地域における、共産党の工作員の活躍を描いたサスペンス映画でした。当初、広州の珠江映画撮影所から出演依頼があった時、気が進みませんでしたが、私の所属する北京映画撮影所の汪洋所長が「北京と広州の両撮影所の友好関係に関わるものだから、君行きなさい」って命じたので、しぶしぶ引き受けました。撮影期間は一年以上でしたが、完成した作品は検閲を通らず、一度も上映されないまま、お蔵入りになって。苦労して出演した作品が没になったのは初めてだったので、あまりのショックで声が出なくなりましたね。

『黄英姑』

『姐妹倆』

武漢の名医のところに通い、針灸治療を受けていた時、香港映画の巨匠・李翰祥監督から、大作の時代劇『西太后』（一九八三年。『火焼円明園』、『垂簾聴政』の二本の映画を日本で劇場公開する際に一本にまとめた）の出演依頼がありました。香港と中国本土との初の合作映画で、内外から注目されていたので、躊躇なく出演することを決めました。

しかし、衣装合わせが済んだところで、私の妊娠がわかって。監督からは「清朝の宮廷服なので、お腹は目立たないから大丈夫だ」と言われたんですが、「花盆底（中国式ハイヒール靴）」を履かなければならないので、バランスが取りにくく、お腹の子どものことを考えて役を降りたんです。その後、出産・育児に忙しくて、しばらく映画界から遠ざかっていました。

人気があったときは、皆こぞって私のことを持ち上げました。でも、いったん盛りを過ぎたと思われると、皆、潮が引くように去っていく。このような映画界の現実に、とても感慨深いものがありました。でもそれは、私の性格も関係していたように思います。デビュー以来、私は一度も、自分から監督に売り込んだことはありませんでした。監督にプレッシャーをかけちゃいけないし、万が一キャスティングされなかったとき、私自身もプライドが傷付くと思いましたから。

❖画家への転身

そんななかで、私を救ってくれたのは、絵画でした。夫に勧められ、婁師白先生のもと、中国画の勉強を始めたんです。女優として自分の才能を出しきっていなかった心残りを、絵画の世界で取り戻そうとして、描くことに打ち込みました。いろいろ買い込んで、何日間もアトリエにこもるときもありましたね。そして、無我夢中で描き続けて三年、婁先生から「もう絵を売っても良い頃合です。ただし、高い値段は付けないように」と評価されたときには、ほんと涙が止まりませんでした。

現在、ありがたいことに、周りからはさまざまなお声が掛かり、「金玲さん専用のアトリエを造るから、そこを使ってほしい」とか、「張金玲記念館を造ってあげる」とか、とても感激なんですが、すべて断りました。絵は私にとって修業なんです。そのために私は、車やパソコンを持たない質素な生活を選んだんです。私はもともと農村出身で、井の中の蛙でした。でもその後、努力し続け、ようやく井戸端にはい上がり、外の広い世界を見渡すことができました。もうこれで充分。名声もお金も、もう必要ない。たしかに、女優時代の華やかな生活とは違います。でも、すべての美しいものは、私の心の中にしまってある。だから今、それをいかに描きだすかを考えながら絵を描くのは、とても充実しているんです。

❖訪日印象記

一九七九年九月、北京と上海で開催された第二回日本映画祭に参加するため、吉永小百合さん、栗原小巻さん、中野良子さんを始めとする日本映画代表団が訪中しました。その際に、接待役を務めるよう電影局から指示があったんです。私は中野良子さんの担当で、劉暁慶さんは栗原小巻さんを担当しました。でも困ったことに、ふさわしい洋服がなくて。それでとっさに思い付いたのが、出演した映画『大河奔流』

の中の、アメリカ人女性記者が着ていた、真っ赤なスーツでした。その女優の体形が私と似ていたことから、それを借りようと北京電影撮影所の衣装倉庫へ直行しまして。それで、着てみたらほんとぴったりだった。当時、私たち女優でも、私服は数着しかなかったので、劉暁慶さんも実は映画衣装を借りていたんです。

日中映画人は和気あいあいの雰囲気で、頤和園を遊覧しました。そのとき撮影した、中野良子、栗原小巻、劉暁慶と私の四人一緒の写真は、その後カレンダーやブロマイドなどの形で広く流通し、巷の至る所で見掛けるようになりました。あの時代の、日中関係を象徴するシンボルだったような気がしますね。

その後、頤和園の湖でボートをこぐことになったんですが、劉暁慶さんが衣裳倉庫から借りたチャイナドレス風のワンピースは、なんと裾が広がらず、一人ではボートに乗れなかったため、抱き上げられて乗ったと記憶しています。

三人の日本の女優とは言葉が通じないため、深い交流はできませんでしたが、それぞれの個性は違うように見えました。でも、

1979年9月、北京頤和園にて。
(左から) 中野良子、張金玲、
栗原小巻、劉暁慶

誠実で率直なところは共通していました。でもそれは、全てのアーティストの共通点といえるのではないでしょうか。

その二カ月後の一九七九年一一月、私は第三回中国映画祭に参加するため、主演作の『将軍』を携えて訪日しました。そのときも、洋服のことが頭を悩ませました。ところが東光徳間の森繁さんは中国通で、その事情をよく知っていて、代表団の三人の女優、私と陳冲（ジョアン・チェン）、田華さんのサイズを事前に測ってくれ、日本に持ち帰っていたんです。

それで日本に着くと、オーダーメイドの洋服を渡されました。フランス人デザイナーの作品で、肩の張った、膝丈の黒いワンピースでした。とても気に入って、訪日中はずっと着ていましたよ。そればかりでなく、帰国した後も、大事な席の際には礼服として着用しました。一九八六年に、高倉健さん、吉永小百合さんが訪中した際も、彼らを北京映画撮影所に案内したんですが、そのときにもこのワンピースを着ました。今はもう着れなくなったんですが、大切な思い出として大事に取ってあります。

1979年、栗原小巻とのツーショット

でも、日本ではレセプションや晩餐会など、さまざまな場に応じて着替えをしなくてはいけなかったのに、ずっと同じ黒いワンピースを着ていた私を見兼ねて、ある日本の女性アーティストがイブニングドレスをくださいました。

日本のマスコミの取材を受けるため、日本人の美容師にヘアセットとメークをしてもらいました。実は、私が初めてパーマネントをかけたのは、その年に『喜劇ピンぼけ家族』（王好為監督、一九七九年）という映画に出演したときだったんです。北京で最も有名な美容室「四聯」の呉永亮さんにセットしてもらって。でもやはり、日本の美容師さんのセットは立体感があって、とても上手でした。そのときに美容師さんからもらった髪型のカタログを中国に持ち帰り、呉永亮さんにプレゼントしましたね。

洋服と髪型とメークで、われながら見違えるようになりました。中国でも、日本のテレビ番組を収録した映像がニュース番組に流されたんですが、知り合いは皆、「なんと美しい」と驚いていました。農村を舞台とした作品に多く出演していたため、私の都会的で

2015年12月、
北京で中野良子と再会

ファッショナブルな姿を初めて見たからではないでしょうか。

吉永小百合さん、栗原小巻さん、中野良子さんとも再会しました。栗原さんが、私が宿泊していたホテルニューオータニの部屋まで、花束を持ってきてくれたんですが、あいにく通訳がいなかったので、身ぶり手ぶりで、目の表情と笑顔で再会の喜びを分かち合いました。また、日本の映画界の方々との、互いの作品についての意見交換の場も設けることができました。

さらに、一九七九年一一月一六日、代表団は、大平正芳首相と会見しました。日中国交正常化を成し遂げた立役者の大平首相はたいへん気さくで、中野良子さんが中国で有名であると聞いて「中国では彼女が有名ですか。それとも私ですか」ととぼけて、皆大笑いしたのをよく覚えています。

先進国である日本は街が清潔で、人々は礼儀正しく、自動車のクラクションの音もあまりしませんでした。中国に帰って元の生活へと戻ると、そのギャップの大きさを実感しました。

訪日中に何より印象に残ったのは、宝塚のステージでした。

1979年11月、（前列左から）田華、大平正芳、張金玲、ジョアン・チェン、中野良子

まるで夢のようなファンタジックな世界で、その美しさに息をのんで。セット、衣装、照明、俳優陣が全て洗練されていて。その後、「ムーランルージュ」をはじめ、欧米の一流アーティストの舞台を観る機会も少なくはありませんでしたが、宝塚を観たときの鮮烈な印象には及びませんでした。近年、日本を旅行する機会が何度もありましたが、もう一度、宝塚のステージを観たいとその都度、思いました。時間がなくてまだ叶いませんが、今度、事前にスケジュールを調整して、もう一度あの感動を味わいたいと思っています。

（写真提供：張金玲）

二〇一五年六月七日、電話インタビュー

声優が語る日本映画の魅力

丁建華《ディン・ジエンホア》（声優）インタビュー

一九五〇年代から九〇年代前半にかけ、中国で公開された日本映画はすべて、中国語の吹き替え版であった。当時、上海そして長春に設置された、外国映画の吹き替えを専門におこなうスタジオ。その活動は、一九八〇年代のすさまじい日本映画ブームを支えるとともに、一つの「文化」にもなっていた。当時の日本映画の吹き替えに携わったスタッフや声優が次々と世を去っていく中で、最年少だった丁建華が貴重な証言者となった。

丁建華は一九五三年生まれ。七六年に「上海電影訳制廠（上海映画吹き替え専門スタジオ）」の専属声優となり、八〇年代の中国における外国映画吹き替え版の黄金時代を支えた。携わった作品は二〇〇本にのぼる。『君よ憤怒の河を渉れ』（佐藤純彌監督、一九七六年）における中野良子、そして『遙かなる山の呼び声』（山田洋次監督、一九八〇年）と『幸福《しあわせ》の黄色いハンカチ』（山田洋次監督、一九七七年）における倍賞千恵子の声を担当し、国民的人気を誇った。

❖禁欲的な文革時代

文化大革命末期の一九七六年、二三歳だった私は「上海電影訳制片廠」に配属され、声優としてのキャリアをスタートさせました。それ以前は、私は人民解放軍海軍傘下の劇団に所属する話劇の俳優で、現役の軍人として扱われる「文芸戦士」でした。

文革中、一般の中国人が映画館で観ていた外国映画は、ルーマニア、アルバニア、北朝鮮、ベトナムといった社会主義国の映画に限定されていました。わずかな欧米の資本主義国の映画はもっぱら内部試写専用のもので、一部の政府機関の幹部、または映画関係者しか観ることができませんでした。文革期においては男女の愛が低次元なものと見なされていたので、一般公開の外国映画の中にある恋愛描写は完全にタブーでしたが、内部試写用の資本主義国の映画だけは一部エロティックな内容が含まれていました。

あるアメリカ映画の吹き替えの仕事で、私が演じるヒロインが、男性の主人公に向かって「愛している」というせりふを言うときに、私はそれまでに「愛している」という言葉を口にしたことが一度もありませんでしたので、あまりの恥ずかしさに顔が耳元まで真っ赤になりました。

そのときの居心地の悪さと罪悪感は今でもはっきりと覚えています。仕事が終わったその晩、私は贖罪の気持ちで父親に手紙を書き、「今日、西側の映画の仕事でしたが、私は『愛している』というせりふを、ヒロインの気持ちで感情を込めて言わなければなりませんでした。お父さん、私は間違っていたのでしょうか」と自分の気持ちを打ち明けました。畑違いの父親は、必ずしも声優の仕事を理解していなかったものの、娘のことを心配して、すぐに返信をくれました。そこで「一人の文芸戦士として、与えられた一つ一つの役柄をうまく演じることこそ君の使命だ。プロレタリアートの精神をもって、ブルジョワ的な仕事に臨みなさい」と励ましてくれました。

❖真由美役（中野良子）に大抜擢

一九七六年一〇月、文革が終わり、政治、経済、文化などさまざまな方面において新しい動きが始まっていました。そして、一九七八年の夏、日本映画『君よ憤怒の河を渉れ』と『サンダカン八番娼館　望郷』（熊井啓監督、一九七四年）の吹き替えの仕事が突然、スタジオに舞い込んできました。文革後、はじめて全国の映画館で一般公開される資本主義国の最新映画ということで、私を含め声優たちはみな興奮を抑えられませんでした。

それまで声優は、特権階級に内部試写用の外国映画を供給するための裏方にすぎませんでしたが、『君よ憤怒の河を渉れ』などの一般公開をつうじて、中国国民に自分の存在を広く知ってもらい、表舞台で脚光を浴びてスターになる絶好のチャンスだと考えていたからです。

しかし、この二本の日本映画に登場するキャラクターの人数に対して、スタジオに所属する声優が多すぎて配役ができないという状況でした。そのため、『君よ憤怒の河を渉れ』と『サンダカン八番娼館　望郷』の吹き替え作業が同時進行でおこなわれていましたが、いずれかの映画の仕事をしている声優は、（エキストラを除いて）掛け持ちを許されませんでした。

配役が決まる前に、私は皆と一緒にスタジオの試写室で日本語版の『君よ憤怒の河を渉れ』を、中国語字幕や同時通訳なしで観ました。「これは凄い映画だ！」という強烈な印象を受けました。

——丁さんは日本語のせりふがわかっていましたか。

言葉はわからなかったけど、声優になる前に話劇の舞台俳優を何年間かやっていたので、スクリーンでの俳優の表情や、しぐさ、日本語のリズムを通して、ストーリーやキャラクターの輪郭を何となくつかむことができました。初めて『君よ憤怒の河を渉れ』を観たときの第一印象は間違っていませんでした。

ちなみに、当時の撮影所では、外国語のわかる声優やスタッフがきわめて少なかったのです。そのため、英語版の仕事の時には、英語の堪能なスタジオ所長の陳叙一先生、演出家の黄佐臨先生が、必ず私たち声優に対して解説をしてくれました。たとえば、黒人男性と白人女性の結婚をめぐる人種問題をテーマとした『招かれざる客』（スタンリー・クレイマー監督、一九六七年）は、肉体によるギャグではなく、せりふによってコミカルな効果が醸しだされています。この作品の英語版をはじめて皆で観たときに、英語のわかるお二方がストーリー展開につれて笑ったりしていました。それを見て、英語のわからなかった私たち声優は「何も反応しないとバカに見えるから、彼らが笑う時に一緒に笑おう」と耳打ちして、彼らに合わせて笑い、彼らに合わせてそれをやめていました。しかし、ある場面で笑うタイミングがずれて、誰も笑っていない時に私だけが「ハハハ」と大声で笑いました。すると陳所長は、「え？　何だ、君は英語がわかるのか？　私たちが聞き取れなかった言葉も君は聞き取れたんだね」と私をからかいました。

話を『君よ憤怒の河を渉れ』に戻しましょう。『君よ憤怒の河を渉れ』を観終わった後、声優の皆さんがひそひそ話し始めました。あるベテラン声優が、「私はおばあさん役専門だから出番はなさそうだわ。でも、〇〇さんがヒロイン役にぴったりじゃない？　もう長年、大役をやっていなかったし……」などと話すのが聞こえました。しかし、私はその話の輪に入ろうとしませんでした。自分はこの映画とは無縁だと心の中で諦めていたからです。年功序列が支配的だった当時、若手の私は、この幸運に恵まれるとは思っていませんでした。先輩たちの蓄積がなければ、私はここに存在しないという素朴な考えをもっていたので、私はベテラン声優の前ではいつも半歩下がって控えめになっていました。

数日後、配役のリストが掲示され、私は皆と一緒にそれを見に行きました。まさかのヒロイン役を自分が担当すると知った時、驚くとともに喜びました。周りには「この役は自分のはまり役なのに、なぜ自分ではないのか」と落胆する人もいました。

❖身重奮闘記

『君よ憤怒の河を渉れ』の吹き替え版は、同年一一月に中国で開催される「日本映画週間」での上映に間に合うように、短期間で仕上げなければならない大急ぎの仕事でした。

一般的な吹き替えのプロセスは、みんなでオリジナル版のフィルムを観たあと、翻訳家が台本を中国語に翻訳し、それに基づいて声優が役作りの準備や、入念なリハーサルをおこなったうえ、本番に臨むというような流れでした。たとえば、声優が吹き替え版の監督とともに中国語の台本のせりふを逐一確認するという読み合わせの作業は常でした。その段階で、言いづらかったり、違和感を抱いたりするようなせりふがあれば、それを変えたりすることも可能です。

ところが、『君よ憤怒の河を渉れ』はそのような余裕はありませんでした。一〇巻くらいからなるフィルムが一巻ずつ届けられ、翻訳家がそれに従って急いでせりふを中国語に翻訳し、陳叙一所長がさらにそれにメリハリをつけていました。そして、私たち声優は、こうして出来上がった中国語の台本を受け取ると、試写室に駆けつけ、フィルムを上映してもらい、映像を確認しながら、台本通りに一回簡単なリハーサルをした後にすぐ本番に入りました。一巻の吹き替えが終わったら、管理部門でそれをチェックして、合格したらすぐ二巻目の仕事を始めるという流れ作業でした。最終チェックにあたった陳所長は、録音室の外で待機し、出来上がったフィルムをその場でチェックし、仕事が長引いて深夜になってもそこに残って続けていました。

プライベートなことですが、当時、私は妊娠中で、あと二カ月で生まれるという時期でした。感情が高ぶるとおなかの子どもが激しく動きだしました。感情表現の激しい場面の仕事をすると、あまりの痛みに思わずしゃがみこんでしまうほど大変だったのですが、愛を貫く真由美の役には大変やりがいを感じていましたので、すべての苦痛に耐えていました。『君よ憤怒の河を渉れ』の吹き替えが終わった後の仕上げの段階には、私はかかわることがなく、出産に専念していました。

❖恩師・陳所長の教え

──吹き替えの中で、とくに印象に残ったエピソードがありましたら、教えてください。

警察に追われる杜丘（高倉健）を、真由美が馬に乗って救い、二人乗りで逃走する場面の吹き替えは一番印象に残っています。この場面では、杜丘が「どうして俺を助けるんだ？　なぜだ？　なぜなんだ？」とたずねるのに対して、真由美は「あなたが好きだから」と答えます。最初、私は幸せそうに、そして恥じらいながら「あなたが好きだから」というせりふを言ったのですが、チェックの段階で陳叙一所長に「やり直しだ」と命じられました。私本人や周囲の仲間たちはみんな気に入っていたのに、なぜだめなのか、納得できませんでした。

そこで、陳所長は「これは丁建華、あなた自身の感情表現であって、真由美のものではないからだ。警察に追われ、この先どこに逃げるのかわからない、しかも馬の上で後ろに乗った杜丘に聞こえるように大声で話さなければならない、というような状況なのに、どうしてあのようなしゃべり方ができるのか。要するにこのせりふは、ほとばしる『激情』からあふれ出る言葉であるべきで、一般の女性の恋心から発する、なまめかしい『柔情（やさしい気持ち）』ではない。『激情』を表に出しながら、『柔情』をも浮かび上がらせる弁証法的な関係だ」と教えてくれました。

そのあと、やり直したものを見てみたら、真由美という個性的なキャラクターが切迫した状況の中で発したせりふなのだと納得できました。

陳所長のおかげで、私は真由美というキャラクターの基調をつかむことができました。たとえば、馬の芝居に続いて、逃げ込んだ洞窟の中で、杜丘が「俺は警察に追われている人間だぞ」と言うと、真由美は「私も共犯者よ」と叫びます。このせりふに潜んでいる「このバカ。何で私の恋心に気づいてくれないの」という言外の意味を、うまく表現できたと思います。

集団作業の中で、声優の仕事にとって、個人の独善的な思い込みがいかに危険であるか、陳所長のご指導によって思い知らされました。その経験は、私にとって声優としての糧となり、生涯の教訓となりました。

――中国で一般公開された『君よ憤怒の河を渉れ』は、さまざまなシーンがカットされましたが、吹き替えの段階ではどうでしたか。

吹き替えの作業はオリジナルの全長版でおこないました。上部機関の指示によっていろいろとカットされたのは、吹き替えの作業がすべて終わった後のことだったと記憶しています。何分何秒から何分何秒までのシーンを必ずカットせよという細かい指示があり、全く融通が利かなかったようです。当時の社会状況には限界があったから、仕方ありませんでした。しかし、カットすると前後のシーンがつながらなくなるので、吹き替え版の監督は困り果てていましたが、何とかつながるように工夫を凝らしていました。自然に見えるようにするため、心を鬼にしてさらに前後のシーンを多めにカットするケースもありました。このような修正作業を全部終えた後に、フィルムを再度検閲にかけ、通過したところで一般上映になるわけです。

❖『君よ憤怒の河を渉れ』の大ヒット

『君よ憤怒の河を渉れ』は空前絶後の大ヒットでした。現在の中国では、特定のアイドルやスターを崇拝し、どこまでも追っかけをする熱狂的なファンがよく見受けられます。しかし、彼らの異常なまでの愛情は、ファンではない他の人にはまったく共有できません。それに対して、『君よ憤怒の河を渉れ』は老若男女を問わず国民的な人気を呼んだわけで、皆がそうだったから当時の熱狂ぶりが当たり前のことのように見えました。どれほどの拍手喝采、花束を捧げても度を過ぎたものではないと皆思っていたからです。

『君よ憤怒の河を渉れ』が中国で公開された翌年に中野良子さんが訪中しましたが、彼女は中国のファンの熱烈な歓迎ぶりに驚き、「日本での芸能生活から得られない貴重なものを中国で得ることができました」と私に言いました。映画はこうして製作に携わる者を打ち解け合わせ、喜ばせ、幸せにしてくれました。

その当時、真由美のようなストレートのロングヘアで、彼女が映画の中で身に着けていた洋服を着て、真由美役の私のしゃべり方までマネをする中国人女性が街中にあふれていました。ほんとうに社会現象になりました。

たとえば、映画のラストシーンで、真由美は杜丘に向かって「(事件が)終わったの?」と聞きますが、杜丘は「いや、終わりはないよ」と答えます。その当時の中国では、職場で一日の仕事が終わった時に、女性が映画のマネをして、「完了?(終わったの)」と言うと、周囲の男性の誰かが、「哪有個完啊!(終わりはないよ)」と答えるということ

日本の映画スターと中国の声優。左から栗原小巻、劉広寧(栗原小巻や山口百恵の声を担当)、吉永小百合、丁建華、中野良子。1979年9月、上海

とが大変はやりました。そうすると、職場は笑い声につつまれ、一日の疲れが吹っ飛んだのです。その後、皆で『君よ憤怒の河を渉れ』の主題歌を歌いながら帰宅しました。文革直後の中国の人々に、日本映画は慰めと癒しを与え、精神的に大きな変化をもたらしたと言えます。

私のところにも、大量のファンレターが届きました。その一部は男性ファンのラブレターでした。「建華」、「華華」といった、なれなれしい愛称で始まり、読んでいると気恥ずかしくなるようなものばかりでした。

印象に残ったのは次のような男性ファンの手紙でした。「『君よ憤怒の河を渉れ』を観て新しい生活への希望と意欲の火が灯されました。いつしか大金持ちとなって真由美と結婚したいという夢が原動力となり、私は養殖業を始めました。今はようやく大金が手に入りましたので、結婚してください」と綴っていました。また、杜丘の役に完全に同一化した男性ファンは、熊に襲われそうになった真由美を助けるシーンに感情移入して、「『英雄救美』のヒーローの役を私にもやらせてくれませんか。あなたがその美人ですから」といった内容の手紙もありました。私は既に一児の母なのに。でも、もし中野良子の演技と私の吹き替えの間に何らかのずれがあったなら、そのような思い込みはなかったでしょう。見る人に声優の存在を忘れさせ、まるで中野良子本人が中国語を喋っているように思わせるという目標は達成したと思います。

ただ一本の映画でこれほどの反響を呼ぶとは思ってもいませんでした。真由美の成功が私にとって大きな励みとなりました。その成功の喜びをもっとかみしめたい気持ちから、次の仕事、さらにはその次の仕事にのめり込んでいきました。

そのときに陳所長は、私が天狗になるのではないかと心配して「君は外国映画のおかげで有名になったことを忘れるな」と警鐘を鳴らしたのです。まだ二〇代の私は、ヒットを喜ぶ気持ちはあったにせよ、学ぶべきものがまだまだたくさんあるということはしっかり心得ていました。

❖高倉健は「山」であり「大樹」である

――高倉健という俳優に対してどのような印象をお持ちですか。

高倉健の男らしい外見と内なる強靱さがとても好きです。高倉健は「山」であり「大樹」です。その山は倒せない山であり、その大樹は切り倒せない大樹です。それは役柄のイメージだけではなく、その大部分は高倉健という役者が持っている独特な魅力によるところが大きいと思います。彼が演じる『君よ憤怒の河を渉れ』の杜丘冬人、『遙かなる山の呼び声』の田島耕作のキャラクターは高倉健自身のイメージと一体化しており、それは「山」と「大樹」のイメージにほかなりません。

スター俳優の多くが自意識過剰なナルシストで、自分自身がヒーローのつもりでヒーローを演じるのとは対照的に、高倉健という役者の素晴らしさは、自己を無にして完全に役柄として生きているところだと思います。わざとらしい不自然さは皆無でした。

高倉健のイメージは、当時の中国女性の男性に対する審美眼や、結婚相手選びの基準にまで大きく影響しました。長身で、立ち居振る舞いが男性的な高倉健のイメージは、どこか中国北部の男性にも見えるため、上海など中国南部の女性たちは身近にいる男が気に入らず、わざわざ北部で恋人を探すようになり、それがブームとなりました。まるで上海には男らしい男がいないかのようで、一時は不思議に思いました。当時は、「男人不壊、女人不愛（男に癖がなければ女は愛することはない）」という流行語があり、高倉健のように陰りのある男が理想像と見なされていました。

当時、私は結婚して間もなかったのですが、その家庭生活の中でも高倉健を基準にして、夫にあれこれうるさく言っていました。それから何十年かが過ぎて振り返ってみると、夫は高倉健に引けを取らないほどの男らしい男になっていました。仕事に対しても家庭に対しても人一倍責任感を持ち、それらを力強く支えてきたからです。高倉健は、『君よ憤怒の河を渉れ』や『遙かなる山の呼び声』の中で、女性にクールな態度をとり、場合によっては相手の感情に気づかないこともありますが、その点ではうちの夫の方が勝っています。

――高倉健さんの吹き替え専用の声優・畢克さんについてお話を聞かせてください。

私の中では、高倉健のイメージと、彼の吹き替えを担当した畢克先生のイメージとが重なりました。高倉健に対する敬愛の念が、吹き替えの過程で畢克先生にも向けられ、両者を切り離すことができなくなりました。畢克先生は、役柄に応じて声色を変え、幅広い役になりきる力量を持っていました。しかし、『君よ憤怒の河を渉れ』以後は、全く違う仕事の時も目の前にいる畢克先生が杜丘（高倉健）にしか見えませんでした。たとえ私が彼の娘の役を担当していた時でも、それは同じでした。仕事の合間やプライベートで、「畢克先生」と声を掛けるつもりなのに、思わず「杜丘」と呼んでしまったことも度々ありました。要するに、『君よ憤怒の河を渉れ』を通じて、畢克先生との感情的な距離が縮められたのです。

畢克先生が二〇〇〇年に亡くなった時は、私はこれ以上ない悲しみを感じました。今でも、彼と一緒に仕事をしていた頃のエピソードや、その現場を包む温かさをときどき思いだしては感無量になります。

❖『遙かなる山の呼び声』の想い出

『君よ憤怒の河を渉れ』の高倉健は、より若く強くて、堂々としています。それに対して、『遙かなる山の呼び声』の田島耕作は、同じように警察に追われる設定ですが、心に潜む複雑な感情が不意に表れてしまうという繊細な側面が際立っています。それに、耕作の方が年齢が少し上だし、生きてきた境遇がもっと複雑です。

倍賞千恵子が演じるヒロインの民子は、夫を亡くし牧場を営みながら女手一つで子どもを育てています。さらに、民子に片思いして強引

畢克と高倉健

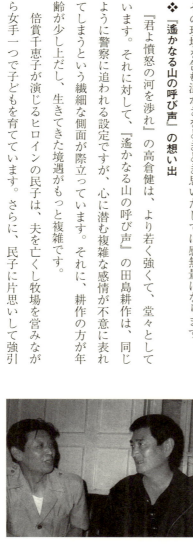

に迫ってくる、ハナ肇が演じる虻田につきまとわれ、民子は気の休まる暇がありませんでした。そのような生活の重荷を下ろすことができるかもしれないと女の直感で感じるのが、高倉健演じる耕作に会ったときです。耕作が牧場にやってくることで、民子の中の女性としての柔和さが呼び覚まされ、警戒心や忍耐力が緩んでいったのだと思います。たとえば、この映画の中で耕作と民子は次のようなやり取りをしています。

耕作：奥さん、しばらくここで働かせてもらえませんか？　一週間でも二週間でも、もっと長くてもいいんです。

民子：それは人手ほしいけど、いちおう農協を通して雇うことになってるし、それにうちは零細農家だから、あまり高いお金払えないし。

耕作：いくらでもいいんです。食べさしてもらえば。

民子：そんな。

この「そんな（那哪兒行）」というせりふを、最初、私は真剣な口調で言いましたが、吹き替え版の蘇秀監督はそれを聞いて「相手に反論するような強い口調は避けてほしい。もう一度、倍賞千恵子の演技に注目して考えてほしい」と私に注文しました。

私はフィルムを繰り返し観ているうちに、自分の最初のやり方はストレートすぎたことに気づいたのです。ヒロインは「この男はちょっと変わっている。彼はどうしたのだろう」と少々不思議に思っていたかもしれませんが、けっして彼を疑って不穏な事態を想像しているわけではありません。このようなヒロインの心理をつかんだ上で、再度吹き替えに臨んだのです。

一番好きな場面は、刑務所へ移送される耕作が乗った列車に民子が乗り込み、通路を挟んだ座席に座るシーンです。警察の前で直接話し掛けることができないため、一緒に来たハナ肇の口を借りて、民子が牧場を売り払って耕作の出所を待つことを伝えます。それを聞いた耕作は涙を流します。それを見て民子は立ち上がり、ハンカチを取りだして耕作に渡します。元の中国語の台本では「拿着（とっておいて）」と書いてありましたが、何度もリハーサルしているうちに、私はそれではふさわしくないと思って「給你（あなたにあげる）」に変えました。

『君よ憤怒の河を渉れ』は大急ぎの仕事でしたが、『遙かなる山の呼び声』は普通のペースで進めることができましたので、私は映画の中に、また役柄にどっぷりと浸っていました。そのため、仕事が終わったとき、大きな脱力感と喪失感に襲われたのです。

映画俳優と比べて声優は、短期間で複数の役柄を掛け持ちすることができるので、幸せを感じます。一九八〇年代当時、映画俳優は年に二本の主演作があれば手いっぱいでしたが、私は、多いときには一カ月に三本、吹き替えの仕事をすることがありました。そこでさまざまな生き方を味わうことができたので、自分がその分、長々生きているように感じましたし、さまざまな人生を行き来することができて刺激的でした。

❖倍賞千恵子さんを泣かせた

一九八〇年代後半だったと記憶していますが、倍賞千恵子さんが訪中した際には、私と畢克先生が上海の錦江小礼堂に彼女を招待しました。貴賓室での宴会では余興として、私と畢克先生は『遙かなる山の呼び声』の中で、民子と耕作がコーヒーを飲みながら互いの身の上を語り合う場面の中国語のせりふを披露しました。身振りや仕草は何もなかったにもかかわらず、倍賞千恵子さんはそれを見て涙ぐんでいました。私は倍賞さんに「さっきのせりふはどの場面だったのかわかりますか」と聞くと、彼女は「主人公二人がコーヒーを飲むシーンでしょう」と答えました。その場にいたジャーナリストが「倍賞さんは中国語がわかるのですか」と聞くと、彼女は「感情を込めたせりふ回しは音楽と同じで、そこに国境はありません」と答え、通訳から倍賞さんのこの言葉を伝えられたとき、私たちも感激しました。

この二本の高倉健主演映画の仕事を通して、同じ儒教文化圏のアジアの国として、日本人の感情表現や家族観など、すべてが中国人にとって大変共鳴しやすいことに気づきました。それぞれの人物のパーソナ

倍賞千恵子、丁建華

リティーの形成と、社会や生活環境との関わり方は、私たち中国人にとってなじみやすいものでした。しかし、残念ながら『君よ憤怒の河を渉れ』や『遥かなる山の呼び声』のような本格的な吹き替え版は、もう二度とつくられないと思います。

❖戻らない黄金時代

現在の中国では、膨大な数の外国映画がさまざまなルートで流通しています。そのほとんどは中国語字幕版で、吹き替え版はごくわずかだと思います。

吹き替え版を制作する現場では、専属のプロの声優は数人しかおらず、それ以外は臨時に集めた人です。仕事が違うものになるたびに周りの声優さんも変わるので、昔のような安定した強力なチームワークはできません。翻訳から吹き替えまでが荒っぽい仕上がりのものも少なくありません。それなら、吹き替え版よりも字幕付きのオリジナルバージョンを見たほうがいいと、観客が思ってしまうのも無理もないのです。今でも声優の仕事は声が掛かります。私は若い娘から年寄りまで、より幅広い役を演じることができると自負していますが、かつてのようなチームワークはもう存在しないので、納得できない仕事にはやる気が起こりません。

私は吹き替え現場を仕切る監督を務めることがあります。あまりにも真面目で厳しくスタッフに当たっているので、身内や知人たちから「ほどほどにしなさい」と言われる始末です。役柄にもっとふさわしいせりふの話し方があるのに、なぜそれを話せるようになるまで努力しないのかという、声優に対するいらだちは確かにあります。若手声優の間でも、「この映画は丁建華が仕切っているから、準備作業を万全にしないと怒られるぞ」と言われているようです。声優に意地悪をしようという気持ちは全くないのですが、せっかくいい作品なのに、こちら側の手際の悪さで駄作になってしまうことはどうしても我慢できないのです。

私は新しいことを受け入れるだけの度量は持っているつもりです。しかし、質の悪いものには強い反感をもちます。逆に、古くても最良のものは切り捨てることができません。たとえば、かつての声優の仕事で出会った素晴らしい仲間、強力なチームワーク、息の合うコラボレーション、緻密な製作の流れといったことはすべて、自分の人生の中で最高の思い出として大事にしまってあります。

振り返ると、私は外国映画吹き替え版の黄金時代を築いたチームの中で一番若かったのに、今やわずかに生き残った数人の一人となってしまいました。先輩たちの激励や親のような愛情を受けて、厳しい状況の中でも肩を寄せ合っていた光景は二度と戻ってこないことを思うとさみしい限りです。

外国映画吹き替え版の黄金時代を築いた声優たち。左から劉広寧、畢克、喬榛、丁建華

今日はあなたのインタビューに感謝しています。あなたの質問はすべて私が言いたかったことです。おかげさまで、人生の一番楽しかった時期をもう一度たどることができました。ありがとうございました。

（写真提供：丁建華）

二〇一二年二月八日、北京で取材
二〇一五年九月二〇日、電話インタビュー

第四世代監督と日本映画

王好為《ワン・ハオウェイ》(監督)インタビュー

陳凱歌（チェン・カイコー）、張芸謀（チャン・イーモウ）、田壮壮（ティエン・チュアンチュアン）ら第五世代監督に比べて、黄建中、楊延晋、滕文驥、呉天明、呉貽弓、謝飛、鄭洞天、張暖忻、王好為といったいわゆる「第四世代監督」は、いささか影の薄い存在であることは否めない。第四世代監督とは、一九四〇年前後に生まれ、文革勃発直前まで映画製作に携わったものの、文革の空白期のなかでほとんど才能を発揮できないままに中年に至ってしまった世代であり、さらに、第五世代の衝撃的なデビューによってその輝きがうち消されてしまったこともあって、「悲劇性的存在（悲劇的な存在）」とも言われている。しかし、一九七〇年代末から一九八〇年代前半にかけて文革時代のコードを打破し、映画技法の革新を試みることによって、次の第五世代監督を生み出す礎を築いたという意味において、彼らの中国映画史における功績を無視することはできない。

一九七〇年代末に、第四世代監督を代表する黄建中、楊延晋、滕文驥、呉天明は、それまで自由に使うことが許されなかった、フラッシュ・バック、スローモーションやズーム、カラーとモノクロ映像の併用、映像と音声の乖離といった技法を積極的にもちいることで、新しい映画表現を生みだすことを試みた。そして、キャメラワークやBGM、ショット繋ぎによってセンチメンタルなムードを醸しだすことが、第四世代監督のメロドラマ映画の常套的手段となったが、その際に、彼らが大いに参考としたのが、『君よ憤怒の河を渉れ』（佐藤純彌監督、一九七六年）、『サンダカン八番娼館　望郷』（熊井啓監督、一九七四年）、『人間の証明』（佐藤純彌監督、一九七七年）、『金環蝕』（山本薩夫監督、一九七五年）、『愛と死』（中村登監督、一九七一年)、『華麗なる一族』(山本薩夫監督、一九七四年)、『砂の器』(野村芳太郎監督、一九七四年)といった日本映画であった。そこで、第四世代の代表的な監督の一人である王好為に日本映画との出会い、とりわけ山田洋次監督から受けた影響について取材した。

王好為は、一九四〇年生まれ。五八年、北京電影学院監督科に入学。六二年、北京映画撮影所に入社。助監督を経て、『海霞』(一九七四年)、『海上明珠』(一九七五年)を共同監督。一九七九年、『喜劇ピンぼけ家族』を単独で初監督。その後、女性映画、農村映画、歴史映画、コメディー映画など、幅広いジャンルを手掛ける。代表作には、『潜網』(一九八一年)、『夕照街』(一九八三年)、『北国紅豆』(一九八四年)、『迷人的楽隊』(一九八五年)、『失信的村庄』(一九八六年)、『村路帯我回家』(一九八七年)、『香雪』(一九八九年)、『離婚』(一九九二年)、『能人于四』(一九九九年)、『生死擂』(二〇〇一年)などがある。ベルリン国際映画祭や、中国映画アカデミー賞(金鶏賞)において、監督賞や作品賞を多数受賞。中国映画史上、最も成功した女性監督の一人である。それと同時に、女優・劉暁慶の才能を見いだし、トップスターにした名伯楽としても知られる。夫の李晨声は彼女の全作品のキャメラを担当している。

❖ 運命的な出会い

『遙かなる山の呼び声』(山田洋次監督、一九八〇年)を観たのは、一九八〇年の春、山田洋次監督をはじめ、山本薩夫監督、徳間康快さんが『遙かなる山の呼び声』のフィルムを携えて、北京映画撮影所を訪問した時でした。

山田監督一行をゲストに迎えての『遙かなる山の呼び声』の特別試写会は、北京映画撮影所第一試写室でおこなわれ、そこで、ほかの中国の映画関係者とともにこの映画を鑑賞しました。吹き替えも中国語字幕もなく、同時通訳による解説付きの上映でした。

作品のなかに広がる美しい原野や魅力的な人物像、淡々としたストーリー展開、清新なディテールの一つ一つに、私は戦慄を覚えました。文学作品にたとえれば、この映画は随筆、あるいは散文詩にあたるでしょう。つまり、一見あっさりしたものに見えますが、上品な趣があって、見る人に深い感動を与えます。私は観終わったその日の夜、興奮して一睡もできませんでした。

『遙かなる山の呼び声』との出会いに、私は運命的なものを感じました。実をいえば、私は少女時代から、このような日常生活に忠実な描写のなかに詩的な余韻が流れている映画や文学作品が大好きで、ツルゲーネフの散文詩は中学時代に夢中で読みあさっていました。また、ソ連・キルギス共和国のチンギス・アイトマートフの小説『ジャミーリャ』（一九五八年）、『山と草原の物語』（一九六三年）の世界にも魅了されました。『遙かなる山の呼び声』を観て、少女時代に接したこれらの文学作品の記憶がよみがえったのです。

❖山田洋次監督からの教訓

幸運なことに、試写会の翌日に山田監督ら日本映画人を囲む座談会に出席することができました。「中国電影家協会（中国映画人協会）」の主催により、「民族宮」会議室でおこなわれたこの座談会には、袁文殊、林彬ら、当時の中国映画界の指導者も出席しており、日中の映画人たちは二本の新作の中国映画——『喜劇ピンぼけ家族』と『帰心似箭（帰心矢の如し）』（李俊監督、一九七九年）を観て、意見交換をしました。『喜劇ピンぼけ家族』は、私が独立してから初めてメガホンを執った作品ということで、座談会に呼ばれたのだと思います。文革の苦難から解放され、未来へ向かっていく労働者一家の日常を明るく描いたこのコメディー映画は、アメリカ、フランス、そして日本でも上映されました（日本では、一九七九年一一月に開催された第三回中国映画祭にて上映された）。

座談会の司会者から「松竹のドル箱」と紹介された山田洋次監督はたいへん気さくな方で、『喜劇ピンぼけ家族』にたいして、率直な意見を述べてくれました。彼は、まず俳優たちのメイクの不自然さについて指摘しました。登場人物全員が厚いドーランやファンデーションを塗っており、男性が付けまつげまでし

ドラ息子とその厳父慈母。『喜劇ピンぼけ家族』

ていたからです。主演男優のまつげが短かったので、女優たちと同じように付けまつげをさせたのですが、これは今でも後悔しています。

また、セットで撮影された、四人家族が暮らす団地の部屋が大きすぎて、リアリズムと程遠いことも山田監督に指摘されました。そこで、私が「実際の団地で撮影する場合、部屋が狭すぎてキャメラを動かしたり、照明をセットしたりすることが困難だったので、セットで撮ったのだ」と弁明したところ、山田監督は「部屋が狭くて機械を自由に動かすことができなくても、キャメラが部屋の外から窓越し、扉越しに撮影することはできるのではないか。セットで撮るにしても、『第四の壁』を取り外す必要はないのではないか」とおっしゃっていました。とても説得力がありました。

さらに、コメディーの作法について、山田監督は私の映画の問題点として「偶然の出来事と登場人物の勘違いに頼ったギャグが多すぎる」ことを挙げていました。とりわけ、中国漫才界の大御所である馬季の演じる写真館のカメラマンが、家族写真を撮る際に客を笑わせようとするときの演技について、山田監督は「プロのコメディアンを使うよりは、一般のシリアスでまじめそうな雰囲気の俳優を使ったほうが、俳優とシチュエーションのギャップから喜劇的な効果を生みだすのではないか。コメディーでは誇張や変形が許されるとしても、日常生活から完全に離れてはいけない」と助言してくれました。自分の体験や映画づくりのノウハウを、惜しみなく異国の同業者に伝授する山田監督にほんとうに感謝しています。

のちに、山田洋次監督の『男はつらいよ』シリーズにおける日常生活に基づいた笑いを見て、彼の言葉の真意をよりかみしめることができました。要するに『男はつらいよ』シリーズは、観客を無理に笑わせようというようなコメディではなく、渥美清ら俳優の演技にも不自然さがなく、日常生活の中で無理なくギャグをつくりだしているのです。何十年にわたってロングヒット作品となるゆえんが十分わかる気がしました。

いっぽう、『遙かなる山の呼び声』は中年男女の渋い恋がストーリーの軸であり、淡い憂いが基調となっていますが、ときどきコミカルな要素も取り入れられています。たとえば、ハナ肇が演じる虻田太郎はその典型です。好色で低俗な男ですが、根っからの善人です。最初は民子（倍賞千恵子）にしつこく迫り、セクハラに及んだりもするのですが、高倉健が演じる田島耕作に諌められた後はガラリと変わり、ラストの列車のシーンでは民子を伴って刑務所に行く耕作を見送ります。この列車でのシーンでは間違いなくハナ肇が観客の涙を誘う要因となっています。さらに武田鉄矢が演じる民子の従弟や、渥美清が特別出演した

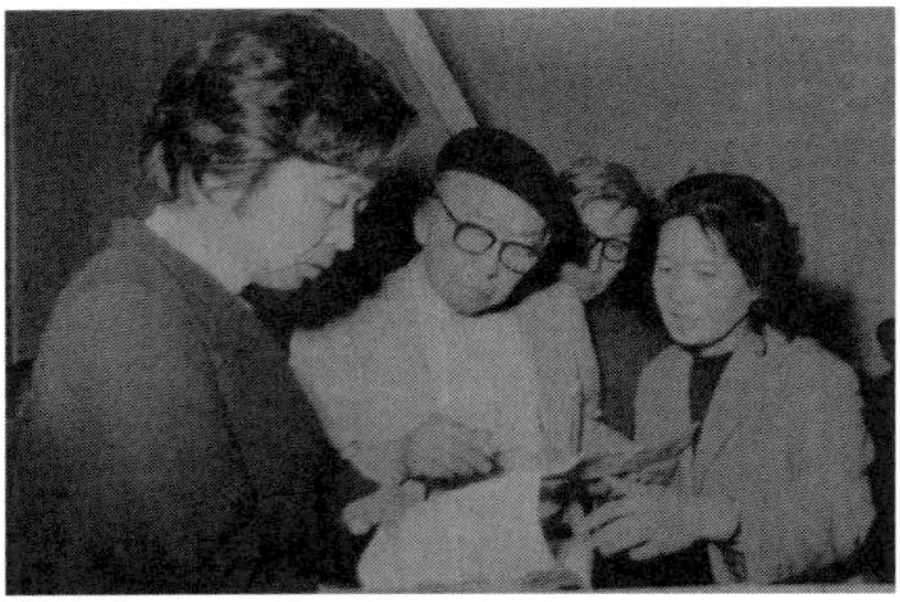

1980年、北京映画撮影所を見学する山田洋次（左）、山本薩夫（中央）

牛の人工授精師は、同じような役割を果たしていたのだと思います。しかし、これらの脇役が目立ちすぎると、主人公の芝居をさらってしまうので、その辺りのバランスがじつによく保たれています。バランスを保つことによって、単調にならず、重層的で多彩な作品に仕上げられたと思います。シリアスな話の中にコミカルな要素をうまく取り入れることはまさに山田監督の十八番ですが、私は後に自分の作品の中でもこれをまねしました。

座談会の数日後、山田監督が日本へ帰国する際に、「中国電影家協会」の指示で、私と脚本家の黄宗江さん、女優の楊静さんが空港まで彼を見送りに行きました。当日、私は紺色の女性用の人民服にヒールのない革靴で身だしなみを整えて行きました。

飛行機の離陸時間までだいぶ時間があったので、山田洋次監督が空港内の売店でお嬢さんへのお土産として中国の楽器・胡弓を買っていたことを覚えています。その後、待合室では、英語が堪能な黄宗江に通訳してもらい、私は『遙かなる山の呼び声』の感想を彼に伝えました。印象に残ったシーンの一つ一つを詳しく取り上げながら話しました。山田監督も喜んでいたと思います。私の幼いころからの親友である黄宗江は「いつもは穏やかなあなたが興奮している様子を初めて見た。ずいぶん山田さんに惚れこんでいるようだね」と言っていました。

今、振り返ってみると、一九八〇年当時、山田監督のアドバイスを素直に聞き入れることができたのは、お会いする直前に『遙かなる山の呼び声』を観て感服し、尊敬する気持ちをもっていたからでしょう。しかし、それ以上に、私が文化大革命の最中にすでに映画製作に携わっていたというキャリアと深く関係していたと思いますね。

❖文革時代の映画製作

私は、一九六二年に北京電影学院監督科を卒業して北京映画撮影所に入社し、すぐに助監督として数本の映画の製作に携わりました。

そのころ、北京撮影所では張水華、凌子風、成蔭、崔嵬の四人の大物監督を軸に、四つの強力な撮影チームがつくられており、それぞれのチームに専属のキャメラマン、美術係などが配置されていました。そのチームワークによって数多くの名作映画が生みだされました。

とりわけ印象に残っているのは、各技術部門にたいする徹底的な技術指導でした。定期的にスタッフ会議が開かれ、全員参加を義務付けられました。その際に、「誰々の作品はキャメラの焦点がずれている」、「フィルムの感光が足りない」などの指摘

助監督時代の王好為
1963年

があると、容赦なく撮り直しをさせられたり、ボーナスを減らされたりすることもありました。

その頃は、セットを作る前に、監督、キャメラマン、美術係は必ず一緒に現場に行って、設計図と照らし合わせて位置を決めていました。セットが組み立てられた後は、テスト撮影をして、皆でそれを見ながらセットに修正を加えました。池寧という大物美術監督は、セットの仕上げのペンキ塗りは自分で塗らないと気が済まないほどでした。

編集においては、陳凱歌の父親にあたる陳懐皚監督が、私たち助監督に手取り足取りで教えてくれました。フィルムをカットする正しいポイントを見つけるまでが大変で、一コマ、二コマのミスも、決して許されませんでした。その後、私が自らメガホンを執るようになってからも、それにならって、必ず編集に立ち合うようにしました。一本の作品について、私は少なくとも七回の編集作業をおこなうようにしてきました。編集こそ映画の呼吸を整える重要な工程であることを陳懐皚監督にたたき込まれたからです。彼は北京映画撮影所で「鉄算盤（鉄のそろばん。綿密な計算のできる人）」のあだ名で呼ばれるほど有能な監督で、いつもチームの中でリーダーシップを発揮するだけでなく、撮影所内外の各部門との連携もうまくとりながら、撮影を滞りなく進行させていました。その器用さに加え、骨身を惜しまない勤勉さをも持ち合わせていました。私にとって映画監督の手本でした。

しかし、一九六六年に文化大革命がはじまると、映画人の多くが農村へ下放され、映画製作もほとんど停止してしまいました。中国映画の良き伝統も断絶してしまいました。

幸いなことに私はその頃、わずかな映画製作にかかわることができました。その一つは、台湾から潜入してくる国民党のスパイを捕まえるために、浙江省の女性民兵たちが大活躍するというストーリーの『海霞』（銭江、陳懐皚、王好為監督、一九七四年）でした。陳懐皚、銭江の二大巨匠と共同監督として名を連ねましたが、現場で実際にイニシアチブをとったのは陳監督でした。私の主な仕事はキャスティングでした。とりわけ心掛けたのは、同じ年齢の女性民兵の役は必ず顔立ちや雰囲気の違う俳優を選ぶことでした。そうしないと、どちらがどちらの役か、混乱してしまうからです。

いっぽう、文化大革命中に、私の夫である李晨声キャメラマンは、江青の指示の下で、キャメラ助手として京劇の映画化に携わっていました。江青は気分屋で、気に入らなかったら激怒し、無茶な要求をスタッフたちに押し付けたりしました。たとえば、英雄的な善玉を撮る時は大きく立派にみえるように下から見上げる仰角で撮り、悪者の卑小さを強調する時は俯角で撮るよう

文革時代の作品『海霞』における女性民兵たち

にと、キャメラワークまで厳しく規定したため、つくる側は困り果てたのです。京劇映画『海港』（謝鉄驪、謝晋監督、一九七二年）の主演女優の李麗芳さんは顔が面長で、見上げるように撮るとその欠点が目立つので、キャメラマンたちは彼女のアップやミドルショットを撮影する際に、やや俯瞰で撮っていました。というのも、あからさまな俯瞰ショットだと、江青に気づかれて怒られるし、俳優の目の表情が見えづらくなる場合もあるからです。そして、ヒロインの全身ショットや遠景のショットに変わる瞬間に、キャメラは仰角で彼女を撮るように変わります。こうすると画面の中で彼女の顔は大きな比重を占めるわけではないので、観る者にはさほど気になりません。そのようにスタッフたちは精一杯、江青の要求にこたえようと努力しました。

江青は一九三〇年代のハリウッドのクラシック映画に深い思い入れがあったので、スター俳優を柔らかい画質でより美しく見せるようなハリウッドのテクニックを中国映画に求めていました。そのような非日常的で人工的な美しさを誇張するために、不自然なメイクとセット撮影が多用されていたわけです。リアリズムへのこだわりがあったとすれば、セットで室内のシーンを撮影するときに、窓の外にみえる空や木々を描いた大きな板の前に、洗濯物を干したり、木の枝や花などを飾ったりする程度でした。

このような文革期において支配的だった唯美主義的志向は、文革が終わった後もしばらく映画界に残存していました。少なくとも私は、登場人物をはじめ、すべてを「美しく」撮ろうとするポリシーをもちつづけていました。『喜劇ピンぼけ家族』における、リアリズムとはほど遠いメイクや、キャメラワーク、あるいはセット撮影は文革時代のなごりとみて間違いありません。

だからこそ、山田洋次監督の『遙かなる山の呼び声』と出会い、私は大きな衝撃をうけたわけです。その直後に演出を手掛けた恋愛映画『潜網』（一九八一年）と喜劇映画『夕照街』（一九八二年）では、男優も女優もほとんどノーメイクで撮影に臨みました。もちろん、キャラクターに合わせて髪型、ひげ、眉などには多少手を入れましたが、ファンデーションやドーランなどは極力排除しました。そもそも、日常生活のなかで人間の顔色や肌の色は十人十色ですから、ファンデーションで画一化する必要はないと思ったのです。衣装もそうでした。農村映画をつくる際に、俳優たちが着ている衣装は、すべて現地の農民が身に着けていた服と交換して手に入れたものでした。いくら新しい服を煮込んだり、やすりでこすったりしても、自然に古くなった物とは違うからです。さらに、なるべくセットを使わずロケ撮影をするよう心掛けました。

❖高倉健と俳優の条件

――文革にまつわる貴重なお話をありがとうございました。ところで、『遙かなる山の呼び声』での高倉健はいかがでしたか。

『遙かなる山の呼び声』のなかの高倉健は、まるで噴火する前の火山のように、大きな情熱を持っていながら、それを容易に表に出さない、「ため」の演技をしています。その寡黙さの背後には、殺人の罪を犯し警察に追われる身であるために、あらゆることを耐え忍んでいるという設定があります。高倉健の演技は、その深みと厚みによって、観る者におのずと思考させる力をもっています。つまり、高倉健の抑制された演技は、曖昧さ、あるいは多義性を醸しだすものとなり、観客はそれを読み取ろうとするわけです。逆に大仰な演技であからさまなメッセージを観客に押し付けようとすると、反感を買い、登場人物にたいする思い入れも薄れてしまうに違いありません。多くの引きだしがありながら、演じる役柄の微妙な心理や感情を表現することをまっとうした高倉健の演技は、最高ランクだと思います。

高倉健の演技は当時の中国の映画界にじつに大きな影響を与えたと思います。たとえば、一九八〇年代当時、中国の映画監督たちが集まることがあり、ある監督は自分の新作映画を携えて来て、その場で披露しました。中国西南部の大きな山を舞台にした極端にせりふの少ない作品で、登場人物たちにほとんど表情のないことが特徴でした。それについて監督は自慢げに「私はいつも撮影する前に俳優たちに『顔を洗ってこい』と命じていた」と語っていました。彼の言う「顔を洗う」というのは、芝居がかった表情はすべて捨てろという意味でした。

この中国映画はストーリーも『遙かなる山の呼び声』に似ているし、主演男優の演技も明らかに高倉健の演技を模倣しています。しかし、残念ながら、その模倣は表面的なものにとどまっていました。確かに、高倉健は誇張した演技や表情をしませんが、その「心の芝居」が極めて豊かです。彼が背負った重い過去、現在置かれた状況、そして民子親子との関係のすべてを、かすかな目の動きや、さりげない仕草一つだけで表現することを通して浮かび上がらせていました。まさに自然な、映画的な演技でした。

しかし、模倣作の中国映画では、十分な心理描写に欠けているため、無表情な登場人物たちが、まるで魂の吹き込まれていない人形のようでした。登場人物の内面を極めて控えめな演技で表現できた高倉健とは、まるで天と地の違いでした。

俳優というのは天賦の才であり、後天的な訓練によって育てられるものではありません。私は知人の映画大学の教授によく言いました――「あなたがたの仕事は才能のある子を見いだして大学に入れ、ちょっとした演技の基本を身に付けさせることです」と。他の技術部門のことなら、学習や努力で何とかなるのですが、俳優だけは違うからです。

私にとって良い俳優の条件とは、表情豊かで生き生きとした顔をもつこと。自らの喜怒哀楽を表情や肉体の動き、仕草によって自然に表すことができること。役柄について、それが置かれた状況やその心理、周囲の人物との関係などを素早く把握できる理解力と想像力をもつことです。

しかし、いくら才能のある名優でも限界があります。『喜劇ピンぼけ家族』に出演した喜劇の名優、陳佩斯がどうしても『北国紅豆』（一九八四年）のシリアスな男性主人公を演じたいと売り込んできたことがあります。しかし、テスト撮影をしてみたところ、お互いに一目瞭然で「これはふさわしくない」とわかりました。舞台劇であれば同じ役を複数の俳優で演じることができますが、映画だけは役柄にぴったりした最適な俳優を選ばなければなりません。

何十年間、映画をつくってきましたが、俳優選びをする際の薄氷を踏むような気持ちは今でも変わりありません。いくら演出、キャメラ、美術、音響などが優れていても、俳優が失敗だったら取り返しがつきません。俳優には映画のすべての要素が集約されているからです。才能のない俳優にたいしては、現場ではお手上げ状態です。監督がどんなに俳優に演技を付けたり、自ら演じて見せたりしても効果はありません。そして、撮影チーム全体が気をもんだ揚げ句、意気消沈させられます。それについては苦い経験がありました。文革中の『海霞』の主演女優は失敗例でした。仕方なく、主役なのに彼女とほかの人物が同じ画面に登場する場面では、なるべく彼女の後ろ姿越し、あるいは肩越しに他の人物を撮ったり、彼女を画面から外して声だけを入れたりといった苦肉の策を強いられました。

❖『遙かなる山の呼び声』と中国の女性映画

——『遙かなる山の呼び声』での高倉健は、倍賞千恵子の助演によって、より光り輝いていたと思います。倍賞さんの演技をどう評価なさいますか。

倍賞千恵子は、その素朴な美しさが印象に残りました。高倉健と

取材に答える王好為監督

同じく自然な演技で登場人物の内面を表現するのに長けています。彼女が演じる民子はやせて小柄な女性ですが、「内なる強さ」を秘めています。耕作と結ばれたのも、ともに強靭な心を持つ男女が共鳴し合ったからです。

その強さが民子の恋愛と結婚にも反映されていたと思います。都会の男性と結婚し、安定した生活を送ることもできたはずなのに、彼女はあえて好きな男性と北海道の厳しい環境での牧場経営に挑んでいました。つまり、愛のためなら、安逸な生活を投げだすことも辞さない、ロマンチックな一面を彼女はもっています。そして、夫を亡くした後に殺人犯の耕作と一緒になるというのも、彼女が世の中にたいして超然としており、独特な人生哲学をもっていることの現れではないでしょうか。

――王監督ご自身の作品におけるヒロイン像は、『遙かなる山の呼び声』での倍賞千恵子と非常に似ているように感じます。特に農村女性を主人公とする『北国紅豆』、『村路帯我回家（あぜ道に導かれて家に帰る）』、『香雪』における、厳しい環境に置かれながらも素朴で一途で芯が強いというヒロインたちが、倍賞千恵子を彷彿させます。また、どの作品もドラマチックなストーリー展開がなく、お言葉を借りるならば、随筆的、あるいは詩的な映画ですね。それらは『遙かなる山の呼び声』に啓発されたものでしょうか。

確かにこの三本の映画には『遙かなる山の呼び声』と共通する要素が多く含まれています。そのなかで『香雪』が一番好きで、その次が『村路帯我回家』ですね。

しかし、自分の作風を大きく変えようとした最初の試みは『北国紅豆』でした。この作品は、田舎の農民の娘（劉暁慶）が懸命に努力して森林伐採をあつかう国営企業の従業員になり、徐々に自らのアイデンティティーや真実の愛に目覚めていくという過程を描いた、いわゆる「女性映画」です。起承転結のはっきりしたストーリー展開がなく、小さな日常的なエピソードの一つ一つで構成されています。

そして、ラストはあえて単純明快なハッピーエンドを回避しました。ヒロインは婚約者の男性を裏切れない、しかし新しい恋人にいや応なく惹かれていき、やがて自分自身をコントロールできない放心状態に陥ります。悩んだ末、彼女は夜中に婚約者の部屋に行って、「今夜、私をあなたのものにして。早くしないと、あなたはきっと後悔するから」と涙ながらに言いますが、「早く私と結ばれてしまわないと、別の男のところに行ってしまうわよ」というのがその言外の意味でしょう。しかし、彼女がどの男性と結ばれるのかを明示しないまま、映画は幕を下ろします。

当時の中国映画には伝えたいメッセージをストレートに観客に語りかける作品が多かったなかで、『北国紅豆』は新鮮な印象を観客に与えたのではないのかと思います。そもそも人生の教科書は存在しませんから、映画に触発されて何かを考えるきっかけとなればそれで十分です。観た後に何かが心に残るならば、映画としては成功だ。『遙かなる山の呼び声』と出会った時点でそう思うようになりました。

しかし、当時の一般観客にとって、このようなハッピーエンドでもない、完結さえもしていない結末は、まだ見慣れないものでした。二人の男性の間で揺れ動いている『北国紅豆』のヒロインも、多くの中国人から見ると、ふしだらにさえ思えたかもしれません。さらに、ちょうどその頃、「資産階級精神汚染（資本家階級の腐敗した精神）」を批判するキャンペーンがおこなわれていたので、映画界のトップたちも神経質になっていました。当時、映画界を仕切っていた陳荒煤さんは、『北国紅豆』のラストを「性的なメッセージが込められており、ブルジョア的な情緒が漂っている」と見なし、「問題となるおそれがあり、今後の政治的状況を見計らって、この場面を一番最後に撮影せよ。さもなければ断念して脚本から削除するように」と命じました。しかし私は「このラストのためにこの映画をつくったのだから」とその命令を拒否しました。そして、作品が完成したあと、私は「資産階級精神汚染」を批判するキャンペーンの主導者にあたる中央指導部の胡喬木さんに直訴し、これによってようやく検閲を通過しました。胡喬木さんは『北国紅豆』を観て「人間性の本質に触れた力作」と評価してくれたそうです。

『北国紅豆』のヒロインの運命は、当時の中国社会の片隅で懸命に生きる普通の人々の姿を活写したもので、多くの観客から共鳴をうけたのではないかと思います。たとえば、主演女優の劉暁慶さんも、中国社会の底辺からすさまじい努力をしてトップスターの座にのぼりつめたという点で、ヒロインと一脈通じます。さらに、共通して言えるのは、彼女たちがある程度成功をおさめ、確固たる社会的地位に就いても、それまで自分が追い求めていたものは何だったのか、これから何を求めていけばよいのかといった類の喪失感と困惑に陥ってしまうことです。実はその頃、劉暁慶さんは私生活で大恋愛の最中であり、相手の男性がしょっちゅうロケ地に会いに来ました。彼女は忙しい撮影の合間でも、彼のためにセーターを編みつづけるなど、幸せそのものでした。しかし、その後、その男性と結ばれたところで「自分の探していた人と違う」と気づき、また悩み苦しんでいました。追い求めてきたものをようやく手に入れると、さらにその上を欲する気持ちが芽生えるという体験は、誰にもあるでしょう。ですから、劉暁慶さんはヒロインの心情と自らを重ね合せていたからこそ迫真の演技を見せてくれたのだと思います。

――『北国紅豆』は、『遙かなる山の呼び声』にたいするオマージュであるかのように感じます。たとえば、『遙かなる山の呼び声』は北海道を舞台としていますが、『北国紅豆』はかつての満州、中国・ロシア国境近くの大興安嶺で撮影をおこないました。そして、二本の作品はともに、人間と厳しい大自然との関係が重要なテーマとなっています。

『北国紅豆』は一九八三年九月から翌年二月にかけて、大興安嶺の奥地の原始林で撮影しました。撮影の開始は秋でしたが、夏からすでにその準備に入っていました。たとえば、俯瞰ショットを撮影するために、大木のてっぺんに足場を組まなければなりませんが、冬に大雪に覆われると不可能なので、夏に作って

『北国紅豆』

おきました。

秋の森林は蚊やブヨが飛び交い、スタッフ全員は防蚊マスクをかぶっていました。しかし、撮影の際に俳優だけはそれを取り外さなければならないので、ブヨにかまれた劉暁慶の顔が腫れあがり、数日間撮影中止を余儀なくされました。そして、冬になると、氷点下五〇度の極寒の中で、撮影機器を担いで太ももまで雪に漬かって行軍しました。

ヒロインが入水自殺を図るシーンを撮影するときには、川の冷たい水が肌に触れないように、劉暁慶の服の中にビニール製の肌着を着せました。撮影が終わるや、スタッフが彼女のもとへ駆けつけ、お酒を飲ませたりマッサージをしたりしましたが、それでも彼女の震えは止まりませんでした。

そんな苦労の甲斐もあったからこそ、『遙かなる山の呼び声』での北海道の大自然に匹敵する壮大なシーンを撮影することができたのではないかと思います。それと、実はその後、大興安嶺で大規模な伐採がおこなわれ、大木の原始林は姿を消してし

女優・劉暁慶、1983年

『北国紅豆』の撮影風景

まったので、この映画は貴重な記録となったのです。

——王監督と『遙かなる山の呼び声』との深いご縁について、興味深く伺いました。ところで、山田洋次監督の父親が満鉄の社員だったということもあって、彼は大の蒸気機関車マニアとして知られています。彼の映画には、しばしば汽車が登場します。王監督の代表作にも、貧しい農村の少女が豊かな都会にある「外の世界」にあこがれるという内容の『香雪』があります。その中に村を走り抜ける汽車が現代文明の象徴として登場してきますね。

それは山田監督の影響ではありません。原作（鉄凝の小説『哦，香雪』）では汽車が重要なモティーフだったからです。残念なことに、撮影された一九八〇年代末には蒸気機関車がなくなり、電気機関車で間に合わせなくてはなりませんでした。また、映画の舞台となる駅は、わずか一分間しか停車しない小さな駅でしたので、鉄道部（鉄道省）の特別な許可を得て、実際に運行中の列車に三〇分ほど、停車してもらい、撮影をおこないました。あわせて一〇回ですべての列車シーンを撮り終えたのです。

訪日中の王好為監督（中）。高野悦子（左）、日比野幸子（監督）とともに（1993年）

――その後、王監督は何回も日本を訪れていますが、その際にたびたび『遙かなる山の呼び声』との出会いについて話しておられたので、舞台あいさつの際に、「山田洋次監督を敬愛する中国の映画監督」として司会者から紹介されたこともあると聞いております。山田洋次監督とは日本で再会しましたか。

一九八三年と九三年、私は自作の『夕照街』、『香雪』を携えて映画祭への参加のために二回訪日しましたが、残念ながら山田監督とお会いする機会はありませんでした。しかし、私たちの受け入れ窓口となってくれた岩波ホールの高野悦子さん、岩波律子さん、大竹洋子さんは山田監督と大変親しかったので、いつも監督の近況を教えてくれました。

山田監督は八〇代になった今でも現役で映画を撮っていらっしゃるそうですが、ほんとうに頭が下がります。日本映画界の「長青樹（常緑樹）」としていつまでも屹立していただきたいと願っています。

（写真提供：王好為）

［評伝］

日中映画交流のオーガナイザー

――徳間康快の「中国」

徳間グループを一代で築き上げた徳間康快《やすよし》（一九二一〜二〇〇〇年）は、徳間書店の経営者として、またはは宮崎駿アニメやスタジオジブリの産みの親として広く知られているが、日中映画交流のオーガナイザーというもう一つの顔をもち合わせていた。

今から三〇〜四〇年ほど前に、彼は八割の中国人が観たとされる空前絶後の大ヒット作『君よ憤怒の河を渉れ』（佐藤純彌監督、一九七六年）をはじめ、七〇本以上の日本映画を中国へ紹介し、戦後初の日中合作映画『未完の対局』（佐藤純彌・段吉順共同監督、一九八二年）や、中国ロケの大作映画『敦煌』（佐藤純彌監督、一九八七年）を手掛け、さらに張芸謀（チャン・イーモウ）ら中国の映像作家を資金面からサポートしつづけていた。(1) 徳間康快の中国映画への貢献は、中国映画博物館に彼のコーナーが設置されてもおかしくないほどきわめて大きい。

本論文は、若い頃の読売新聞社員時代から、出版界へ進出し、映画界に風雲を起こし、ついには中国との交流に至るまでの徳間の波瀾万丈の一生を、多くの一次資料や、当事者への独自の取材に基づいて跡付ける。とりわけ、徳間の中国との独特なかかわり方に注目し、「文化交流」「映画交流」といった美しい響きの言葉に収斂されていない権力関係や実利関係をあぶりだすとともに、徳間が抱く中国のイメージ、そして、そこに見え隠れしている徳間の一種のナルシスティックなエゴに近い強烈な欲望を析出することを試みる。

なお、執筆にあたり、鈴木一（元東光徳間事業本部プロデューサー）、山本洋（元大映専務取締役）、佐藤正大（元大映プロデューサー）、佐高信（徳間康快評伝の著者）、佐藤純子（日中文化交流協会常任理事）、田村盟（元東光徳間事業本部プロデューサー田村祥子氏の子息）、大竹洋子（元岩波ホールプロデューサー）ら関係者にそれぞれ取材をおこなった。

また、十数年間にわたって日中映画交流の事業を、徳間康快とともに推進していた中国側の担当者で「中国電影公司」元社長の胡健氏（一九三三〜二〇〇九年）の証言が中国で出版されたことで（陳墨主編『胡健訪談録』、中国電影出版社、二〇一五年）、日中双方の思惑や欲望を検証することも可能となり、本論文はその初の試みにあたる。(2)

I——中国との独特なかかわり方

徳間の中国とのかかわり方には一種の過剰さがあった。それが、日本映画の中国への輸出と、中国映画の日本への輸入という、徳間によって展開された二大事業において顕著に現れている。

採算を度外視した日本映画の対中輸出

プロレタリア文化大革命（一九六六〜一九七六年）終結後の中国では、空前絶後の日本映画ブームが起きた。すなわち、一九七〇年代後半から一九八〇年代前半にかけて、『君よ憤怒の河を渉れ』、『サンダカン八番娼館　望郷』（熊井啓監督、一九七四年）、『愛と死』（中村登監督、一九七一年）、『人間の証明』（佐藤純彌監督、一九七七年）、『砂の器』（野村芳太郎監督、一九七四年）といった日本映画が続々と中国に輸入され、センセーションを巻き起こした。

これらの日本映画の中国への輸出は、主に一九七八年から一九九一年に至るまで継続していた「日本映画祭」を媒介としていた。「日本映画祭」は定例行事として、中国各地でほぼ毎年開催され、そこで毎年、七～八本の日本映画が上映された。「日本映画祭」で上映された作品は、その後、全国各地へ配給されるというルートが確立された。このイヴェントの開催にあたって、中心的役割を果たしたのは、中国関連事業も手掛けていた徳間書店の子会社、東光徳間であった。

しかし、このような中国での日本映画ブームは、徳間側、あるいは日本の映画界に利潤をもたらすことはなかった。当時、大映（映画会社。徳間書店の子会社）専務取締役を務めていた山本洋は、著者の

『君よ憤怒の河を渉れ』の現場で。左から徳間康快、佐藤純彌、永田雅一（大映前社長）、原田芳雄
写真提供：佐藤純彌

インタビューのなかで、つぎのように証言している。

中国での「日本映画祭」での上映作品のラインナップにかんしては、日本の各映画会社から推薦された作品のなかから、中国側の要望も考慮に入れつつ、選考をおこなった。ライセンス料(放映権料)は一本当たり一〇〇万円という低価格となっており、徳間氏が「中国側はせいぜい一万米ドルしか出せないので、一〇〇万円で勘弁してくれ」と各映画会社を説得した結果であった。[3]

一九七〇年代後半から九〇年代前半にかけて「中国電影公司」は、年に三〇本ほどの各国の映画を、一〇〇万米ドルの予算で買い付けていた。一本あたり、平均三万米ドルの予算しかなかったのだ。[4] そのなかでも、日本映画は破格の安さであった。

また、ソ連モデルに基づいた中国の映画配給システムによれば、配給網のピラミッドの頂点に立つ「中国電影公司」は自社の三千以上の子会社を経由して、映画フィルムを全国各地方の映画館へと配給しており、日本映画もそのルートに乗って広く流通していた。[5]『君よ憤怒の河を渉れ』が公開された当時、北京でおこなわれた調査によると、「一九七八年度の興行成績ナンバーワンを誇ったのは『君よ憤怒の河を渉れ』であり、北京市だけで二七〇〇万人以上の観客動員を達成したが、観客の要望に応じて、上映は一九七九年になってもなお続いている[6]」というほどの大ヒットであった。しかし、日本側には歩合

収入がなく、日本映画は中国でいくら大ヒットしたとしても、日本側の収益とはまったくリンクしていなかったのである。(7)

赤字だった中国映画祭

徳間康快は、日本映画の中国への紹介に精力的に動くいっぽうで、中国映画の日本での上映にも力を入れていた。すなわち、中国での「日本映画祭」と並行して、日本において一九七七年から計二〇回「中国映画祭」を開催し、東京、大阪、名古屋などの大都市に加え、地方都市でも映画祭を開いた。ただ、それらの映画は映画祭開催期間中の特別上映にとどまり、中国における日本映画の上映の規模と影響にははるかに及ばなかった。

たとえば、一九七七年三月に第一回「中国映画祭」が、日本プレスセンター（東京内幸町）において開催され、三日にわたって新作のドキュメンタリー映画を中心に、旧作劇映画など六本が上映された。事前に、大手新聞各社の協力を得て広告を出し、大々的に宣伝し、しかも無料上映であったにもかかわらず、三日間で来場した観客はわずか八六二名、一回あたり一〇〇人程度だったという。(8)

第一回の「中国映画祭」は徳間が単独で開催したが、第二回からは日本映画製作連盟との共催の形を取った。日本映画界を巻き込むことで、チケットの販路が確保できるからである。各映画会社は映画祭のチケットの割り当てを受けて、持ち回りで催した。ただ、この持ち回りには、大手映画五社（松竹、東宝、大映、新東宝、東映）は元々消極的で、一回りした五回で終わらざるを得なかった。七回目の中国映画祭にあたる一九八三年からは池袋にある独立館の文芸坐で開催するようになった。

一九八〇年代半ばまでは、日本での中国映画の輸入窓口はほとんど徳間しかなく、中国映画は徳間しか買い付けていなかった。当時、中国映画を買い付ける値段は格安で、一本当たり二〇〇〇米ドルから三〇〇〇米ドルで、「中国映画祭」のために、徳間側は年間七〜八本の中国映画をまとめ買いした。また、著作権の意識が当時の中国側にあまりなく、緩やかだったため、日本で外国映画の公開の権利期間は、通常五年から七年が一般的だったが、中国映画は自動延長の形で事実上無期限だった[9]。一九七七年の第一回「中国映画祭」のときからフィルムを中国側に返却していなかったため、その後の「中国映画の全貌」（一九九〇〜二〇一二年）の企画が可能になったわけだ。

そのような状況が変わったのは『黄色い大地』（陳凱歌監督、一九八四年）が公開された一九八五年頃である。

儲からないという宿命

そもそも『黄色い大地』がはじめて日本で上映されたのは、徳間側による主催で、文芸坐でおこなわれた「85中国映画新作フェスティバル」だった。

文芸坐で上映された際には連日満員だった。映画祭の後、岩波ホールが『黄色い大地』を配給したいと申し出てきたが、徳間側がそれを断った。というのも、大手配給会社の日本ヘラルドが陳凱歌監督を気に入って、今後監督をバックアップしようとしていたからである。徳間側もそれに協力した。[10] その結果、『黄色い大地』のロードショーが、一九八六年七月一一日より日本ヘラルド傘下のシネマスクエアとうきゅうにおいておこなわれることになった。

それに続いて、同じく東光徳間によって提供された『芙蓉鎮』（謝晋監督、一九八六年）は、一九八八年三月二六日より岩波ホールにおいて封切られ、ロングラン作品となった。

さらに、東光徳間によって提供された張芸謀監督の『紅いコーリャン』が、一九八九年一月二七日よりユーロスペースで単館ロードショーされ、大きな話題となった。この作品は一九八七年に同映画館で上映され、大ヒットした原一男監督の『ゆきゆきて、神軍』（一九八七年）とともに、ユーロスペースがアート系映画館としての地位を確立することに寄与した。[11] このように中国映画ブームはアート系映画館を通じて一気に広まっていった。

ところが、徳間側は中国映画を買い付けることはできるが、配給においては、日本ヘラルド、ワーナーといった大手配給会社が、日本国内市場で配給網やコネクションを握っていたため、徳間よりも圧倒的に有利だった。そのため、徳間側は中国映画を商業ベースで配給する場合、大手配給会社に頼らざるを得なかった。

いっぽう、日本での中国映画祭の開催では、フィルムを買い付ける費用よりも、その際に招待する中国映画代表団にかかる経費が大きな出費となった。海外渡航がほとんど認められておらず、日中間の人的交流に至ってもきわめて限られていた一九八〇年代当時、中国の映画人にとって、その訪日は外の世界を見聞する貴重な機会であった。しかし、毎年、十数人の代表団メンバーの旅費と一〇日間ほどの滞在費用は徳間側にとって大きな出費となった。中国で開催された日本映画祭の場合、中国側は国家費用で賄うのにたいし、日本側は徳間書店という一個人の会社が費用を出していたため、厳しい面もあったに違いない。

徳間は商売人である以上、金儲けのことも、若干は考えていたはずだったが、なぜこと日中映画交流に限っては、損得を度外視してまで二〇年間も続けていたのだろうか。

謎めいた情熱の源流

徳間康快の人間像を知るうえにおいて、佐高信著『飲水思源　メディアの仕掛け人、徳間康快』（金曜日、二〇一二年）は重要な文献である。[12]本書によると、「中国からもうけてはいかん。日本人は散々

『紅いコーリャン』

『黄色い大地』

悪いことをしたんだから」[13]という贖罪意識が、徳間のメンタリティーの基礎となっており、また「人脈はあくまでも情けの厚い性格からひとりでに出来上がったものであり、事業のための布石というけちなものではなかった」[14]という。

確かに徳間は、戦争によって翻弄された日中の名棋士の友情を軸に、軍国主義政策が両国民に与えた多大な苦しみを描いた『未完の対局』（中国語題『一盤没有下完的棋』、北京映画撮影所・東光徳間株式会社製作、一九八二年）を、戦後初の日中合作映画として製作した。公開された際に、中国側は、日本軍の残虐行為をフィルムに取り入れようと積極的に提案した佐藤純彌監督や徳間康快を、右傾化に反対する日本人民の代表として賞賛した。[15]しかし、実際に戦争に赴いていない徳間は、贖罪意識をそこまで強烈にもっていたのか。それにいささか疑問を感じたのは著者だけであろうか。

また『飲水思源　メディアの仕掛け人、徳間康快』によると、若き日の徳間が左翼活動家の鈴木東民や、良識派文化人の代表ともいえる松本重治から受けた影響は、「官の飯を食うなかれ」、「冒険し続け、敗者復活戦を繰り返す」という彼の人生哲学を形作った。[16]しかし、その反面、財界人として「本流・正統派」の道を歩んでこなかったゆえに、日本において徳間は必ずしも一流の財界人としての評価を得たとは言い難い。事実、徳間は「徳間ラッパ」と陰で呼ばれていたわけだ。

さらに、すでに述べてきたように、中国第五世代映画監督による斬新な作品が世界市場に進出し、大きな注目を集めたため、日本ヘラルドなど大手配給会社がこれらの配給に乗りだし、徳間の独占的な地位を脅かすようになった。「大映」という映画会社の経営者としての徳間は中国との交流において確かに採算度外視という側面があったものの、いずれ損失は取り戻すつもりだった。[17] しかし、利益の出そうな中国映画は大手の配給チェーンに取られてしまうというのが実態であり、日本映画界において徳間の力はそこまでなかった感も否めない。[18] 映画界における自らの地位を不動なものにすべく、徳間は合作映画の製作をはじめ、中国映画界の交流事業を積極的に推進したのではないかとも考えられる。

しかし、それにしても、中国への徳間の思い入れには、一種の過剰さ、異常さがあるように思われる。徳間が抱く「中国像」を浮かび上がらせるために、彼を取り巻く日中文化交流の文脈や流れを整理しつつ、そのなかにおける徳間康快の位置づけを検証してみよう。

II――徳間康快にとっての中国

中国との接点

六〇年安保を挟む激動の時代には、日本の知識層にとって社会主義新中国は「希望の星」であった。社会党を中心とした親中国派が一つの大きな勢力として存在しており、「日本ではできないが、中国においてであればできる」という社会主義新中国を賛美する風潮も顕著であった。

徳間康快もその頃から、出版事業において中国学者の竹内好を通じて中国関係書籍の出版に携わっていた。なかでも、竹内がオーガナイザーだった「中国の会」の雑誌『中国』の出版を引き受け、後に『中国』は徳間書店から月刊誌として出版された。これが徳間と「中国」との具体的な接点となった[19]。

さらに、徳間は日刊紙「東京タイムズ」を買収し、社長となったが、それによって日本の保守政界とのつながりを築いた。日中国交回復後、中国が重視した田中角栄にまつわる政界人脈も、徳間が日中映画交流の中心人物となったことに寄与しただろう。

文化大革命（一九六六〜一九七六年）の時代に至ると、徳間康快と中国の関係はいっそう親密になった。彼は一九六六年九月に日本出版代表団、一九七一年一〇月に日中文化交流協会代表団、さらに一九七四年五月に日本出版編集者友好訪中団に加わって訪中した。一九七四年に彼は次のように語っている。

一九六六年、日本出版代表団の一員として最初に訪問したときはプロ文革のある意味での初年度であった。つづいて一九七一年に日本中国文化交流協会代表団の一員として訪問したときは、これまたある意味でのプロ文革仕上がりの年でもあった。そして今回（著者註：一九七四年五月）の批林批孔運動をつうじて見た新中国のいぶきは、重厚にして沈着、なおかつ人間のすさまじい活力ある姿を素肌に強く感じた[20]。

ここで、徳間は文革を人類の歴史の新しい方向性を示す出来事として好意的にとらえていたようだ。ゴダールに代表されるフランスのマオイストと同様に、一部の日本の知識人は、高度経済成長と裏腹に様々な矛盾をかかえた日本社会の現状に疑問と閉塞感を感じていたので、若者による直接行動を通じて従来の古い慣習・社会制度を徹底的に否定しつくす文革に共鳴したのだった。彼らは毛沢東の平等社会の理念を手がかりとして、ユートピア的な日本社会の未来像を探しだそうとしていた。徳間康快の対中姿勢もその文脈のなかで捉えられるべきであろう。

だが、その後の徳間と中国のかかわり方は、彼の個人的なバイアスが強烈にかかるようになった。とりわけ、一九七六年一〇月の訪中は、徳間にとって国家権力の絶大なパワーを思い知らされるショッキングな体験であったに違いない。

中国との急接近

一九七六年の訪中に至った経緯については、のちに東光徳間の取締役を務め、日中映画交流の実務に携わった森繁氏（一九三一～一九九七年）の存在を抜きにしては語れないだろう。[21] 満州引揚者で、元中国人民解放軍兵士でもあった森は、日中国交正常化が実現した直後の一九七三年より、中国のニュース映画を輸入し、テレビ局に放映してもらう仕事を始めた。その活動のなかから、「中国電影公司」と信頼関係が築かれることとなった。そして「中国映画の仕事を本格的に始めたい」という願望が芽生えた彼が、みずから徳間康快に売り込んだのは一九七六年頃だった[22]。そして、同年三月に中国大使館から「中国映画人の視察団に日本映画界の状況を見学させてもらいたい」と要望を受けた森は、その案内役を務め、徳間のコネクションを頼りに、映画館や撮影所の見学のみならず、日本映画人との意見交換の機会を用意した。中国側の使節団一行は満足して帰国した。間もなく、徳間と森の二人に訪中してほしいとの招待状が中国から届いた。

一九七六年一〇月に徳間、森両氏が訪中した時の様子について、東光徳間事業本部の田村祥子氏は、一九九七年の時点でつぎのように語っている。

北京に到着した二人は、盛大な歓迎宴で迎えられたものの、宴の終了後も翌日の日程は告げられず、「明日は部屋で待っていてほしい」の一言でホテルへ帰されました。翌朝、外から聞こえる大きなドラの音、爆竹のたけだけしい音。窓を開けると、これまで見たことのないような大がかりなデモの行列が長安街を埋め尽くしていました。人々が手にする横断幕には「四人組粉砕」の大文字が舞っています。窓から身を乗り出して歓喜のデモを見ていた森さんに、中国電影公司より呼び出しの電話が入りました。中国電影公司の担当者は「中国は四人組を粉砕した。われわれは積極的に日本側のあなた方と交流したい」と切りだしたのに対し、徳間と森は「映像こそは文化の第一。まず、日本で中国映画祭を開催したい」と申し入れましたが、即ＯＫが出た[23]。

そのわずか五カ月後の一九七七年三月に第一回「中国映画祭」が、瞬く間に現実のものとなった。その後、中国との映画交流をさらに軌道に乗せ、一九七八年に中国との交流事業を専門的におこなう東光徳間を設立するに至ったのである。

一九七六年の訪中の際に、徳間は文革の終焉という歴史的瞬間に偶然出くわしたのかもしれない。それも、また中国側が日本との映画交流をはじめたいという決意と、徳間に寄せる絶大な信頼を強烈な形でアピールするために、綿密に仕込んだ「演出」だった可能性も排除できないだろう。そのド迫力の「演出」は徳間に大きく響いたのではないだろうか。

ナルシシズム的全能感

すでに触れたように、一九七八年一〇月に北京や上海といった八つの主要都市で「日本映画祭」が開かれた。これが文革終結後の日本映画の中国進出の発端となった。

その後、「日本映画祭」は定例行事として、成都、蘇州、ハルビン、

日中映画交流の三巨頭と、
中国の女優たち。左から胡健、
徳間康快、森繁、戈春燕、
李秀明。1983年11月、東京

瀋陽、大連、昆明、蘭州、西安、ウルムチ、フフホトなど、中国各地でほぼ毎年開催され、その都度、徳間は日本の監督や俳優など、著名な映画人をメンバーとする代表団を率いて訪中した。

一九八一年八月二九日から九月五日まで中国のハルビン、瀋陽で開催された日本映画祭に参加したことで、徳間康快は二八回目の訪中を達成した。日本に帰国した直後に受けたインタビューのなかで、徳間はその衝撃的な中国体験を次のように語っている。

予定より三時間あまり遅れましたが、ハルビン劇場では観客が帰らないで待っていてくれたのです。ここは定員が一三四〇名ですが、立錐の余地がないという状態でした。その上、劇場前でも一万人近い人がわれわれを待っていてくれまして、日本では考えられないことですね。（中略）『アッシイたちの街』の主人公、古谷一行さんを見ると中国の人たちが彼を囲んで「アッシイ、アッシイ」を大合唱で、古谷一行さんも目にいっぱい涙をためて、俳優としてこんなふうに迎えられたのは生まれて初

ハルビンと瀋陽で開催された日本映画祭に参加した日本映画人たち。1981年
右から三田佳子、中野良子、山田洋次、古谷一行、泉じゅん

めてだ、できれば何回も訪中したいと感動しておりました。（中略）映画交流を通じていつも感じるんですが、映画は、何といっても中国人民全体が動いてくれ関心を持ってくれます。[24]

このように徳間は、中国に行くたびに、現地の人々に熱狂的に迎えられた。日本映画にストレートに反応してくれるプリミティヴな中国の人々に接するなかで、「中国人民全員が尊敬してくれている」という類の快感を、彼は味わっていたようだ。その際に、豪快に酒を飲み、みずからステージに上がって歌手気取りで演歌を披露するなど、徳間の訪中にまつわる逸話は数多く残っている。[25] 徳間にとって、中国は他者のいないユートピアだった。

いっぽう、日本では映画製作といえば、他のライバル映画会社との競争関係があって、スタッフや俳優も様々な協定に縛られ、一種の流れ作業のような枠組みの中で進めなくてはならなかった。それにたいして、日本映画の中国ロケ、あるいは日中合作映画の製作の際に、中国政府がバックアップする形で、全てをつくる側の好きなように動か

岡田茂（東映社長）（左）、来日中の女優・劉暁慶、徳間康快。1980年

せるというような全能感こそ、徳間が「中国」にのめり込んだ要因の一つだったといえる。

たとえば、『未完の対局』が日本で公開された際のプロモーションにおいて用いられたうたい文句――「本作は中国国務院の批准のもと、中国文化部電影局及び映画界の強い支持と協力により、四年半の歳月と二十万人の協力を得て製作された」。あるいは『敦煌』が公開される際に、徳間自身が執筆した謝辞――「中華人民共和国国務院の正式許可、中国電影合作製片公司、中国電影輸出輸入公司、中国人民解放軍は八一電影製片廠等の共同製作も了解いただき、特に中国電影輸出輸入公司胡健社長が製作費の直接投資、また敦煌にスタッフ、キャストのための専用ホテルを建設してくださった」――これらの言説には、かかる全能感が全面に出ている。

そして、中国政府との交渉がうまくまとまればなんでも自由につくらせてもらえるという快感にくわえ、日本側の唯一の対中窓口としてのおごりも、徳間の様々な発言のなかから容易に見いだされる。

このように中国で味わったナルシシズム的な全能感（＝日本での鬱屈

『敦煌』撮影現場での佐藤純彌

『未完の対局』完成披露試写会

するような閉塞感から解放された爽快感）こそ、徳間を突き動かし、大きな日中映画交流にまつわるプロジェクトを次々と立ち上げるに至った原動力の一つであった。

しかし、それはあくまでも徳間の一方的な思い上がりだった。そもそも中国側は徳間を交流の窓口にするのにやむを得ない事情があったのだ。

Ⅲ――映画交流の光と陰

中国側の思惑

一九五〇年代から、日本では日本共産党やその外郭団体、および、日中友好団体が公会堂や、学校の講堂などを借り、自主上映などの形で中国映画を上映していた。しかし、文革初期になると、「ソ連追随の現代修正主義的政党に成り下がった」と中国側に見なされた日本共産党は中国批判を繰り広げ、親中派の党員を除名することも辞さなかった。両党は激しい対立を見せるようになった。両党関係の破綻を受けて、中国側は新たな中国映画の対日輸出ルートを探す必要が出てきた。

事実、中国側が早くも文革中に次世代の日中映画交流の担い手として目を付けたのは川喜多長政、徳間康快の二人だった。たとえば、一九七四年一二月に川喜多長政・かしこ夫妻は、「中国人民対外友好協会」に招かれて訪中し、中日友好協会会長の廖承志と中国映画の輸入について意見交換した。川喜多は「中国の映画は、技術的にもなかなかすぐれており、しっかりしていますし、カメラもきれいですしね。内容的にも、今、日本で作られているエロとかグロとはまったく違って、健全でりっぱな内容のものです。(中略)私たちはあくまでも商業劇場で上映できるような映画を選んでいきたい。上映する以上、大いに宣伝してたくさんの人に見てもらいたいですね[26]」と意欲的だった。

ここで注目すべきは、川喜多も徳間もいずれも共産党系でないことである。彼らが中国側の信頼を得ていたことには、いわゆる左翼的・政治的な「親中派」の枠から外れているという彼らの政治的立場が逆に有利に働いたように思われる。徳間の場合、妻だった宮古みどりという当時の日本共産党系の活動家の影響もあり、徳間は一時的に党員となったが、その後、党と政治的に距離を置いた[27]。そのため、中国側にとって、徳間は警戒の対象ではなかった。

廖承志(左)と会見する
川喜多長政・かしこ夫妻。
1974年12月
写真協力：公益財団法人
川喜多記念映画文化財団

それに加え、川喜多は東宝東和という大手配給会社を、徳間は大映という製作会社をそれぞれ支配下に置いていた。それも、日本で中国映画を幅広い層に広めようとした中国側にとって魅力的だったのではないだろうか。

だが、すでに高齢に達しており、日本占領下の上海で活動していた川喜多より、戦前戦中の中国とのしがらみのない壮年の徳間が有力候補だったことは誰の目にも明らかだったのであろう。(28)

それにしても、選考するにあたって、中国側には複雑な葛藤があった。徳間康快とともに日中映画交流をおこなっていた「中国電影公司」元社長の胡健氏は、二〇〇九年の時点で次のように振り返っている。

日本に中国映画を広めようとした際に、まず、日本在住の華僑の人を窓口にしようとした。祖国に友好的であり、政治的立場も信用しうる人を選び、彼もやる気まんまんではあったが、中国映画を流通させるルートや手腕はもち合わせていない。諦めて他の中国人に依頼しても、同じ結果だった。その過程において甲の中

徳間康快と廖承志

国人が乙の中国人の悪口を言い、丙もまた乙の悪口を言う。中国大使館に告げ口に行った人もいた。大使館からフィードバックされたこれらの情報を信じるか信じないか、戸惑った。

しかし、文革が終わった後、それまでのやり方では通用しなくなり、やる気や愛国心だけではなく、実力を備えた新しい候補者を物色しようとした。これに反対した中国電影公司の仲間がいたが、私はアメリカとの関係改善において決め手となったのが、アメリカ社会の実力派を頼りにしたことだったという実例を挙げ、日本映画市場を切り開くために、実力者の日本人を介しておこなわなければならないと強弁し、反対派を説得しようとした。というのも、中国と違って日本には国営の映画会社が存在せず、民間の映画会社のなかから日中映画交流の意義を理解し、中国に対して友好的であり、さらに実力をもっている候補者を見いださなければならなかったからだ。

私の意見は邪道扱いされ、映画界で大きな論争が巻き起こったが、幸いなことに、電影局局長の陳播は反対意見をなんとか振り払い、支持してくれた。そこから徳間康快との十数年間の日中映画交流の道を歩みだした(29)。

このように、中国側には「国対国」の対等な日中交流という発想が根強く存在し、なかには日本の文部省や文化庁、外務省こそ、日中映画交流の理想的な窓口であると考える者もいた。しかし、それらの発想は現実味がなく、また「日本には国営の映画会社が存在しない」ということもあり、妥協案として一民間会社の経営者である徳間康快を橋渡しにせざるを得なかった。よって、日中友好を演出するために、徳間が急場しのぎに起用されたという側面は少なからずあったように思われる。

その後の十数年間にわたって継続した映画交流は、まさに日中友好のシンボルをなしていた。しかし、徳間と中国側の映画交流にたいする温度差、あるいはすれ違いは、一九九三年頃に中国映画『青い凧』（田壮壮監督、一九九二年）を巡って一気に露呈し、両者の関係に破綻をきたす結果となった。

ターニングポイントとなった『青い凧』

中国第五世代監督が世界的に脚光を浴びるなかで、徳間康快は新しい日中合作映画のスタイルを模索し始めた。その第一作が張芸謀監督の『菊豆　チュイトウ』（一九九〇年）である。製作費と仕上げが日本、メインスタッフとロケーションが中国という日中合作映画の新方式がこの作品において初めて実践された。前作の『紅いコーリャン』でベルリン国際映画祭グランプリを受賞した張芸謀監督作品であるということで、大きな期待を寄せられており、日本側四社の出資をスムーズに集めることができた。

一九八九年四月二六日に製作発表し、九月にクランクイン、安徽省黄山市でロケーションを行い、同年一一月にクランクアップ。一九九〇年一月から日本での仕上げ作業を行い、二月に初号が完成した。[30]『菊豆』は同年四月二六日、上野宝塚劇場での独占ロードショーを皮切りに全国公開され、一億六四九万円の興行収入を稼ぎだした。[31]

エロティックなシーンの演出には、日本のピンク映画やポルノ作品の影響が見てとれる。事実、ヒロインの不倫相手の男が、我が子の手によって殺されてしまうというクライマックスの場面は、日本の脚本家のアイディアによるもので、また張芸謀は日本の映画人から進められた二十数本の日本映画のビデオを中国へ持ち帰り、入念に研究していたという。[32]

『菊豆』は中国映画にしては大胆な性描写が盛り込まれているという理由で、中国国内で一時上映を見送られたが、一九九三年に一般公開され、ヒットした。[33]

しかし、同じような方式で徳間が出資した『青い凧』（田壮壮監督、一九九三年）は、そのような幸運に恵まれなかった。

反右派闘争や文化大革命という中国近代史の影の部分を題材にしたことに加え、『青い凧』は中国側の映画検閲を受けないまま、第六回東京国際映画祭（一九九三年九月二四日〜一〇月三日）に出品された。最優秀作品賞と最優秀女優賞（呂麗萍）を受賞したにもかかわらず、中国側は映画祭に抗議し、映画代表団も引き上げるという最悪の結果になった。その年の東京国際映画祭をゼネラルプロデューサーとして仕切っていたのはほかならぬ徳間康快であった。

このように『青い凧』の製作費用を出し、中国側の抗議をよそに、東京国際映画祭に出品したことで、徳間は中国にとって事実上、好ましからざる人物になってしまった。

それにもかかわらず、中国側はそれ以降、日本で開催される「中国映画祭」に作品を提供し続けていた。

それは、森繁が双方の緩衝材の役割を果たし、辛うじてつながりを維持していたためと思われる。ただ、徳間個人にたいしては、中国側もその後、忌避し続けたようだ。

『青い凧』事件のきっかけは、中国側からみれば徳間が中国を裏切り、政治的に転向したためとなるが、それは大いなる誤解だった。事実、「天安門事件」（一九八九年）以降、多くの日本の文化人が中国と距離を置くようになったなかで、徳間は相変わらず頻繁に訪中し、一九九一年に『となりのトトロ』（宮崎駿監督、一九八八年）、『天空の城ラピュタ』（宮崎駿監督、一九八六年）のフィルムを中国側にプレゼントし、『青い凧』事件が起きる直前の一九九三年一月に山崎豊子原作の映画『大地の子』の企画を日中合作の形で製作したいと、抱負を熱く述べていた[34]。

中国側の方針転換

徳間と中国との関係に異変が起きたのは一九九一年に遡り、その発端は中国側にあったようだ。胡健の証言によると、中国電影公司の彼の同僚の一人が、民間における日中映画交流を軽視し、政府間の映画交流を推進しようとした。しかし、日本には映画界を一手に管理する政府機関が存在しないため、それは絵空事にとどまっていた。そこでその同僚は胡健と徳間による民間の映画交流を妨害しようとした。その結果、一九九二年に中国で開催される予定の日本映画祭が打ち切られてしまった[35]。

日本では、その破綻の理由が「日中双方の映画事情が変化したことにより映画祭の相互開催を見直し、新しい情勢に応じた交流をする必要性があることが双方で確認された」ためとされているが、一九九二年以降、中国側の代表者が直接来日して日本映画を買い付けるという形に変わり、「映連」主催の「日本映画祭」に事実上の終止符が打たれたのである。[36]

続いて、一九九三年に『青い凧』をめぐって徳間と中国側との関係が破綻したのも、それが遠因となったと胡健は分析する。「『青い凧』の件には私はかかわっていなかったので、なんとも言えないが、徳間は適切に事を収めることができたはずだったのに、大きな政治的事件に発展してしまったのはどう考えてもおかしい[37]」と胡健は指摘している。

徳間と中国の関係は『青い凧』によって、完全にこじれてしまったが、それが改善できたのは、香港返還に合わせて企画された中国の大作映画『阿片戦争』（謝晋監督、一九九七年）が製作・公開された時期だったように思われる。映画のクレジットタイトルは「製作協力・大映」「日本側総指揮・徳間康快」と記されており、また年末の日本公開を控えるなか、徳間は『週刊読売』（一九九七年九月二一日号）によるインタビューに応じて「一昨年、謝晋監督から映画製作の話が持ちかけられました。そこで私は、どうせなら大きな仕掛けとして、ダイアナさん（当時の英国皇太子妃）にビクトリア女王役で出てもらおうと考えたんです」と話題作りに取り組んでいた。

この『阿片戦争』の放映権を徳間側は六五〇〇万円の高値で購入したため、劇場公開だけでは採算が取れず、彼は自ら日本テレビに売り込んだ。そして、日本テレビが深夜に一度だけ放映したという[38]。取引の成立は、ジブリ作品が日本テレビによって独占的に放映されつづけていたことや、日本テレビが『もののけ姫』（一九九七年）などの宮崎アニメに投資していたことと関連があったように思われる。

そもそも徳間康快が決断力と集金力をもち合わせたからこそ、日中映画交流の大きなイヴェントを企画することができた。彼は同時に、「心配するな。金は銀行にいくらでもある」「借金取りは墓場までは来ない」[39]といった言葉も残している。徳間の死後、徳間グループは巨額の負債を背負うことになった。[40]徳間グループの経営に乗りだした住友銀行は、レコード部門を第一興商に、大映を角川書店にそれぞれ売却、東光徳間は徳間書店映像事業部にいったん所属させたのち、解散させた。その後、ジブリは日本テレビ傘下となり、徳間書店はカルチュア・コンビニエンス・クラブ＝TSUTAYAの子会社となったのである。

おわりに

中国との映画交流を二〇年にわたって継続することができたのは、徳間康快のプロデューサーとしての力量や、非党派的な政治的立場、とりわけその中国に対する過剰なまでの思い入れによるところがきわめて大きい。すでに考察してきたように、中国で味わったナルシシズム的な全能感（＝日本での鬱屈するような閉塞感から解放された爽快感）こそ、徳間を突き動かし、日中映画交流にまつわる損得を度外視した巨大プロジェクトを次々と立ち上げるに至った原動力の一つであった。

しかし、「文化交流」や「映画交流」といった美しい響きの言葉の背後にはつねに日中双方の思惑があり、そしてそれぞれの欲望が投影された交流の陰には、金や権力が大きく動いていた。徳間の個人的な感情とは別に、いってみれば、双方は利用しあうドライな共存関係にあった。それゆえ、両者の関係は可変性と脆弱さを孕みもっており、一つの出来事を機縁として一気に崩れてしまったのではないだろうか。

にもかかわらず、徳間康快が日中文化交流史、ないし日中関係史において大きな足跡を残したことは紛れもない事実である。戦前・戦中、または冷戦時代の日中映画交流は、いずれも公式に企画された、あるいは政治的な狙いをもった文化交流イヴェントの枠から抜けだすことができなかった。そのなかで、双方の抱いた相手国イメージは、みずからの欲望を投影するオブジェであり、日本映画の中国への輸入、または中国映画の日本への輸入も既成の相手国イメージを確認する、あるいは増強するという目的でおこなわれていた。

それにたいして、一九七〇年代後半から九〇年代前半にかけて、徳間康快によっておこなわれた日中映画交流は、従来限定されていた観客層を一般大衆にまで押し広げ、政治的状況に左右されない、等身大の相手国イメージを構築することに成功した。その結果それまでに両国で流布していた、相互のステレオタイプ的な相手国イメージを大きく転換させることとなったのである。

いっぽう、徳間は映画を通じて中国のイメージを日本に紹介した以上、彼自身も様々な中国にまつわるイメージを抱いていたはずだった。それを想像すると、その根幹にあったのは「プリミティヴな中国」ではないかと思われる。

文革終結後の中国映画は日本にだいぶ遅れていた。そのため、徳間は善意で身銭を切ってまで中国のために尽くしていた。その際に、庇護者、あるいは兄として「助けてやろう」「育ててやろう」「頑張っているから日本に紹介してやろう」というような上から目線で中国映画を眺めていたことは否めない。たとえば、一九九一年のインタビューのなかで徳間は『敦煌』の中国ロケの際に、社会制度から製作スタイル、生活習慣まで異なる中国映画界との共同作業において起きたエピソードを、面白おかしく披露しているが、中国はやはり一種のからかいの対象、あるいは笑っても良いプリミティヴな対象となっていた。(41)

そして、近代化に立ち遅れていたプリミティヴな中国のイメージは、徳間が日本に輸入した『黄色い大地』や『紅いコーリャン』といった中国第五世代監督の初期の作品にも顕著に現れている。これらの作品群はストーリーの時代背景を現代の中国と離れた過去に設定し、中国の歴史の多様性や細部を切り捨て、エキゾチックな映像世界をつくりあげていた。そのなかで、花嫁行列や、赤い提灯、京劇のほか、封建的制度に抑圧された人間性といったステレオタイプは、プリミティヴな〈中国〉を表す記号として機能していたばかりでなく、第五世代監督たちの作品が世界進出を果たすための仕掛け・道具立てともなっていた。そして、このプリミティヴな中国のイメージは、徳間の尽力により、知識層を中心に日本でも広く受容されたのである。

ここで注目すべきは、徳間が中国第五世代監督を「発見」したのとほぼ同時期に、宮崎駿の才能を見いだし、育てていたという映画史的事実である。そして、『風の谷のナウシカ』(一九八四年)や、『天空の城ラピュタ』(一九八六年)、『となりのトトロ』(一九八八年)、『魔女の宅急便』(一九八九年)の一連の宮崎作品の根底には、やはり現代の日本人にとってノスタルジーの対象である素朴な田園風景や、失われた童心、ファンタスティックなユートピアといったイメージが流れている。それらのモティーフは、とりもなおさず中国第五世代監督の初期作品と通底しているように思われる。その共通点には、伯楽たる徳間の嗜好が投影されているのではないだろうか。

そして、その過程において、徳間の中国映画にたいする眼差しも変化していったように思われる。たとえば、雑誌の対談企画のなかで、彼はオリエンタリズム的イメージを売りに、世界市場への進出に成功した中国第五世代監督の戦略にたいして、「(中国映画は)ものすごく、変わった。日本映画を完全に凌駕したしね。国際性がありますよ[42]」と日中映画の力関係の逆転を指摘し、その後、『菊豆』、『青い凧』を自らバックアップしたのである。

さらに、中国映画の大躍進をうけて、徳間は同じ対談のなかで「これだけありとあらゆる日本製品が、世界中に出ていっている中で、文化的なものはほとんどないんだからね」と危機感を抱き、「世界に通用する作品を作りたい」と語っている[43]。そして、一九九〇年代後半に至ると、徳間は国際市場を視野に入れ、大金を投じて『もののけ姫』(一九九七年)、『千と千尋の神隠し』(二〇〇一年)を世に送りだした。

スタジオジブリ作品の海外輸出のプロセスには、中国第五世代監督の世界進出がオーヴァーラップされているように見える。

現在では中国と日本の双方の立場、また、国際的な政治・経済的な背景も当時とはさらに大きく変化した。中国の経済規模は急速に拡大し、映画市場も日本をはるかにしのいでいる。文化交流の面でも「市場」「ビジネス」がそれを動かす側面が強まっている。日中戦争や歴史問題の影を引きずっていたこれまでの日中文化交流。また、ハリウッド大作映画が席巻し、日本映画の影が薄れた中国映画市場の現実。そのなかで、今後の日中文化交流はどうあるべきかを考えるうえでも、私人としての徳間の足跡をたどることはきわめて有意義であろう。

【注】

（1）徳間康快と中国映画界とのかかわりについては、鈴木敏夫「徳間康快　歴代総理が気にした日記」（『文藝春秋』二〇一七年七月号、二八三～二八五頁）、拙著『中国10億人の日本映画熱愛史――高倉健、山口百恵からキムタク、アニメまで』（集英社新書、二〇〇六年）を参照していただきたい。

（2）一九八〇年代の中国における日本映画受容については、拙稿「文革直後の中国における高倉健と山口百恵の神話」（早稲田大学映像学会編『映画学』一八号、二〇〇四年）、拙著『中国10億人の日本映画熱愛史――高倉健、山口百恵からキムタク、アニメまで』、玉腰辰己が二〇〇六年に早稲田大学大学院に提出した博士論文「日本映画の国際展開に関する研究：日中映画交流と川喜多長政・徳間康快の対応」、拙著『証言　日中映画人交流』（集英社新書、二〇一一年)、植草信和・玉腰辰己・坂口英明編著『証言　日中映画興亡史』(蒼蒼社、二〇一三年)、拙著『日中映画交流史』(東京大学出版会、二〇一六年)などが、先行研究として挙げられる。同時代の日本における中国映画の受容については、植草信和・玉腰辰己・坂口英明編著『証言　日中映画興亡史』や、拙著『日中映画交流史』、蓋暁星が二〇一七年九月に東京大学大学院文学研究科に提出した博士論文「日本における中国映画の受容――1949年以後」、拙稿「日本における中国映画の受容史」(土屋昌明編『映像の可能性を探る――ドキュメンタリーからフィクションまで』専修大学出版局、二〇一八年)などの研究が存在する。

中国における日本映画受容についての研究が数多くなされてきたのにたいして、日本における中国映画の受容を巡る研究はまだ貧弱なのが現状である。本論文は、両者の統合性を心がけながら、徳間康快が日中映画交流にかかわろうとした原動力や、彼の抱く中国のイメージを、複眼的かつ重層的にとらえることを試みる。

(3)二〇一四年五月二一日におこなわれた著者による山本洋氏へのインタビュー、および佐高信『飲水思源　メディアの仕掛人、徳間康快』(金曜日、二〇一二年、一九六頁)。

(4)李亦中「中国電影滄桑録」(『当代電影』二〇〇八年第一一号、五一~五二頁)。

(5)森繁「中国〝電影〟熱烈事情」(『日本経済新聞』一九八五年一一月四日)。それによると、一九八五年の時点で中国において、映画専門館の数だけで三五〇〇にのぼる。

(6)徐峰「電影語言裂変:積聚与発生」(陸弘石編著『中国電影:描述与闡述』、中国電影出版社、二〇〇二年、三七一頁)。

(7)金澤誠著『徳間康快　夢を背負って、坂道をのぼり続けた男』(文化通信社、二〇一〇年)における田村祥子の証言を参照。

(8)田村祥子「編集後記」(『中国映画の全貌 1990』、徳間コミュニケーションズ、一九九〇年)。

(9)二〇一五年四月三日、おこなわれた鈴木一氏への著者によるインタビュー。また、その証言によると、東光徳間は大学の研究者の要望に応え、一九八〇年代から中国映画のビデオ化を始め、九〇年代前半に松竹のビデオ部に依頼して、十本程度の中国映画のビデオを販売していたが、もっとも売れた『心の香り』（孫周監督、一九九二年）でも販売数は数百本しかなく、経営にとっては焼け石に水だった。

（10）前掲鈴木一への著者によるインタビュー。

（11）堀越謙三「インディペンデントの栄光・ユーロスペース5　ユーロスペース史上最高のヒット作『ゆきゆきて、神軍』」（『ちくま』二〇一四年一二月号、二六～二九頁）。

（12）二〇一六年に『飲水思源　メディアの仕掛け人、徳間康快』の文庫版にあたる『メディアの怪人　徳間康快』も講談社から出版された。

（13）前掲佐高信著『飲水思源　メディアの仕掛け人、徳間康快』（七頁）。

（14）前掲佐高信著『飲水思源　メディアの仕掛け人、徳間康快』（八六頁）。

（15）汪洋、段吉順「未了棋局未了情」（『人民日報』一九八二年九月一日）、荒煤「歴史見証、棋局未終」（『人民日報』一九八二年九月一日）。

（16）前掲佐高信著『飲水思源　メディアの仕掛け人、徳間康快』（八四～九一頁）。

（17）前掲金澤誠著『徳間康快　夢を背負って、坂道をのぼり続けた男』における田村祥子の証言を参照。

（18）一九八〇年代前半から二〇〇〇年代初頭にかけて、日本で話題となった中国映画の配給元は下記の通りである（一部、香港との合作によるものも含まれる）。『少林寺』（一九八一年。配給：東宝東和）、『西太后』（一九八三年。配給：東宝東和）、『孫文』（一九八六年。配給：松竹富士）、『テラコッタ・ウォリア　秦俑』（一九八九年。配給：東映クラシックフィルム）、『さらば、わが愛／覇王別姫』（一九九二年。配給：ヘラルド・エース）、『初恋のきた道』（一九九九年。配給：ソニーピクチャーズ・エンターテインメント）、『山の郵便配達』（一九九九年。配給：キネマ旬報社、東宝東和、エフプロモーション）。

そして、張芸謀監督が演出を手掛けた『HERO』(二〇〇二年)は、ワーナーによって配給され、四〇億五〇〇〇万円を稼ぎだす大ヒットとなった。それに続いて、ワーナーによって配給された張芸謀監督の『LOVERS』(二〇〇四年)も三〇億円弱の興行収入を収めたのである(『キネマ旬報ベスト・テン85回全史 1924-2011』、キネマ旬報社、二〇一二年)。

(19) 前掲佐高信著『飲水思源 メディアの仕掛け人、徳間康快』(一一三~一一一頁)。

(20) 徳間康快「批林批孔運動の活力」(『日中文化交流』二〇六号、一九七四年六月一〇日、一一頁)。

(21) 森繁は東光徳間の取締役を務め、会社の屋台骨を支え、日中映画交流の実務に携わっていた。森の両親は戦前に満蒙開拓団として南満州(現遼寧省)に入植した。森は長男で、下に弟と二人の妹がいた。終戦後、森の両親は、まだ乳児だった下の妹を中国人に託して日本に引き揚げたが、当時一三歳だった森は南満州を接収するため進駐して来た国民党軍に捕らわれて兵士となり、のちに共産党軍との戦いの中で捕虜となった。初めは日本人である事を隠すため、口がきけないふりをしたが、共産党の兵隊が親切に接してくれたため、ようやく話しだすようになったという。誠実で頭も良さそうということで、伝令として共産党軍に入隊し国民党軍と戦った。一九五一年、最後の引き揚げの際に日本に帰国した。
しかし、日本で彼を待ちうけていたのは、差別と貧しい生活だった。終戦後、すぐに帰国しなかったため、中国共産党の協力者と見なされたからだ。仕事もなく、困窮のあまり血を売ったりもし、日中友好団体の助けを求め、日中友好協会のあっせんで港湾労働者やトラック運転手など、ありとあらゆる日雇い仕事に従事した。
一九六〇年代以降の森繁の職歴は以下の通りである。
一九六〇年、LT貿易乗船通訳
一九六四年、日中旅行社
一九七六年、(株)東光徳間取締役

一九九〇年、(株)徳間ジャパン常務取締役
一九九四年、(株)大映常務取締役
一九九七年六月、(株)徳間書店取締役

森繁のプロフィールについては、前掲佐高信著『飲水思源　メディアの仕掛け人、徳間康快』(一九四～一九五頁)、前掲陳墨主編『胡健訪談録』(二六八～二七三頁)、『徳間グループニュース』一九九七年七月号などを参照。

(22) 前掲森繁「中国〝電影〟熱烈事情」。

(23) 田村祥子「中国映画祭とともに歩む20余年　森さん、本当にありがとう」(『徳間グループニュース』一九九七年七月号)。

田村祥子の夫にあたる脚本家・田村孟は、大島渚と共に独立プロ・創造社を設立し、大島作品を中心に脚本家としても活躍した人物であり、その影響で田村祥子も日本の映画業界に通じていた。また、田村祥子は文革中に紅衛兵運動に憧れ、二七歳の時から「アジアアフリカ語学院」において中国語を学び始め、森繁と知り合ったのもその頃だった。東光徳間が設立された際に、森繁は「自分は中国とのパイプや語学力を持っていたものの、映画事業を展開するには専門的な知識が足りない」ということで、田村祥子を呼んで、二人が中心となって「中国映画祭」を始めたという。

(24) 徳間康快「日本映画祭の成功と深まる日中映画交流」(『日中文化交流』三〇八号、一九八一年一一月一日、九頁)。

(25) 二〇一六年一二月二四日におこなった女優・中野良子さんへの著者によるインタビュー、二〇一七年一一月一日におこなった佐藤純子氏への著者によるインタビュー。

(26) 川喜多長政、川喜多かしこ「ぜひやりたい　中国映画の日本公開」(『日中文化交流』二一四号、一九七五年二月一日、一六頁)。

(27) 前掲佐高信著『飲水思源　メディアの仕掛け人、徳間康快』(一三～一四頁)。また、佐藤純子氏によると、徳間は思想的に左派に属するが、企業の経営者ということで明言することを避けていたのではないかという。

(28) 川喜多長政は東和商事(現東宝東和)の初代社長として長年、映画輸出入業に携わっていた。満州を物語の重要な舞台とした日独合作映画『新しき土』(一九三七年)や、中国ロケの国策映画『東洋平和の道』(一九三八年)を企画・プロデュースしたのち、北京留学の経験もあり、中国語が堪能である彼は、日本占領下の上海で「中華電影」の設立と経営に携わっていた。

(29) 前掲陳墨主編『胡健訪談録』(二六四頁)。

(30)『菊豆』の製作については、横尾道男「情熱と厳しさを忘れない　『菊豆』と森さん」(『徳間グループニュース』一九九七年七月号)を参照。

(31) 中村勝則「中国語映画の興行90～96」(『チャイニーズシネマ　パラダイス』ビクターエンタテインメント、一九九六年、一一二頁)。

(32) 前掲陳墨主編『胡健訪談録』(一八一頁)。

(33) 一九九三年に張芸謀監督の『秋菊の物語』がベネチア国際映画祭のグランプリに輝いたことをうけて、中国映画界は祝賀ムードに包まれていた。『秋菊の物語』の凱旋に合わせて、国威発揚に寄与したことへのご褒美として、張芸謀監督の前作にあたる『菊豆』の公開が特別に許可されたのではないかと推察される。

(34)「徳間公司贈送動画片」(『中国銀幕』一九九二年第四号、三〇頁)、二〇一七年一月三日におこなった映画評論家・石子順への著者によるインタビュー、徳間康快、斉藤守彦「二〇周年を迎えたタイクーン――徳間康快大映社長インタビュー」(『キネマ旬報』一九九三年三月一五日号、一一四頁)。

(35) 前掲陳墨主編『胡健訪談録』(二六六頁)。

(36)『映画年鑑』(一九九一～一九九七)、時事映画通信社。

(37) 前掲陳墨主編『胡健訪談録』(二六六頁)。
(38) 前掲鈴木一への著者によるインタビュー。
(39) 前掲佐高信著『飲水思源　メディアの仕掛け人、徳間康快』(二三五頁)。
(40)『噂の真相』などの週刊誌によると、数千億円にのぼる大きな負債があった。
(41) 前掲徳間康快、斉藤守彦「20周年を迎えたタイクーン――徳間康快大映社長インタビュー」(一一四頁)。
(42) 徳間康快、脇田巧彦、川端靖男、斉藤明、黒井和男「超大作「敦煌」の映画化に執念を燃やした炎の人・徳間康快社長を囲んで(映画トピック・ジャーナルワイド版)」(『キネマ旬報』一九八八年四月一五日号、九八頁)。
(43) 前掲徳間康快、斉藤守彦「20周年を迎えたタイクーン――徳間康快大映社長インタビュー」(一一四頁)。

【補論】

元満映スタッフの戦後とアイデンティティー

――王徳成とその日本人妻

本章は、満州映画協会（満映）の中国人スタッフ、王徳成とその日本人妻の戦後を追う。

満映は一九三七年八月に発足して以来、日本国内の各種機関による人的支援を受けており、多くの日本映画人が満映に招聘された。しかし、そもそも満映を設立した目的は、満州国独自の映画製作にあった。その「自主性」と「日満親善」を演出した上で、さらに中国人を喜ばせる映画をつくるためには、中国人の俳優や、スタッフを養成することが急務であった。そこで、一九四一年春に満映は、従来の俳優養成所（一九三七年一一月に設立）に加え、監督、キャメラマン、映写技師、録音技師、現像技師を養成する「社員養成所」を設立し、所長に映画監督の木村荘十二《そとじ》を迎えた。「生徒は日、満略々半々ずつで約百六十名位で年限三ヶ年であった」[1]という。

王徳成は満映「社員養成所」の第二期生だった。撮影技術を学んだ後、八本の満映作品のキャメラ助手を務めた。終戦後、中国共産党が経営する「東北電影」に加わり、新中国映画の礎を築き上げた功労者の一人であった。にもかかわらず、彼は終生、スポットライトを当てられることもなく、現在、忘れ去られようとしている。

本稿は、王徳成夫妻の長男にあたる王海峯氏へのインタビューや、王徳成が残した膨大な仕事日誌などの一次資料、さらに夫妻に取材した中国の映画史研究家の陳墨氏による先行研究に基づいて執筆したものである。[2]「満映」から「東北電影」を経て冷戦時代に至るまでの二人の足跡を辿ることをつうじて、知られざる映画史的事実を明らかにするとともに、それぞれの時代における「人種」「国籍」の複雑な位相を浮き彫りにするのが、本稿のねらいである。

すでに触れたように、満映出身の王徳成（一九二二〜二〇一五年）は、「東北電影」のキャメラマンを経て、ニュース記録映画を専門的に製作する「中央新聞記録電影製片廠」に籍を置き、一九六〇年代半ばまで一〇〇本近くのドキュメンタリー映画やニュース映画のキャメラを手掛けた。ロシア人の血を引く彼は、ロシア語が堪能なため、ソ連や東欧諸国との合作映画に携わり、ヨリス・イヴェンス監督の『早春（Letters from China）』のキャメラをも担当した。

いっぽう、その妻である勝間靖子（一九二五〜二〇一六年）は、関東軍・陸軍野戦病院の看護婦として長春で終戦を迎え、その直後に王徳成と結婚する。日本人であることを伏せて、中国人・劉静貞と名乗り「東北電影」に入社し、フィルムの現像技術を学んだ。その後、十数年間にわたって、中国映画製作の第一線で現像技師として活躍していたが、文化大革命の嵐のなかで自らが日本人であることが露見し、激しい吊し上げに遭う。複雑な出自を持つが故に、夫妻ともに波乱に富んだ半生を送った。

イヴェンス夫妻と王徳成夫妻。
左から勝間靖子、イヴェンス夫妻、
王徳成。1980年、北京

I――ロシア・中国・日本の狭間を生きる王徳成

王徳成の父親王振華は、日露戦争（一九〇四～一九〇五年）が終結した直後ロシアに出稼ぎに行き、炭鉱労働に従事した。いわゆるクーリー（苦力）であった。そのあいだにロシア人女性フィニヤ（中国名は王肥年《フィニア》）と結婚したが、十月革命（一九一七年）に出くわし、妻を連れてハルビンに戻った。彼は左官や煙突掃除、妻は裕福なロシア人の屋敷で洗濯や掃除をして、生計を立てた。

王徳成は王振華夫婦の一人息子として一九二二年にハルビンで生まれた。父親は自分が文盲で苦労していたので、何とかして息子を学校に行かせようとした。王徳成は、宗教団体や赤十字団体が営む慈善学校を転々としたが、そのなかで日本語の授業も受けた。

一九三八年に王徳成は、日本人が経営する金物屋に奉公することになった。客の注文を受けて、商品を配達することが主な仕事で、待機しているあいだ、針金でかごをつくる手仕事をしていた。日本人の主人の指示を受けて配達するわけであるから、簡単な日本語会話や筆談でコミュニケーションをとっていた。配達のために、一時間以上、走り続けるのは朝飯前であったが、貧しいために真冬でも夏用の靴を履いていたので、かかとにひび割れができた。彼はもっと条件の良い仕事を探すには、どうしても日本人と折衝しなければならないとわかり、通信教育で日本語の勉強を続けた。

満州映画協会の下積み時代

一九三九年に王徳成は、知人の紹介で、満州映画協会の録音部門で下働きとなり、清掃の仕事のかたわら、録音のマイク係もした。そのうち、キャメラマンになりたかった王徳成は、満映の「社員養成所」で撮影技術を学びたいと思い立った。そのために、専門書を買って猛勉強し、それと同時に日本語の研鑽を積み、通訳の資格を手に入れた。

「社員養成所」への入学試験では、付け焼刃であった専門科目の成績は散々だったものの、高い日本語力で無事合格し、撮影科の第二期生（一九四二年四月～一九四四年三月）となった。

養成所では映画撮影のほか、数学や化学なども必修科目であった。学校教育をきちんと受けていない王徳成は、それらの授業についていくだけで精いっぱいであり、試験の際は、いつも生半可な丸暗記で臨んだ。すべての授業は日本人教師によって日本語でおこなわれていたので、多くの中国人学生は日本語を聞き取れず、王徳成のノートを借りる学生は後を絶たなかった。

撮影の実習授業は郊外でおこなわれることが多かった。キャメラの操作や構図、自然風景と人物の撮り方などを教師から習った。そのときの教師には、気賀靖吾や服部保一がいた。ちなみに、気賀は一九五〇年代初頭に数多くの中国映画を手掛けたキャメラマンであり、服部は新中国初の映画上映機器を開発した人物である。

一年余りの学習の後、王徳成は満州映画協会の運動会を記録するフィルムの製作にキャメラ助手として加わった。バッテリーの充電や三脚を運ぶのが主な仕事で、キャメラに触ることは許されなかった。ある日、日本人キャメラマンが不在のあいだ、彼はキャメラのフレームを覗いてみたが、老化したフレームのゴムの縁が目の周りに黒く付いてしまったため、帰ってきたキャメラマンに見つかり、殴られる羽目になった。

一九四四年三月に王徳成は養成所を修了すると同時に、満映の撮影課に配属され、キャメラ助手として三本の劇映画（娯民〔娯楽〕映画）と五本の記録映画（啓民〔啓発〕映画やニュース映画）の製作に携わった。

「東北電影」での活躍

一九四五年八月に終戦を迎えると、満映スタッフのなかには、満映の機材を国民党側に引き渡すべきだと主張する者もいれば、それを売って金を山分けしようとする者もいた。そこで、王徳成ら中国人スタッフたちは「東北電影技術者連盟」を設立し、共産党の工作員の指導のもとで機材を守った。

また、その頃に両親から教わったロシア語は大いに役立った。「東北電影公司」は映画を製作するに当たって、当時、長春に駐在していたソ連軍の許可を得る必要があったため、ソ連側との交渉の際にロシア語のできる王徳成が重宝された。また、ソ連軍の従軍撮影チームから、ロシア語を話せる中国人スタッフの協力を求められて王徳成が派遣され、ソ連軍の撮影チームが撮影した『解放了的長春（解放された長春）』、『粉砕暴日』などの製作に助手として加わった。また「東北電影公司」製作の記録映画『李兆麟将軍被害情景（李兆麟将軍殺害の真相）』（一九四六年）において、キャメラマンとして単独デビューを果たした。

一九四六年一〇月、「東北電影製片廠」が鶴岡（中国東北部）で設立され、三つの撮影チームが置かれたが、王徳成はその第三チームのメイン・キャメラマンとして『民主東北』など、国共内戦時代の歴史的な出来事をリアルタイムで記録したフィルムのキャメラを手掛けた。

そのいっぽう、王徳成は四〇人以上のキャメラ助手を育てた。なかには、後に『早春の二月』（謝鉄驪監督、一九六三年）などの作品で名を知られる名キャメラマン李文化もいた。王徳成は、自らの撮影技術を惜しみなく若手技術者に伝授したが、とくにその絵コンテの描き方はユニークなものだった。それぞれ登場人物、キャメラ、ライトを表すスタンプをあらかじめ作っておき、スタンプを押してそれぞれの位置関係を示すことで、手早く絵コンテを作ることができた。

中華人民共和国が建国された一九四九年に王徳成は北京へ呼び寄

『民主東北』（1946 ～ 48 年）の撮影中

東北電影時代

せられ、「北京電影製片廠」において、『勝利之路』（一九五〇年）などの作品を撮影したのち、一九五三年から「中央新聞記録電影製片廠（中央ニュース・記録映画撮影所）」に配属された。

中ソ合作映画に携わる

一九五〇年代後半、中国がソ連や東欧社会主義国との友好関係を謳歌する時代に、王徳成はその卓越したロシア語能力と撮影技術をもって、関係国との合作映画の製作に大いに寄与した。

まず、王徳成は一九五一年に東ドイツで『第三届世界青年与学生友誼聯歓節（第三回世界青年学生友好懇親祭）』を撮影し、五六年にソ連の名キャメラマンのヤコブレフが「撮影顧問」を務めるドキュメンタリー映画『梅蘭芳的舞台芸術（梅蘭芳の舞台芸術）』にキャメラマンとして加わり、ヤコブレフと中国側との通訳をも担当した。ちなみに、梅蘭芳は中国京劇の女形の第一人者である。

さらに、一九五八年から六〇年にかけて、『東風掀起長江浪（東風は長江の浪を引き起こす）』や『遼闊的伏爾加河（果てしなく広いボル

王徳成が撮影した晩年の梅蘭芳

ガ河)』などの中ソ合作映画の製作に加わり、名監督のアレクセイ・ワルラモフのもとで、キャメラマンと通訳を務めた。そのなかで、王徳成は、シネマスコープの撮影技術も会得した。

中ソ関係が崩壊した後も、一九六四年にアルバニアに渡って、中国・アルバニア合作のドキュメンタリー映画『並肩前進(肩を並べて前進する)』を撮影した。ちなみに、当時のアルバニアの映画人の多くはモスクワ映画大学への留学の経験があり、ロシア語を話せた。

イヴェンスの教え

王徳成にとって、一九五八年にヨリス・イヴェンスの『早春(Letters from China)』の撮影に参加したことは貴重な経験だった。社会主義新中国の姿をポジティブにとらえた『早春』は「冬」「早春」「春節」という三部構成で、内モンゴルや蘇州をはじめ、中国各地で撮影された。王徳成は同作品で、キャメラマンの一人として撮影に加わったばかりでなく、イヴェンスの指示を中国側スタッフに伝える通訳をも務めた。

『第三届世界青年与学生友誼聯歓節』の撮影風景。1951年、東ドイツ

毛沢東が登場するニュース映画を撮影中の王徳成(右端)

王徳成の回想によると、イヴェンスは撮影に入る二カ月前から中国全国各地を巡り、ロケーションハンティングをおこなった。新中国の劇的な変貌ぶりに目を見張ったイヴェンスは、情熱を込めて撮影に臨んだ。

ある日、ロケ地へ向かう夜行列車の中で早朝に起きたイヴェンスは、車窓から朝日を撮るから早くキャメラを回せ、と王徳成に指示したが、機材のセッティングに時間がかかり、撮影の好機を逃してしまった。残念がったイヴェンスは王徳成に対して、自らの作品の『Pluie（雨）』（一九二九年）の撮影を例にとり、「どこにいても、たとえ寝ていてもキャメラを手元に置いて、すぐに撮影できるような状態にしておかなければならない」と諭した。

撮影現場でイヴェンスは、いつも最高の瞬間が訪れるのを根気よく待ち続けた。『早春』では、内モンゴルの子どもたちが雪合戦しているところを撮る際に、子どもたちは皆、手袋をはめていたが、一人の子どもだけが素手で雪を取っていた。その子どもが手に息を吹きかける仕草に目をつけたイヴェンスは、どうしてもそれを撮り

『並肩前進』の撮影中にエンヴェル・ホッジャ（アルバニア労働党第一書記）を囲む

たかったので雪合戦を続けさせ、その瞬間をキャメラに収めることができた。

イヴェンスは、被写体となる中国の人々が困難を克服していくプロセスを、最も表現したかったようだ。彼が文革中に手掛けた『愚公移山』(一九七五年)もその典型であるといえよう。そして、キャメラはなるべく被写体の誰かの視点で撮るようにし、観る者の感情移入を促した。たとえば、縄跳びをする子どもたちを撮る際に、その場にいる子どもの視点をなぞり、縄の動きに合わせて、キャメラは上下運動を繰り返した。また、編集においては、彼は前後のシーンのつながりが自然に見えるように、アクションや音声によるつなぎのほか、前後のシーンにおける被写体の形や色の類似性も重視した。いずれもクラシックなハリウッド映画の技法にほかならない。イヴェンスの教えはその後の王徳成の仕事に大きな影響をあたえた。

『早春』の撮影中。王徳成(中央)ら中国人スタッフと打ち合わせをするイヴェンス(右)

『早春』の撮影中。イヴェンス(左から2番目)と王徳成(右から2番目)

ロシア人らしき風貌というハンデと、あだとなった真面目さ

しかしながら、王徳成のロシア人的な風貌が仕事の妨げとなるケースがしばしばあった。一九五九年、万里の長城を紹介する記録映画の撮影を命じられた王徳成は、乗用車に乗り、天井の窓から身を乗りだしてキャメラを構えて撮影しながら、長城へ向かっていったが、「外国人が勝手に撮影している」との通報を受けた警察が、万里の長城の麓まで追跡してきた。

また朝鮮戦争やベトナム戦争の際に、王徳成は戦場キャメラマンを志願したにもかかわらず、許可されなかった。戦場で彼の風貌が敵軍であるアメリカ兵と間違われ、射殺されかねないという理由だった。一九五六年、王徳成は『梅蘭芳的舞台芸術』のメインスタッフとして、梅蘭芳とともに訪日することとなった。それを知った満映時代の多くの友人は、日本で彼を心待ちにしていた。しかし、王徳成は出発直前の壮行会にも出席したにもかかわらず、土壇場で代表団から外され、出国できなくなった。その理由は、冷戦時代の東西対立のなかで、「中国映画はいまだに欧米の技術者を頼りにしている」と誤解されるのを避けるためであったという。

一九六〇年代初頭から、中ソ関係の悪化とともに、王徳成のロシア語を生かす合作映画の仕事が減ってきた。さらに妻の「スパイ容疑事件」が起き、続いて一九六六年に文化大革命が勃発すると、王徳成は湖北省に下放され、その後「西安電影製片廠」や、「北京科学教育電影製片廠」を転々とした。

撮影技術の研鑽に没頭する職人気質の王徳成は、満映時代の師匠の気賀靖吾や服部保一も感心するほど、映画界で評判だった。彼が付けていた百冊にのぼる仕事日誌はそれを物語る証左となるだろう。しかし、その真面目さはあだとなって彼自身、そして他人までも不幸にした。王徳成には、上司や映画界の重鎮からの指示や発言を聞きながら速記をとる習慣があり、それも日誌の形で残していた。しかし、それらの日誌は、文革の時代に造反派に没収され、映画界の実力者を陥れるための罪状として悪用された。権力ピラミッドの逆転が目まぐるしいほど頻繁におこるなかで、失脚した実力者はまた復権し、「裏切り者」と見なされた王徳成は苦しい状況に追い込まれた。

岩波映画とのコラボレーション

一九七八年に日中平和友好条約が締結され、両国関係が蜜月期を迎えると、今度は王徳成の日本語力が一役買うこととなった。彼が「北京科学教育電影製片廠」に在籍していたころ、一〇本の科学教育映画を日本の岩波映画製作所との合作でつくることが決まり、王徳成は野瀬秀男監督のもとで台本の翻訳と現場での通訳を務めた。日本人妻の内助の功もあって、仕事はスムーズだった。岩波映画とのコラボレーションは、それまで軽視されていた科学教育映画というジャンルに対する中国側の認識を一新させたばかりでなく、綿密なスケジュールを組み、コスト削減を常に念頭に置く日本側スタッフの仕事ぶりや、現場で使われた小型の最新の撮影機材も中国人スタッフにとって衝撃的だった。

一九八三年に王徳成はようやく古巣の「中国新聞電影製片廠」に戻ることができたが、すでに六〇歳を超えていたため、二度と撮影現場には戻れなかった。定年退職後の一九八五年に、すでに日本へ移住していた妻と子どもを訪ねて来日し、そのまま日本に移住して、二〇一五年に大阪で亡くなった。

Ⅱ——中国人になりきった勝間靖子

勝間靖子は、一九二五年に中国大連（当時日本の租借地であった関東州の都市）で勝間良太郎と日本人の母の間に生まれた。父親はロシアで貿易商をしていたが、十月革命のため、大連へ移り住み、大豆などの穀物を日本に輸出することで、豊かな生活を送っていた。だが、父に愛人ができたため、靖子の産みの母は心を患い、日本に送り帰された。その後、父はその愛人を妻として迎えたが、靖子は継母と折り合いが悪く、早く家を出たい一心だった。

大連昭和高等女学校時代の
勝間靖子（中央）

終戦直後に中国人になる

大連昭和高等女学校を出た後、靖子は一九四四年の秋に関東軍・陸軍野戦病院の看護婦となり、ハルビンへ赴任した。翌年の八月一三日にソ連軍の侵攻で、病院はハルビンから長春へ移動することとなった。その際に精神病と伝染病を患った日本兵の血管に注射器で空気を入れ、命を奪うのを目の当たりにして、靖子はたいへん大きなショックをうけた。

八月一五日、長春で敗戦を知った靖子は逃避行を始めた。そのなかで長春赤十字病院の女医、邵淑栄と出会い、彼女のもとで看護婦としてはたらくことになったが、日本人に対する中国人の憎悪がエスカレートすると病院にいられなくなった。邵淑栄の紹介で中国人家庭の子守になったが、ある時、あわやソ連兵に襲われてレイプされそうになった。

終戦後の混乱のなかで、「日本人女性として、中国人の復讐とソ連兵の暴行から逃れるには、中国人と名乗って中国人男性と結婚するしかない」と邵淑栄に助言され、靖子は一九四五年一二月二三日

1946年の王徳成、勝間靖子

に王徳成と結婚した。その際に、彼女は中国人の父と日本人の母をもつ劉静貞と名乗った。ちなみに中国では血統主義により、父親が中国人であれば、子は中国籍となる。

現像技師への転身

一九四七年、長男王海峯を出産してまもなく、靖子も夫の後を追って「東北電影製片廠」に入社し、現像課の職員として働くようになった。主な仕事は元満映の日本人スタッフと中国側の意思疎通のための通訳だった。大連にあった靖子の父の店には中国人の従業員が常にいて、女学校時代の同級生にも中国人がいたので、靖子はある程度の中国語を身に付けていた。

現像課には五人の日本人技師がおり、みな現像にかかわる各分野の専門家であった。彼らは技術を中国人スタッフに伝授する際に、通訳の靖子を介しておこなわなければならなかった。そのため、靖子は通訳をつとめながら、大島英嗣、菊地弘義、秋山喜世志、仁保芳男ら日本人技師から多くの現像の技術を身に付けた。たとえば、

「東北電影製片廠」の女性従業員たち。前列中央が靖子親子。そのうしろに立つのは名優の于藍

機械を使って、三五ミリフィルムを縮小・コピーするなどの難しい作業までこなし、草創期の中国映画界では貴重な人材と見なされるようになった。

そして、一九五三年より靖子は「北京電影洗印廠（北京映画現像所）」に移り、そこで長年勤めることとなった。彼女は現像機器の組み立てから、カラーフィルムの色彩調整、出来上ったフィルムの品質検査までの多くの仕事をこなし、やがて品質検査部門の責任者となった。

その仕事ぶりと人柄が評価され、靖子は夫の王徳成に先んじて中国共産党に入党することとなった。しかし、中国国民であることがあくまでも入党の前提となっているので、彼女は、自分が日本人であることを打ち明けることができず、中国人の父と日本人の母をもつ「劉静貞」として、偽った入党申請書類を提出した。これが彼女の人生に大きな禍根を残した。

その後、中国は度重なる思想的な粛清選別、自己批判などの政治キャンペーンにさらされた。靖子は出自を偽っているというやましさにくわえ、周囲に起こる様々な「異変」にも次第に大きなストレスを感じるようになった。たとえば、中国人キャメラマンの耕野はビニールハウス栽培の白菜を撮影する際に、照明の熱で被写体の白菜を焦がしてしまった。それを理由に彼は「右派分子」と見なされて失脚し、一家は離散した。また、同じ現像所で働いていた若手スタッフの何永慶も「右派分子」と認定され、新婚の妻と別れて下放されそうになった。彼に同情した靖子は、「私の助手にして。責任を持って思想改造してやるから」と訴えて、何永慶は下放を免れた。そのなかで靖子は自律神経失調症となり、しばらく療養生活を余儀なくされた。

スパイ事件の容疑者となる

政治闘争の波は思わぬ形で靖子に忍び寄った。日本語が堪能であるということで、日本からの訪中代表団を接待することが、党から彼女に与えられた重要な任務だった。そのなかで、靖子は森川和代と親しくなった。森川は元満映スタッフの父を持ち、自らは終戦直後に共産党軍に入隊して中国内戦に参加したというキャリアをもち、さらに中国映画史の決定版、程季華著『中国電影発展史』を日本語に翻訳したことでも知られている（『中国映画史』平凡社、一九八七年）。

一九五〇年代後半から、森川和代は日中貿易促進会などの日中友好団体の通訳として度々訪中した。靖子は中国側の指示を受けて、森川が宿泊していたホテルに会いに行ったり、中国の食べ物に慣れない森川のために、手料理を振舞ったりして、友好的な関係を保っていた。森川との交流のなかで、靖子は中川博という日本人と一度だけ会っていたが、彼こそ、その後の靖子の運命を大きく翻弄した人物であった。

一九六〇年代初頭に中ソ関係が冷え込んでから、中国に対する様々なソ連の援助が打ち切られてしまった。それまで映画撮影用カラーフィルムの供給と現像を完全にソ連やチェコに依存していた中国映画界は困窮した。冷戦時代のさなかで、西ヨーロッパからのフィルムの輸入はまず考えられなかったため、日本の富士写真フイルム株式会社がカラーフィルムの輸入先の有力候補として浮上してきた。

靖子の回想によると、富士写真フイルム株式会社は中国市場を開拓しようとして、一九六二年と一九六三年に二回ほど北京へ視察団を派遣したが、その視察団に中川博がいた。一九六二年、中国側が視察団と意見交換する際に、靖子も同席した。その当時、中国はカラーフィルムの生産を実験的におこなっていたが、それに行き詰まっていた。北京の井戸の水が硬水のため、中和剤を入れても酸化物を取り除くことができなかったからである。中国側はその問題を解決するために日本側に協力を求め、上部機関の「電影局」の許可を得て、視察団に水のサンプルを日本へ持ち帰って調べてもらうことになった。

翌年、視察団とともに中川博が再び訪中した。彼が北京の新僑飯店に泊まっているのを知った靖子は、共通の知人である森川和代へのお土産を託そうと、ホテルへ彼に会いに行った。その際に二人きりだったが、フィルムのことは一切話題にもならなかった。しかし、党の規律を破り、独断で外国人（日本人）に接したという理由で、中国の公安部門は富士フイルム側への秘密漏洩の可能性があるとみて、靖子に事情聴取をおこなった。結果的に中国側は富士写真フイルム株式会社のカラーフィルムを輸入せず、「実害」がなかったため、一旦はこの問題は沈静化した。

しかし、のちの文化大革命（一九六六〜一九七六年）の狂乱のなかで事件は蒸し返された。靖子は造反派の厳しい追及を受けることになり、そこで、初めて自分が日本人であることを打ち明けた。造反派は、すぐさま大連昭和高等女学校の卒業写真から「劉貞静」の正体が勝間靖子であることを突き止めた。さらに、造反派は「秘密漏洩のスパイ行為」についても問いただし、その際に激しい暴力をふるった。

靖子の二人の子どもも、その時はじめて母親が日本人であることを知った。当時のことを王海峯は次のように振り返っている。「母の中国語は自然なもので、少々なまりがあっても中国南方出身なのかぐらいにしか思わなかった。というのも、当時の映画界のスタッフは中国各地から来ており、発音はまちまちだったからだ。ただ、父との夫婦げんかの際には日本語に切り替わり、幼いころに私に日本の童謡を教え、寿司も作ってくれて、いつも多くの日本のお客さんを接待していた」。

また事件の影響で、それまで順風満帆だった王海峯とその妹の人生も狂ってしまい、進学や就職の際に差別的な扱いをうけた。

下放と左遷

一九六九年の暮れに、靖子は湖北省の咸寧に下放され、厳しい農作業を強いられたが、そこでも差別を受けた。田植え競争では多くの男性を差し置いて五位となったにもかかわらず、表彰されるどころか、「日本の女だから、もともと田植えができるんじゃないか」とからかわれた。

また、自分で栽培した野菜を手押し車で市場に売りに行かなければならなかったが、その際にこの地方には客にタバコ三本を渡すという習わしがあった。一本は口にくわえて火をつけ、あとの二本は両耳に挟んでおく。そのあと、「商談」に入る、という流れであった。しかし、彼女が日本人であることは皆に知られていたので、タバコをもらうだけで何も買わずに立ち去る客が多かった。彼女が自腹で用意したタバコはすぐなくなり、野菜だけが残ってしまった。

意気消沈した靖子は、自殺までも考えたが、面会に来る息子からそっと渡された「何があっても生き抜け」と書かれた紙切れに勇気付けられた。逆に心配する息子を安心させようと、近くを案内して、「ここには、かの有名な曹禺（戯曲作家）と丁玲（女流作家）が下放されているのよ」と話し、自分も逆境に耐えられるとさりげなく伝えた。

靖子の生活に光が差し始めたのは、一九七二年に日中国交正常化が実現した頃だった。スパイ容疑が晴れた靖子は、中国への帰化を申請し、翌年の一月に許可されて中国国民となり、共産党の党籍も回復した。

しかし、靖子に対する警戒や差別はその後も続いた。日本人が頻繁に訪れる北京に靖子を置いておくのは危険だということで、地方支援の名目で、靖子と夫の王徳成は「西安電影製片廠（西安映画撮影所）」に左遷されることになった。しかし、靖子は、また何か政治運動が起きたら、外国人の少ない西安では自分が真っ先に標的にされるのではないかという恐怖心からそれに従わず、王徳成だけが西安に赴任し、靖子は無職のまま五年間、北京で暮らした。その間、期限切れの映画フィルムを使ってランプシェードを作ったり、日本語の家庭教師をしたりして生計を立てた。

一九七八年に、靖子は「北京電影資料館（北京映画ライブラリー）」の現像部門に復職し、中央指導部の日本映画鑑賞の際に、同時通訳の解説係として何度も中南海に足を運んだ。

その頃、終戦の際に日本人の家族と離別した「中国残留日本人孤児」が肉親を探すための一時帰国事業が始まった。中国国籍となっていた靖子も訪中した「東北電影」時代の師匠、大島英嗣を通じて、神戸にいる家族と連絡を取り、一九八〇年一〇月に訪日し、そのまま滞在することとなり、日本国籍を取得した(3)。


ここまで見てきたように、王徳成夫婦の人生に大きな影を落としたのは、あの「スパイ事件」にほかならない。著者の調査によると、「事件」が起きた翌年の一九六四年に中国映画研究視察団は日中文化交流協会の招きで来日し、一〇日間にわたって富士写真フイルム株式会社の足柄工場を視察した。その際に勝間靖子の同僚にあたる「北京電影洗印廠」所属の王雄、蘇理、黄栄甫諸氏も視察団に加わった(4)。これは、両国の間で国交はもちろん、人的交流さえもほとんどなかった時代に、きわめて異例なことであった。それは協会会長の中島健蔵氏が、親交のある富士写真フイルム株式会社の春木栄社長に懇願した結果、実現できたものであったという。

いっぽう、中国側の資料には「一九六三年二月一五日から三月五日にかけて、富士写真フイルム株式会社の大宮公平、須永祥浩の両氏は『中国電影機材公司』の招きで自費で訪中した」という記述がある(5)。大宮公平、そして彼の後継者にあたる原誠は、長年にわたって、熱心に日中映画の技術交流に携わっ

た人物として知られている。(6)

また、中国の公安部門は香港滞在中の中川博の身柄を一時拘束し、事情聴取をおこなった結果、中川の証言は靖子の供述と完全に一致していたことで、靖子のスパイ容疑が晴れたとの一説も存在する。(7)

これらの経緯を鑑みれば、「スパイ事件」が冷戦時代にあって、日中間の交流も情報も少ない閉鎖的状況のなかで、「他者」に対して疑心暗鬼を掻き立てた結果、生じた茶番劇だったといえる。戦争や政治といった大きな力に踏みにじられ、犠牲となったのは、いつも弱きものであった。

靖子にとって、中国で現像技師として活躍し、多くの仲間に慕われていた現役時代の思い出は、かけがえのない宝物だった。二〇一六年、靖子は亡くなる直前に「一番の心残りは、中国共産党を離党したことだ。他の党員と同じように遺体を紅旗で覆われたら、どんなに幸せだったろう」と漏らしていたという。

【注】

(1) 坪井與「満洲映画協会の回想」、『映画史研究』一九号、一九八四年、三五頁。

(2) 陳墨『無尽追思——影人親属訪談録』、中国電影出版社、二〇一六年。陳墨ほか『散鏡伝奇——王徳成、勝間靖子口述歴史』の出版も予定されている。

(3) 勝間靖子は一九八〇年一〇月に日本に帰国したが、日本での生活は楽ではなかった。病院で清掃の仕事をして、数万円の収入しかなく、節約のため、パン屋からパンの耳をもらっていた。一年後に、中国にいる子どもを呼び寄せ、最後に日本に渡ったのは、夫の王徳成だった。彼も生活のために、レストランでのパート仕事をしていた。その後、夫婦は日本ロケをおこなう中国映画の撮影チームに協力したり、さまざまな日中交流イベントの通訳を務めたり、中国語を教えたりして余生を送った。

（4）「中国映画研究視察団来日——映画フィルム事情を視察研究」、『日中文化交流』一九六四年九月二五日、一二頁。

（5）許浅茂『中国電影技術発展簡史』、中国電影出版社、二〇〇五年、八五頁。

（6）著者による山名泉（日本映画テレビ技術者協会）へのインタビュー（二〇一八年一月二五日）。

（7）前掲陳墨『無尽追思——影人親属訪談録』、二八九頁。

第二部

共同製作の現場で

二〇一八年二月二二日、「角川シネマ新宿」控室にて

第五世代監督にとっての日本映画

陳凱歌《チェン・カイコー》（監督）インタビュー

撮影：李爾葳

チェン・カイコー（陳凱歌）

中国ニューウェーヴ・シネマの担い手として、世界的な注目を集める「第五世代の監督」の一人。一九五二年北京生まれ。北京電影学院を卒業後、『黄色い大地』（一九八四年）で長編映画監督デビュー。同作でロカルノ国際映画祭銀豹賞、『さらば、わが愛／覇王別姫』（一九九三年）ではアカデミー賞二部門にノミネートされ、カンヌ国際映画祭パルム・ドール、ゴールデングローブ賞外国語映画賞を受賞した。

主な監督作品として、『大閲兵』（一九八六年）、『子供たちの王様』（一九八七年）、『花の影』（一九九六年）、『始皇帝暗殺』（一九九八年）、『キリング・ミー・ソフトリー』（二〇〇二年）、『北京ヴァイオリン』（二〇〇二年）、『花の生涯～梅蘭芳～』（二〇〇八年）がある。

最新作『空海—KU-KAI—美しき王妃の謎』（二〇一七年）は、日中の合作として製作された。本作は夢枕獏の小説『沙門空海唐の国にて鬼と宴す』（角川文庫／徳間文庫）を原作とし、染谷将太、阿部寛、松坂慶子ら日本人キャストを始め、特殊効果、音響など、日本人スタッフが多数製作に参加した。

著者は、二〇一三年一〇月三〇日、第二六回東京国際映画祭審査委員長として来日した陳監督にインタビューしたのに続き、一八年二月二二日、「日中平和友好条約締結四〇周年記念　チェン・カイコー監督特集」のために来日した陳監督に、再びインタビューする機会に恵まれた。

バスケットボール選手のように大きな体軀。吸い込まれそうな目。常に強いオーラを発しているとはいえ、知性とユーモアに富んだトークは、威圧的な態度とはまったくの無縁だった。同じ空間にもっと浸っていたいという気持ちにさせてくれる、とても愉快な方だった。

そして取材のなかで陳監督は、小津安二郎や大島渚ら、日本映画界の巨匠たちから受けた多大な影響や、日本の映画人とのコラボレーションについても初めて語り、貴重な映画史的証言を残した。なかでも、著者がもっとも感銘を受けたのは、昔お世話になった人に対する恩義を忘れない、義理人情を大事にする、監督の人間性の部分にあった。

❖高倉健の謙虚な人柄

――一九八六年、高倉健、吉永小百合、田中邦衛さんが、北京映画撮影所を訪問した際、監督はその接待役を務めましたが、高倉健、吉永小百合さんにどのような印象をお持ちでしたか。

陳凱歌（以下「陳」）　あの当時、北京映画撮影所のスタジオはまだ健在でしたね（現在は当撮影所はスタジオとしてはほとんど機能していない）。高倉健さんが来ると聞いて、撮影所のスタッフは皆、大喜びでしたよ。『君よ憤怒の河を渉れ』（佐藤純彌監督、一九七六年）などの彼の出演作が中国でも公開されていたので、子どもからお年寄りまで、誰も知らない人はいませんでした。映画人でさえも、一人のファンとして、一目でいいから生の彼を見てみたかったのです。北京映画撮影所の所長の胡其明さんまで、自ら撮影所を案内していました。僕は当時、デビューして間もない新人監督だったから、ただただビッグネームの映画人に会えて、興奮して一緒に写真を撮ってもらい、大満足でした。

その後、僕はどうしても、健さん主演で映画を撮りたかったので、彼と何度も話し合いました。健さん、僕の映画はほとんどご覧になっていて、光栄にも気に入ってくれていたようです。でも、健さんと僕、お互いが満足いくような題材だったり、健さんに相応しいキャラクターがなかなか見つからなかった。あるとき、健さんが言ったこんな言葉をよく覚えています。「僕はね、名もない庶民の役しか演じることができない。歴史上の大人物の役は、僕にはできません」って。それを聞いて、とても意外でしたね。それまで彼が演じていた男らしいキャラクターたちを見る限り、彼はどんな偉人の役でも、それにふさわしく演じることができると思っていたから。実はこれ、健さんの俳優としての方向性や選択であると同時に、彼の謙虚なお人柄によるものだったと思います。だから、偉そうな権力者や貴族の役を、あえて避けたように僕は思う。

吉永小百合さんに関しては、彼女が出演した『戦争と人間』を、北京電影学院在学中に見ていたので、すごく鮮烈な印象を持っていました。『戦争と人間』は長編大作で、戦争が日本の庶民や普通の家族の運命に、どのような影響を及ぼしたのか、鋭く描き出した作品です（『戦争と人間・第一部　運命の序曲』

1986年、北京映画撮影所のオープンセットを見学。
右から徐敏（男優）、張華勲（監督）、一人置いて方舒（女優）、
胡其明（撮影所所長）、高倉健、吉永小百合、張金玲（女優）、殷新（女優）、
田中邦衛、一人置いて凌子風（監督）、陳凱歌
撮影者：於淑珍。『北影画報』1986年第5号より

北京映画撮影所を見学した高倉健一行。
1986年、北京映画撮影所のオープンセットを見学。
右から方舒、殷新、張金玲、吉永小百合、高倉健、徐敏、陳凱歌
撮影者：於淑珍。『北影画報』1986年第5号より

一九七〇年、『戦争と人間・第二部　愛と悲しみの山河』一九七一年、『戦争と人間・完結篇』一九七三年の三部構成)。監督の山本薩夫は左派の監督で、戦争が決して正義ではないというメッセージ性、そして、軍国主義に対する容赦ない批判から、作り手の勇気をビンビン感じることができました。

❖「スター気取り」のない日本人俳優

――監督の作品には、真田広之、安藤政信、染谷将太、阿部寛、松坂慶子ら、日本人俳優が数多く出演していますが、どのような印象をお持ちでしょうか。

陳　彼らと接する中で、一つの共通点を感じています。いずれも大変有名なスター俳優ですが、撮影現場以外の日常の中で、それを全く感じさせないところです。『空海』がクランクアップして間もない頃、撮影チームの中国人スタッフが、ニューヨークの街角で染谷将太と偶然会いました。彼は、抱っこひもで赤ん坊を抱えて歩いていました。奥さんの菊地凛子が映画撮影中だったので、イクメンぶりを発揮していたようです。「スタッフや一般人と違って自分はスターだ」なんて全く思ってもいないようでした。俳優という職業の正しい心の持ち方だと思います。かつての高倉健さんから、現在活躍中の日本人俳優まで、「スター気取り」で傲慢な人は一人もいませんでした。

松坂慶子さんは、主演作の『蒲田行進曲』(深作欣二監督、一九八二年)が中国で公開されたこともあり、僕の好きな女優さん。中国映画界のイベントなどに参加した彼女と会って話をしたこともあるけれど、一緒に仕事をできるとは考えてもいなかった。今回の『空海』の白玲役をキャスティングするため、僕は再度、『蒲田行進曲』を観ましたよ。というのも、僕はキャストを決める際、いつも几帳面に選ぶからね。そして素晴らしい女優だったことを再確認した。一般的に、美人女優には演技力がどこか物足りないケースが多いんだが、松坂さんは美貌と演技力を持ち合わせていると感じました。

『戦争と人間』の撮影現場。
左から山本圭、吉永小百合、山本薩夫
写真提供：山本駿

『空海』製作報告会見に出席する松坂慶子
撮影：劉文兵

❖聖なる女性像

――女性像といえば、監督の作品には、自己犠牲的な精神に富んだ、聖なるヒロインが目立ちます。『始皇帝暗殺』や『花の影』でコン・リーが演じた役、また、今回の『空海』のなかの楊貴妃がそれに当たります。一方、監督の自伝のなかに、母親に対する崇拝、深い愛情が綴られていましたが、監督作品の女性像に、もしかしてお母さまの面影が投影されているのでしょうか。

陳　それほど自覚はしてませんでしたね。女性が、中国社会の各領域においてもまだまだ軽視されがちで、昔の封建時代に比べ地位は向上したとはいうものの、沢山の問題が残されていると感じます。僕の作品は、男系社会に対する批判というほどではありませんが、女性を尊重すべきことを、いつも意識的に表現しようとしています。

❖小津監督の日本的な表現

――話を日本映画に戻しますが、小津安二郎らが演出を手掛けた日本映画の古典はいつご覧になったのですか。

陳　小津安二郎、溝口健二の作品を最初に見たのは、北京電影学院の在学中。特に印象に残ったのは、キャメラの低いポジションと、フィックスの長廻しだった。二人は日本映画の礎を築き上げた巨匠だと思う。畳の生活から生まれた低いキャメラポジションは、他の国の映画監督にとって、全く考えられなかったからです。

溝口健二、小津安二郎に始まり、大島渚、今村昌平、新藤兼人ら名匠の作品も、日本的な表現に満ち溢れており、誰にも真似のできないものがあると感じます。

❖大島監督の前衛性、黒澤監督の思想性

――『黄色い大地』の日本でのキャンペーンのため来日された際、大島渚監督と対談なさいましたね。彼についてはどのような印象をお持ちですか。

陳 大島渚は経験豊かで、多彩な才能をもつ映像クリエーターです。そして、軽々しくオファーを受けて、すぐに新しい企画に取り掛かることは決してしない監督だと思います。彼の作風はヨーロッパ風だと思いますが、『愛のコリーダ』(一九七六年)は極めて東洋的な作品だった。彼の用いた映像表現はたいへん前衛的で、色彩とキャメラワークはいつも鮮烈だった。『愛のコリーダ』のヒロインの赤い衣装。あれは今も頭に焼き付いているね。

大島作品の力強さはまた、彼の思想性に由来していると思う。大島渚だけでなく、黒澤明作品からも、その思想性を感じることができます。電影学院の学生時代、『羅生門』(一九五〇年)を観た後、僕は、「この映画は何を語ろうとしているのだろう」と考え込んだ。作品を通して僕は、まるで戦後の日本人が、「何が起きたのか? どうしてこうなったのか?」と自問しているように感じた。でも、この作品に描かれたように、その問いに対する決まった答えなんてものはどこにもありません。中国でも、『羅生門』が結論の出ないことの代名詞となっていて、「これってつまり、『羅生門』なんだよ」とよく言います。優れた監督の作品は必ず思想性に富んでいる。じっくり考えさせてくれる。映画に思想がなくなったら、

巨匠の名にふさわしい映像作家の時代が終わることを意味するでしょう。

❖今村昌平と新藤兼人の「リアリズム」

――今村昌平監督の作品の中で一番印象に残ったのはどんな作品でしたか。

陳　『楢山節考』（一九八三年）ですね。おそらく彼のナンバーワンではないでしょうか。カンヌ映画祭パルム・ドールの、最優秀作品賞にふさわしい作品。これ、昔の「姥捨て山」にまつわる風習を扱ったストーリーだけど、人間の命の尊さや、複雑な人間性の「もがき」、そして、母親に対する息子の関わり方を含めた、シリアスな内容だった。その作風は一言でまとめることはできないね。

今村監督はリアリスティックな描写に徹しているように見えます。人が踏み入れないような村落で撮影をおこなったということですが、そこはヘリコプターがなければ機材も運べない、不便な所だったと聞いています。しかし、そのリアリスティックな志向とは裏腹に、完成した作品は、表面的な現実の模写をはるかに超えている。僕は見終わってから、直視することのできない現実の悲惨さを突き付けられるとともに、深い感動をも覚えました。これこそ、監督の演出の力量によるものだと思う。

今村昌平は、次世代の映画作りの人材を育てるため、学校を作ったりして、努力されていました。今は僕も上海で電影学院の院長を務めてます。合格点に達するような次世代の映画監督を育てるという、今村監督の気持ちはすごく共感できますね。

――新藤監督の作品はいかがでしたか。

陳　電影学院時代に観た『裸の島』（一九六〇年）、『鬼婆』（一九六四年）は、そのせりふに頼らない映像表現やドキュメンタリー・タッチの手法から大きな感銘を受けました。

彼みたいに一〇〇歳になっても映画を撮り続けたいと思います。新藤監督は、人生を最後の最後まで映画に捧げ、映画に「殉死」した人間だと思う。格好良すぎるね。

❖手を抜かない日本の技術スタッフ

――今回の『空海』には、日本人スタッフが音響と特殊効果に携わりましたが、彼らの仕事をどう評価していますか。

陳　ここだけの話、実は僕たちの現場での関係は、意見の食い違いから、ぎくしゃくしたところから始まって。彼らは監督に言われるまま忠実に従うのではなくて、常に、自分の考えを提示してきました。度重なるディスカッションや、激しい論議を経て、徐々にコミュニケーションが深まっていった。互いに、視覚的・聴覚的な効果を少しでも高めることを出発点にしていた。だからこのような共同作業は、非常に刺激的で有意義だった。

『裸の島』撮影現場での
乙羽信子、新藤兼人監督
写真提供：近代映画協会

映画作りも他の職業と同じで、いかにプロフェッショナルになるかが最大の課題です。日本のスタッフのチームワークを見ると、プロの集団と一緒に仕事をしていると強く感じました。彼らは仕事のポイントがどこにあるかを熟知し、そして容易には妥協しなかった。これは、おそらく彼らがそれまで受けた教育の中で〝絶えず自分を磨け〟というメンタリティーを涵養することができたからだと思う。自分を磨けば磨くほど、自分の考えが備わり、彼らはぶれないポリシーをもつようになります。自身の専門分野を突き詰めるにあたり、到達目標はあくまでも自分自身で決めるものであって、他人が定めるものではないから、決して手を抜かないわけです。

❖川喜多長政とかしこ夫人の思い出

――日本で、いち早く監督のデビュー作『黄色い大地』を絶賛した映画人は、大島渚の他、増村保造監督、吉村公三郎監督、川喜多かしこ等もいましたが、彼らと接触はありましたか。

陳　川喜多かしこさんと接点がありました。川喜多ファミリーに関する二つのエピソードが印象に残っています。まず、かしこさんの夫である川喜多長政ですが、彼は日中戦争中、日本軍部の指令を受け、上海映画界を仕切っていた人物でした。当時の中国の映画人たちは、異民族の侵略に立ち向かう民族的英雄、岳飛らを主人公とした映画を作ろうとしていました。日本支配下の上海で岳飛を撮ることは、明らかに〝抗日〟の疑いが掛かることになります（岳飛を主人公とする作品として『岳武穆精忠報国』〈呉永剛監督、一九四〇年〉が挙げられる）。中国通の川喜多長政は検閲の際、それを見破ったはずですが、なんと検閲を通過させました。そのため、彼自身が、日本軍部に叱られたと聞いています。

そして一九八五年、僕は『黄色い大地』を携えて、ハワイ国際映画祭に参加しましたが、審査委員長を務めたのが川喜多かしこさんでした。彼女と接する中で、中国に対する深い愛情が、その表し方は婉曲的でしたが、ひしひしと伝わってきました。ある日、彼女が僕に「あなた、アメリカ本土に行ったことはあります?」と聞いてきたので、「まだないです」って答えました。すると、「ぜひ行って見てきて下さい。外の世界をなるべく多く見た方がいいから」って。それで、僕ら中国映画代表団の三人のために、ハワイからニューヨークまでの往復の航空券をプレゼントしてくれました。おかげで映画祭の期間中に、ニューヨークを往復しました。当時の中国経済はまだまだ高度成長前でしたが、日中関係は極めて良好でした。中国で長年生活していた年長者で、また映画界の先輩にも当たる彼女が、あれほど気に掛けてくれたことは一生忘れられません。

川喜多かしこ、陳凱歌。
1989年3月
写真協力:公益財団法人
川喜多記念映画文化財団

❖日中映画人に求められる東洋的な表現

――近年の日本映画に対する印象はいかがですか。

陳　多くの名匠や名作を生みだした過去の日本映画と比べると、近年の日本映画は優れた作品が少なくなったように思います。中国映画も同じですが、それはハリウッド映画の存在が大き過ぎるからではないでしょうか。そのなかで、アメリカ映画に追随したり、模倣したりすることにとどまらずに、東洋的な独特な表現を見いだそうという強い信念を、日中両国の映画人は持つべきだと心から思います。

二〇一五年八月二五日、北京で取材

高倉健と香港ノワール

ジョン・ウー〔監督〕インタビュー

ジョン・ウー（呉宇森）

一九四六年生まれ、中国広州市生まれ、香港育ち。一九七三年に『カラテ愚連隊』で映画監督デビュー。一九八六年、『男たちの挽歌』（香港電影金像奨最優秀作品賞と金馬奨最優秀監督賞を受賞）を皮切りにチョウ・ユンファと組んだ香港ノワールで注目を浴び、舞い上がる鳩、銃口の突きつけ合い、二丁拳銃など独特なアクション描写の数々で国際的にも知られるようになる。ハリウッドに招かれ『ハード・ターゲット』（一九九三年）、『ブロークン・アロー』（一九九六年）、『フェイス／オフ』（一九九七年）、『M:I-2』（二〇〇〇年）などを発表している。

一九八〇年代、「高倉健ブーム」が中国全土を席巻した。『君よ憤怒の河を渉れ』(佐藤純彌監督、一九七六年)を皮切りに、高倉健主演作が次々と大ヒットし、八三年に中国で初めておこなわれた国内外の映画スターの人気投票では、アラン・ドロンなどの有名男優たちを押しのけて、高倉健がトップの座を占めた。

いっぽう、外国映画の上映に多大な制約が伴っていた同時代の中国において、ジョン・ウー監督が手掛けた香港ノワールは、ビデオ上映の形で広く流通し、絶大な人気を博した。

その頃、中国で少年時代を過ごしていた著者にとって、高倉健とジョン・ウーは二大ヒーローだった。二〇一五年八月、ジョン・ウー監督は高倉健にオマージュを捧げる映画として中国版『君よ憤怒の河を渉れ』を製作すると発表した。完成した映画『マンハント』は二〇一八年二月に日本で公開され、舞台が日本であることや、福山雅治ら日本人スターが出演したことで話題を呼んだ。

二〇一五年、日本ロケを控えるジョン・ウー監督に、北京で単独取材をおこなった。監督は、本作に取り掛かったきっかけや、俳優・高倉健に対する思い、そしてかつての香港アクション映画の黄金時代に対するノスタルジアを語った。

❖高倉健とチョウ・ユンファ

――高倉健主演の『君よ憤怒の河を渉れ』は、文化大革命の嵐が過ぎ去った一九七八年の中国で『追捕』というタイトルで公開され大ヒットし、空前の高倉健ブームを引き起こしましたが、監督は同映画の原作である西村寿行の小説に基づいて、中国映画を製作していうっしゃると伺いました。その経緯について聞かせてください。

ジョン・ウー（以下「ウー」）　昨年（二〇一四年）一一月に高倉健さんが亡くなって、私は大きな喪失感にとらわれました。健さんと一緒に映画をつくりたいという夢を絶たれ、「全てが遅すぎた」と落胆してしまったのです。それでせめて、健さんにオマージュを捧げる映画をつくろうと、『駅　STATION』（降旗康男監督、一九八一年）のリメイクを思い立ちました。それで脚本家に依頼してシナリオに着手しようとしたその時に、Media Asia Film（寰亜電影）という映画会社から『君よ憤怒の河を渉れ』の依頼があったんです。『駅　STATION』のシナリオの再構成は決して容易なものではなく大がかりな作業ですし、心情的にもとにかく健さんに関わりのある映画を撮りたかったので、快くこの仕事を引き受けることにしました。

事件の真相を究明すべく、大きな権力に立ち向かう『君よ憤怒の河を渉れ』の主人公・杜丘冬人の強靭な精神に、私は強い感銘を受けていました。でも今回の映画は健さん主演の日本版のリメイクではなく、同じ原作の中国映画ですから、ストーリーの展開などは大いに異なります。『君よ憤怒の河を渉れ』の時代設定は一九七〇年代なので、現在の観客の好みや鑑賞力に合わせて調整する必要もあります。たとえば、高倉健バージョンでは主人公が孤軍奮闘する描写が物語の大きな比重を占めており、ヒロインとのラブストーリーは軽く触れる程度にとどまっています。それに対して、私たちの映画ではラブストーリーの部分も際立たせるつもりです。

——監督作品でチョウ・ユンファが演じてきたキャラクターは、高倉健をモデルにしていたと言われていますが。

ウー　健さんを含め、何人かの私の好きな俳優のイメージをミックスして造形したキャラクターです。たとえば、チョウ・ユンファが愛用するサングラスは高倉健から、丸い帽子やひざ丈のトレンチコートは『サムライ』（ジャン＝ピエール・メルヴィル監督、一九六七年）でのアラン・ドロンから採り入れたものだし、またそもそもチョウ・ユンファ自身の笑顔や目の表情は、小林旭に似ているなとも感じていました。

❖『ならず者』との出会い

——監督が最初に見た健さんの映画は何でしょうか。

ウー　一九六〇年代に香港で観た、健さん主演の一連のギャング映画でした。その当時、私の中で高倉健は、スティーブ・マックイーンらのハリウッドの映画スターと同じようにまぶしい存在でした。また健さんだけでなく、小林旭、仲代達矢、三船敏郎主演の映画であれば、必ず観ていました。

高倉健
撮影：今津勝幸

健さんの主演作の中でも『ならず者』（石井輝男監督、一九六四年）は大好きな作品でした。高倉健演じるギャングが最後の復讐を果たした後、南田洋子が演じる肺病にかかった哀れな娼婦を連れて、香港からマカオへ脱出しようとしますが、殺されてしまいます。港で待っている女が一人立ち尽くしているラストシーンはとても印象に残り、この場面に触発されて、のちに『狼／男たちの挽歌・最終章』（一九八九年）をつくったのです。

『狼／男たちの挽歌・最終章』は『ならず者』のストーリーを下敷きにしています。チョウ・ユンファ演じる殺し屋は、銃撃戦の中でその場に居合わせた歌手を失明させてしまったという後ろめたさにとらわれ、目の治療のために大金を手に入れようとしますが、最後には殺されてしまいます。この役は『ならず者』での高倉健のキャラクターと重なっていて、いずれも弱い立場の女性を助けようとして果たせないうちに殺されてしまうというものです。

――『ならず者』の中で、背広を着こなした高倉健がジャズをバックに香港の街を歩くシーンを観ると、そのリズム感や、流麗な移動撮影は監督の作品を思わせます。

ウー　私が石井輝男監督の真似をしたのかもしれません。石井監督はB級映画の監督と思われがちですが、彼が私に与えた影響は黒澤明監督のそれとまったく同じです。石井輝男監督の映画はテンポが良く、アクションシーンでの手持ちキャメラによる映像表現は躍動感に溢れています。一見して荒っぽい演出に見えるかもしれませんが、それこそ彼独特の垢ぬけたスタイルなのです。それに彼の映画に描かれる豪快なキャラクターが私の好みに合っていました。

じつは私がハリウッドに渡った直後の一九九〇年代前半、新作のプロモーションのため訪日した際に、知人の紹介で石井監督にお会いしたことがあるんです。もう髪の毛が真っ白でお年をめされていたにもかかわらず、まだ現役で映画作りをしていると伺いました。少年時代から憧れ続けてきた監督に実際にお会いできるなんて、夢のようなひとときでした。

――さきほどお話の中で、『駅　STATION』という高倉健主演作が出ていましたね。

ウー　高倉健は、私の少年時代のヒーローでした。それで映画の仕事に携わるようになってから『駅　STATION』を観て、ふたたび健さんに惚れこみました。この映画は、まず香港で、続いて台湾で何回も観て、その後ＤＶＤを買って繰り返し観ました。公開から数年後にＤＶＤが出るまでを、待ち遠しく思ったものです。

映画の後半で健さんが、倍賞千恵子が営む居酒屋で、無言で酒を飲んでいるシーンが一番好きです。この場面では、ほとんど倍賞千恵子だけがしゃべり続けています。健さんは何か大げさな演技をして相手の芝居をさらってしまうことはまったくないにもかかわらず、彼の存在感とオーラを見る者に強く意識させるものでした。

お互い愛し合っているはずの中年の男女が、愛を軽々しく口に出せないでいる。実に余韻のある感情表現でした。この場面は、私を含め多くの香港映画人に強いインパクトを与えたと思います。私に〈『駅

STATION』リメイクを）ひそかに次のように妄想していました。香港では雪が降らないので、風が強く雨がしとしと降る日に小さな日本料理屋に入り、倍賞千恵子のような女将に出会い、日本酒を飲みながら彼女の語りに耳を傾ける、というシチュエーションでした。

――実際に高倉健さんとお会いしたことはあったのでしょうか。

ウー　健さんとは、一回東京で顔を合わせ、挨拶する程度の機会しかありませんでした。

『男たちの挽歌』（一九八六年）を皮切りに、私の監督作品が日本で次々と公開されるようになりました。日本のマスコミからの取材で私は、『男たちの挽歌』のチョウ・ユンファのキャラクターは高倉健をモデルにしており、たいへん健さんを尊敬している」と繰り返し話していました。その後、香港に戻り、健さんの友人から「いつか一緒に仕事をしたい」という健さんのメッセージを受け取りました。それは夢にも思わなかった出来事であり、身に余る光栄で、驚くとともに喜びました。

香港からハリウッドに渡って仕事をしていた頃も、健さんから「ハリウッドの仕事はいかがですか。ハリウッドのスタッフは大事にしてくれますか」との嬉しい電話をいただきました。また、新作プロモー

ションのために訪日した際にも、健さんから「私が手伝うことがあったら、いつでもお電話ください」との電話をいただき、私も健さんに「お互いに体を大事にし、いつかはご一緒に仕事をしたいですね」と伝えました。

来日の際に、健さんから季節外れの特別栽培のおいしそうな果物の差し入れをいただいたこともありました。一人では食べきれないので、通訳や日本のスタッフに分けると、この健さんの贈り物に皆感激していたことが印象に残っています。健さんは、思いやりや気遣いの細やかな方でした。あんな大スターなのに私のような後輩を気にかけて下さり、胸がいっぱいになりました。

❖日本映画の香港への影響

——そもそも監督は、いつ頃から日本映画を観るようになりましたか。

ウー　私が子どもの頃の香港はその開放的な土地柄が幸いして、世界各国の名作映画、商業映画を幅広く観ることができました。日本映画も例外ではなく、一九五〇年代から六〇年代後半にかけて、バリエーション豊富な日本映画が数多く一般の香港の映画館で上映され続けていました。日本映画の模倣は、香港映画の中に容易に見いだすことができます。たとえば、香港のカンフー映画におけるワイヤーアクションや、カンフー使いが空を飛ぶシーンなども、日本映画の影響を受けています。ショウブラザース（邵氏兄弟有限公司）という香港映画の黄金時代を築いた映画会社は日本映画の版権を購入して、そのリメイクを作ったり、日本の映画監督やスタッフを香港に招いて香港映画の製作をさせたり、効果音の録音素材さえも日本から買い取ったりしていました。

学生時代、映画好きな仲間たちは『中国学生週報』という新聞を拠点に、映画評を投稿したり、最新の外国映画理論を翻訳したりしていました。しかし、今振り返ってみると、映画関係の書籍や雑誌や新聞などがきわめて少なかった時代なので、香港の映画人たちは実際の映画作品、特に外国映画を通じて映画作りのノウハウを学んでいました。その中で、日本映画は大きな役割を果たしていました。

当時の香港では、日本映画の商業ベースでの一般公開や、アート系の映画館での特別上映に加え、日本総領事館主催による日本の名作映画や新作映画の上映もしばしば行われていました。領事館は、自国の映画を広めようという目的で採算を度外視していたため、学生たちはタダで見ることができました。それによって一九五〇年代から七〇年代にかけて、日本映画は香港社会に深く浸透していったのです。アート系映画が好きな人ならば、小津安二郎、溝口健二、黒澤明、小林正樹の作品を好み、娯楽映画ファンならばこぞって、高倉健や小林旭主演のギャング映画、アクション映画に熱狂していました。とりわけ、後者の作品群は香港の若者の間で人気を博しました。私の場合は、黒澤明、石井輝男監督の作品に特に共感しました。黒澤明は幾世代もの香港映画人に多大な影響を与えています。たとえば私の師匠にあたるチャン・チェ監督は生涯、黒澤明を敬愛しており、彼自身も香港の黒澤明と言われるほどでした。

――深作欣二監督の葬儀（二〇〇三年一月一六日）の際に監督は弔電を打ったようですが、深作監督とはどのような接点があったのでしょう。

ウー　深作監督が亡くなったことは、彼のプロダクションのスタッフが知らせてくれました。彼の作品からも多かれ少なかれ影響を受けていたので、英文の弔電を打ちました。『柳生一族の陰謀』（一九七八年）は香港でもヒットし、その模倣作が作られ、リメイクをつくりたいという香港映画人もいたほどでした。脚本はしっかりしたものであり、ストーリー展開が入り組んでいて登場人物も多いのですが、いずれのキャラクターも鮮やかに描かれているように感じました。権力闘争の残酷さのみならず、哲学的なテーマも打ちだされている。すなわち、人間はあまりに貪欲になり、目的のために手段を選ばないという生き方はしてはいけない、ということです。私は、特に萬屋錦之介が演じる主人公の柳生宗矩にひかれました。ラストシーンで家光の首を抱きかかえて号泣するシーンを観て、私も涙しました。

❖木村拓哉、福山雅治そして長澤まさみ

——コマーシャルの撮影で、木村拓哉、福山雅治と一緒に仕事をされたことがありますね。

ウー　木村さんの謙虚さには驚きました。いつも私の前ではまるで学生のようでした。成功すればするほど、一流の人物は謙虚になるということは、ハリウッドでも日本でも同じだと感じました。台湾で撮影された短いコマーシャルだったのですが、全く傲慢さやわざとらしさがない、自然体で親しみやすい木村さんに好感を持ちました。

　その前に、タイで撮影されたアサヒビールのコマーシャルで福山雅治さんと一緒に仕事をしました。私のアクション映画の一場面に見立てた設定で、市場で買い物をする福山さんが強盗に出くわし、隙を

見て彼らの拳銃を奪い取り、一味を退治するという展開です。福山さんは多忙で、二日間の撮影期間しかなく、ワイヤーアクション、銃撃シーンを体当たりで演技しました。礼儀正しく、温厚で知的な方でした。いずれも楽しい仕事でした。

――日本の女優への想い入れをお聞かせください。

ウー 司葉子さんは少年時代の私のアイドルでした。黒澤明監督の『用心棒』(一九六一年)における小平の妻の役をはじめ、どの出演作においても司さんは、優雅でもの静かで上品な雰囲気を漂わせていました。その一方で芯が強く、決して弱々しくはありません。今でも司さんを懐かしんでいます。他にも、田中絹代、京マチ子、松坂慶子等々、好きな日本の女優はたくさんいます。そして、私の新作の『太平輪』(二〇一五年)には、長澤まさみが出演しています。それまで彼女は台湾で映画やテレビドラマの撮影をした経験があり、中国の文化になじんでいました。清純で、素直で、誰にも好かれる方でした。この映画の中で、彼女は金城武とカップルになるという設定で、波乱万丈な歴史に翻弄される、かなわぬ愛を演じています。彼女の演技は、キャラクターのいじらしさを際立たせるものでした。

――『太平輪』は、一九四九年に上海から台湾に向かう大型客船が沈没し、一〇〇〇人近い犠牲者が出たという実際に起きた事件に基づいて、三組の男女の愛の物語を描いた骨太の作品です。監督ご自身は、この映画は『ドクトル・ジバゴ』(デイヴィッド・リーン監督、一九六五年)を意識した作品であると明言されています。フィルムを見ると確かにチャン・ツィイーが登場するシーンで、バックに流れる音楽は、『ドクトル・

ジバゴ』のヒロインのラーラのテーマとそっくりですね。

ウー　一九六〇年代は、世界的に見ても映画が一番元気の良い時代でした。『ドクトル・ジバゴ』は、私は香港でリアルタイムで観ました。主演のオマー・シャリフは、エジプト出身ですが、イギリスのジェントルマンよりも紳士的であり、特にその目の表情は素晴らしかったのです。彼は大仰な演技はいっさいしませんが、その抑制的な感情表現から「真情」がにじみ出る、正真正銘の映画スターでした。それは高倉健、そして私の映画に出演したチョウ・ユンファ、トニー・レオン、レスリー・チャン、金城武についてもいえます。

——監督の作品の中で、レスリー・チャンのポジションは独特で、いつも準主役級にもかかわらず、たいへん存在感がありましたね。

ウー　レスリー・チャンはその若さ、バイタリティー、顔の輪郭の美しさがいつまでも変わらず、観客の目を楽しませるアイドルであると同時に、確かな演技力をもって繊細な二枚目の役を演じ切ることができる、まれに見る演技派俳優でもあります。そして、たいへんな努力家で、いつも演じる役柄になりきるよう役作りにのめりこんでいました。

『男たちの挽歌』の中で、レスリー・チャンは三人の主役の一人であり、素晴らしい演技を見せてくれましたが、その役の設定は、彼の軽

率な行動によって周囲を混乱させるという立場だったので、観客うけはあまり良くありませんでした。しかし、それはあくまで役の設定であって、レスリーの引き立てがなければ、主役のチョウ・ユンファ、ティ・ロンのハードボイルド的側面を際立たせることはできなかったでしょう。その申し訳なさから、レスリーだけの一本を撮りたいという思いを抱き、アラン・ドロン主演の『サムライ』をイメージした脚本を書きはじめ、半分程度出来上がったところで、彼の訃報に接し、私は悲しみのどん底に突き落とされてしまいました。

❖映画への志

――香港時代の『ワイルド・ブリット』(一九九〇年)は、監督の最高傑作の一つであると思います。映画の冒頭のシークエンスでは、トニー・レオンがダンスに興じるシーンから、家で髪形を整えて街に出ていき、大乱闘をするシーンにつながります。ロックンロールをBGMにした殴り合いの場面は、ダンスシーンのようにも見えます。

ウー　この作品は、私の自伝的な映画です。トニー・レオンの役は私の分身です。私の家は貧しく整髪料を買えなかったので、髪を水で濡らして、エルヴィス・プレスリーの髪形を真似しました。それにけんかっ早く、よく人と殴り合い、血だらけになることが日常茶飯事でした。その中でたくさんの友達ができました。彼らもみな問題のある家庭で育っていて、両親から虐待を受けていつも不安感にとりつかれている少年や、清掃の仕事をしている父親を持つ貧しい少年もいました。私は日ごろ父親から、寛容な心と愛をもって人に接するように言われていたので、問題ある少年に同情し、助けようとしました。ですので、私の映画の中には根っからの悪人はほとんど出てきません、誰でも更生する可能性を持っているのです。

一方、私は小さい頃から映画に夢中になっていました。今考えてみれば、映画館は現実逃避のための避難所でした。その頃、小さな子どもは大人に連れられていれば、入場券は不要でした。そこで、赤の他人に頼んで、その子どものふりをして入館できました。しかし、映画館の中でそれがばれて、追いだされることもありました。

その頃、一番夢中になっていたのは、ハリウッド製のミュージカルでした。全てが現実とはかけ離れた美しい夢の世界だったからです。『ワイルド・ブリット』の冒頭シーンも、『ウエスト・サイド物語』(ロバート・ワイズ、ジェローム・ロビンス監督、一九六一年)に対するオマージュでもありました。『ウエスト・サイド物語』は自分の生涯における好きな映画のベストテンに入る作品です。ミュージカル映画からは、映像の流れるような美しさのセンスや、音楽に対する感性が養われました。私はアクション映画の監督というイメージが強いのですが、私にはカンフーを学んだ経験はありません。乱闘やガンアクションを演出する際には、むしろミュージカル映画の感覚で手がけました。

また、少年時代の私はワルツ、タンゴ、アメリカのフォークダンス、なんでもこなしました。ダンスとの出会いには、映画のほかに、キリスト教系の学校に行っていたというキャリアに関係しています。その教会学校の校長夫妻はダンス好きなアメリカ人で、私たち生徒にも熱心に教えてくれました。中学時代にダンスがとびきりうまかった私は、同級生たちに教えるようになり、女子生徒にももてました。

――監督はなぜ教会学校に入ったのですか。

ウー　私は、一九四六年中国広東省生まれで、幼い頃両親と香港に渡ったのですが、家はたいへん貧しく、私を学校に通わせる余裕はありませんでした。その頃、アメリカの慈善団体が香港の貧しい子どもを援助するシステムがあり、たまたま私が選ばれて、あるアメリカの家庭の支援を受けることになりました。しかし、その時私は既に小学校に入る年齢を超え、九歳になっていたので、やむをえず両親は私の年齢を七歳ということにしました。中国本土から香港に来て、臨時的な「居住許可証」しか持っていなかったため、簡単に年齢を変えることができました。

それと私の英語名の由来ですが、キリスト教系の協和小学校に通っていた頃、外国人の先生が私たち生徒の漢字の名前をなかなか覚えられなかったので、英語名をつけるように言ってきたのです。私は洗礼者ヨハネ John the Baptist が大好きだったことから、John を自分の名前にしました。そして後年、香港の映画製作会社ゴールデン・ハーヴェスト（嘉禾）に入社した時に、国際マーケットを重視する会社側の意向により、英語名を使うようにしました。私のファミリネームである「呉」の発音表記は、当時の香港では Ng（広東語）、あるいは Wu（北京語）が一般的だったのですが、上海帰りのレイモンド・チョウ社長から Woo（上海語）を使うようにと勧められ、John Woo となったわけです。

教会学校では、正しい人間になるための道理をたくさん学びました。また、宗教、神学にも興味を感じるようになり、その延長線上で哲学・思想系の本を読むようにもなりました。私にとって宗教はあくまでも哲学的に考察する研究対象でしたが、教会からはたくさんの助けや慰めを受けたので、教会の方々のように他人を助けることによって、社会に還元したい、と思うようになりました。ですから、将来の第一の希望は映画監督ではなく、牧師でした。

高校時代には映画を鑑賞するだけでなく、実験映画の製作に携わる仲間もできました。その頃、映画関係の書籍を読むために神学校の図書館にもしばしば通っていました。そこで、神学校に在籍する博士課程や修士課程の学生と知り合いになりました。彼らに「高校を卒業したら私も神学校に入る」と言ったところ、彼らから「映画好きな君は、映画の道に進むべきです。君が良い牧師になるとは思えないから」ときっぱりと言われました。

――『狼/男たちの挽歌・最終章』の中で、教会はガンアクションの舞台となっていますね。

ウー　私は、戦争や暴力に断じて反対する立場をとっています。主人公が銃撃され、聖母像が爆破されてしまうシーンでは、人間性の醜悪な部分が世の中のあらゆる美しいものを破滅させてしまうということを表現

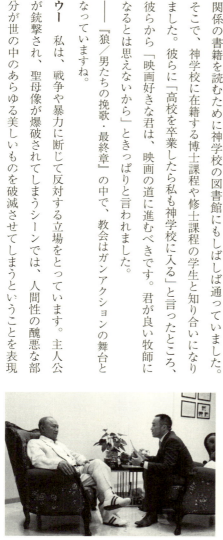

しようとしました。この作品において、のちに私のトレードマークとされる鳩のモティーフが登場するようになりました。教会の中で激しいガンアクションが繰り広げられる一方、鳩を登場させることによって、自分の平和への願いを伝えようとしました。

❖一九八〇年代の香港映画界

——監督は一九九〇年代前半に香港からハリウッドへ渡り、ご活躍ののち、今度は、中国本土で『レッドクリフ』(二〇〇八〜〇九年)などの大作映画を手掛けてこられましたが、現時点で、監督の原点でもある一九八〇年代の香港映画を振り返ると、どのように思われますか。

ウー　一九八〇年代は香港映画にとって新機軸を打ちだす重要な時代でした。八〇年代初頭のツイ・ハーク、アン・ホイ、リンゴ・ラムなどの香港のニューウェーヴ監督たちは、外国で高度な映画教育を受け、それらを香港に持ち帰った「学院派」と言われる監督でした。彼らは香港での映画作りの歴史の重さから離れて、自らの手で新しい香港映画を作りだそうとしました。映画作りのマニュアル、作法のようなものに束縛されることなく、アイディアさえあればどんな題材、手法も試みることができました。もちろん、新たな映画作りには、欧米や日本の映画の影響もあり、世界各国の映画の長所を自らの作品に取り入れたわけです。当時は、欧米映画、とりわけハリウッド映画は、香港の若い世代の観客に圧倒的な人気がありました。しかし、新しいスタイルの香港映画の何本かが興業的に成功を収めると、それまで香港映画に目もくれなかった若い観客たちを映画館へと取り戻すことができました。

その時代を経験した映画人の一人として最も強く感じたのは、香港映画界、または香港社会全体に苦楽を共にし、人間同士の絆を重んじる雰囲気が満ちあふれていたということです。誰かの家族に困ったことがあれば皆が駆けつけて助ける、どこそこの家族にお祝いごと、お悔やみごとがあれば、皆で気持ちを分かち合う義理堅さは個人同士の間だけでなく、国や社会や家族に対しても皆持ち合わせていました。それを形作ったのは、映画ではないかと思います。チャン・チェ監督の武俠映画や、高倉健や小林旭が主演したギャング映画、アクション映画の中に描かれた、美しい義理人情の世界がそれを形作ったのではないかと思います。しかも、それは香港映画の現場にも浸透していたと思います。当時の撮影チームは本当に家族のようで、お互い元々良く知っている仲間であり、会った途端に相手の名前を言える仲でした。それにプロフェッショナルな精鋭という集まりでした。当時の製作状況を振り返ると、様々な不自由がありました。今では何でもコンピューターに頼り、どんな視覚的な効果もCGによって簡単に作れます。当時は、何もないところから自分の二本の手で作りださなければならなかったのです。

たとえば、『アーメン・オーメン・カンフーメン!』(一九八一年)は、アニメーションタッチのコメディー映画ですが、粗末なセットや劣悪な製作状況の下で製作されました。映画の中で、悪魔が目からレーザー光線を放ち、周囲のものを爆発させるという『スター・ウォーズ』を思わせる場面があります。お金がないので、キャメラマン、美術係と相談しながら、なんとかして間に合わせようとしました。光る透明な管を俳優の目に合わせて設置し、それを黒い板で遮り、キャメラの反対側に鏡を置いておきます。俳優が目に力を入れる演技をしたとたんに黒い板を外し、光線が当たる場所に用意しておいた爆発物をタイミングよく点火します。鏡に映ったこれらの光景をキャメラに収めると、迫力あるシーンになったわけです。その後、ツイ・ハーク監督が特殊撮影を多用した『蜀山奇傳　天空の剣』（一九八三年）をつくる際に、『スター・ウォーズ』で特撮を担当したハリウッドのスタッフを招聘しました。彼は、『アーメン・オーメン・カンフーメン！』の例のシーンを観て「コストがたいへんだったでしょう。いくらかかりましたか」と聞きました。私は「管や板を購入するための材料費だけですから五〇香港ドルです」と答えると、彼は仰天したようです。当時、私たちはこのように厳しい制約の中で、「猿知恵」や奇抜なアイディアを使って、手作り精神で不可能を可能にしました。

ですので、今回の『マンハント』では、製作スタイルや作風において『狼／男たちの挽歌・最終章』の時代に回帰しようと考えています。その当時、撮影チームは数十人から百人程度で、コンパクトながら強力なチームでした。現在の大作映画をつくる際には、七〜八百人から数千人におよぶ膨大な人数になり、コストや時間がかかってしまうだけでなく、監督は映画製作過程全てをコントロールすることができなくなります。製作過程全てを八〇年代当時のようにするわけにはいかないと思いますが、半分程度はそうしたいと思います。

――最後の質問となりますが、監督にとって高倉健はどういう存在でしたか。

ウー　少年時代に出会った健さんのギャング映画から『駅　STATION』に至るまで、健さんは役者として、絶えず演じる役柄や演技のスタイルを変え続け、素晴らしい役者に脱皮したと思います。スクリーンの内外において友情を重んじ、義理堅いという私の理想像でした。私の心の中で、高倉健のイメージは中国歴史上の最高の義士である、始皇帝暗殺の荊軻《けいか》と重なり合っています。大きな目標は最終的に達成できないかもしれませんが、大義のために命がけで責任を果たし、結果にも責任を持つという男らしいところで両者は同じです。ですから、高倉健は、私の心の中における、日本の荊軻です。

（取材時の写真撮影：高峻）

高倉健　撮影：今津勝幸

二〇〇六年一一月二日、東京で取材

高倉健と『単騎、千里を走る。』

張芸謀《チャン・イーモウ》（監督）インタビュー

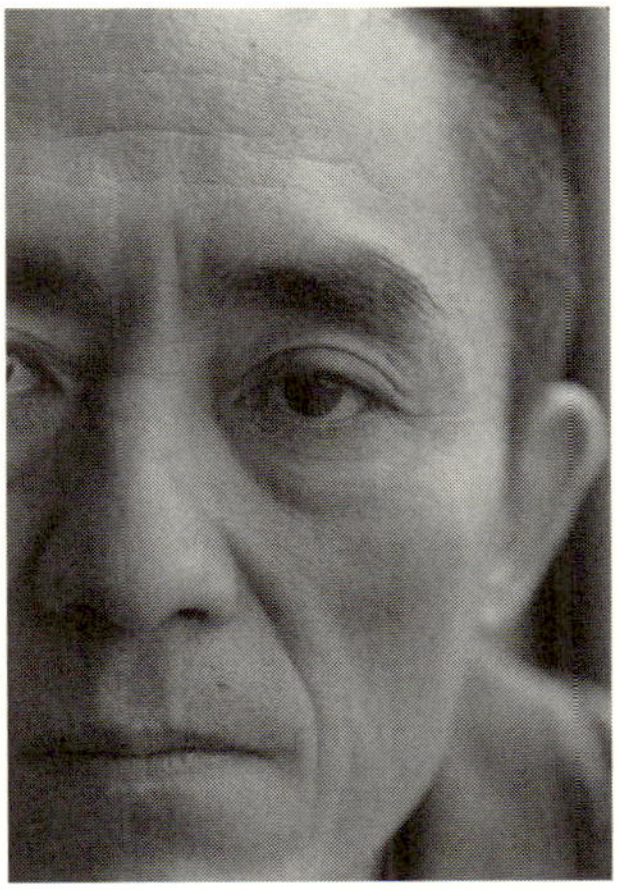

撮影：幸田森

チャン・イーモウ（張芸謀）

中国第五世代監督の一人。一九五〇年西安生まれ。一九八二年に北京電影学院撮影学科を卒業後、第五世代の誕生を世に告げる『黄色い大地』（陳凱歌監督、一九八四年）と『一人と八人』（張軍釗監督、一九八四年）のキャメラを手掛け、八六年には『古井戸』（呉天明監督）に主演し、第二回東京国際映画祭で男優賞を受賞した。八七年、『紅いコーリャン』で監督デビューを果たし、第三八回ベルリン国際映画祭で金熊賞を受賞。その後、『菊豆　チュイトウ』（一九八九年）、『紅夢』（一九九一年）、『秋菊の物語』（一九九二年）、『活きる』（一九九四年）、『初恋のきた道』（一九九九年）がカンヌ、ヴェネツィア、ベルリンなどの国際映画祭の最高賞を立て続けに受賞。CGを駆使した大作アクション映画『HERO』（二〇〇二年）、『LOVERS』（二〇〇四年）、米中合作の怪獣映画『グレートウォール』（二〇一七年）もヒット。最新作は、大作時代劇『影』（二〇一八年）である。

高倉健主演、張芸謀監督の中国映画『単騎、千里を走る。』（二〇〇五年）が企画されたのは、ちょうど小泉純一郎首相（当時）の靖国神社参拝によって日中関係が難しくなった時期だった。ストーリー設定をめぐって、健さんと張芸謀監督は、若い中国人女性との淡い恋などのさまざまな試行錯誤を経た上で、「他者とのコミュニケーション」というテーマにたどり着いた。文革終焉直後に『君よ憤怒の河を渉れ』（佐藤純彌監督、一九七六年）によって新しいヒーロー像として中国のスクリーンに登場した健さんは、それから二〇年あまりを経て、両国関係が再び冷え込んだ時期にそれを立て直そうとしているかのように見えた。日中のあいだでもはや一つのシンボルと化していた「高倉健」が再び呼びだされ、日中間の緩和剤の役割を果したのも偶然ではなかったように思われる。

『単騎、千里を走る。』は、日中の二組の親子の情を縦軸にしながら、彼らの間の、国境や言語を超えた心と心の交流を描いた感動作である。妻と離婚し、息子と断絶した高田（高倉健）のもとに、息子の真一（中井貴一）が不治の病に倒れたとの連絡が舞い込む。そして、中国の仮面劇を研究していた息子の望みが、李加民という芸人の演ずる『単騎、千里を走る。』の舞台を撮影することだとわかる。親子関係を修復するために、高田は息子の代わりに撮影することを決意する。しかし、中国の雲南省に向かった高田は、李加民が傷害罪で服役中であると告げられる。高田は刑務所まで足を運ぶが、逆に隠し子のヤンヤンに会いたいと李加民の方から打ち明けられる。親子の絆に心を打たれた高田は、ヤンヤンを李加民にひき会わせるべく、雲南省の僻地の村へ向かう……。

巨匠張芸謀監督、そして日本を代表する俳優高倉健、この日中の二大スターの出会いの原点は、一九七八年に中国で空前の大ヒットを記録した、高倉健主演の『君よ憤怒の河を渉れ』にあった。すなわち『君よ憤怒の河を渉れ』の高倉健に魅了された若き張芸謀は、いつか高倉健を主演にした映画を撮りたいという夢を胸に抱きながら映画界に入ったが、ついに『単騎、千里を走る。』において叶えられたのである。二〇〇六年一一月、第一八回東京国際映画祭審査委員長を務めるために来日した張芸謀監督に、高倉健との仕事についてお話を伺うことができた。

❖中国における高倉健の人気

――一九七八年に『君よ憤怒の河を渉れ』をご覧になった張芸謀監督が、高倉健のファンになったことが、今日の『単騎、千里を走る。』の製作に繋がったと伺いましたが、当時の中国における高倉健の人気についてお聞かせください。

張芸謀（以下「張」）　スクリーン上の高倉健との最初の出会いは、一九七八年、つまり文化大革命終結直後という特殊な時期でした。文化大革命の時期においては、国内の映画製作のみならず、外国映画の輸入もほとんどストップしてしまい、繰り返し見せられたのは、数少ない、革命を題材としたプロパガンダ映画だけでした。しかし、それは非常に単調で退屈なものでした。

文革が終焉を迎えると、国内外の映画が徐々に解禁されるようになりました。どの映画の上映も当時の観客にとってきわめて大きな出来事であり、またどの映画も容易にヒットしたのです。それは、テレビがまだ普及しておらず、他の娯楽の選択肢が少ない当時では、映画がほとんど中国国民の唯一の娯楽であったからです。それにもかかわらず、『君よ憤怒の河を渉れ』は、その洗練されたエンタテインメント性が高倉健のスター性と相まって、当時の他の映画とは比較にならないほどの絶大な人気を誇りました。たとえば、この映画を十数回も繰り返し観た人が少なくなかったのです。彼らは、「どこどこで『君よ憤怒の河を渉れ』をやるよ」との噂を聞いたら、四、五キロ歩いたとしても必ずそこに駆けつけました。私自身は野外で上映された『君よ憤怒の河を渉れ』を観たことがあります。そこでは野外にスクリーンを張り、正面の「一等席」に一万人が陣取り、さらに八千人ほどがスクリーンの裏側から裏返しの画面を観ていました。また、野外での上映だから、日が

『君よ憤怒の河を渉れ』の撮影スナップ。高倉健、佐藤純彌監督、中野良子。
写真提供：佐藤純彌

沈み、暗くなるまで待たなければならないのに、会場は昼頃から席取りの人で賑わっていました。そんな状況のなかで、高倉健はいわば国民的な大スターとなりました。寡黙で強靱な高倉健のイメージは、映画の世界だけにとどまらず、中国人の日常生活にまでも深く浸透しました。たとえば、「あなたは高倉健のようですね」というフレーズは、男性にたいする最高の誉め言葉としてしばしば使われていました。高倉健のファン層は、非常に幅広いもので、その人気ぶりは、恐らく日本の「ヨン様」ブームの数十倍にのぼるほど凄まじいものでした。

――文革直後の中国映画においては、演劇に基づいた演技がまだ根強かったのですが、映画的な演技への、中国の映画人の意識転換において、高倉健はどのような役割を果たしたのでしょうか。

張　確かに当時の中国映画では、京劇の隈取りのように一目でどのような役柄であるかすぐわかるような、大袈裟な演技が主流であり、映画的な演技はまだ確立されていませんでした。そのため、高倉健の控えめな演技は、「冷面表演（クールな演技）」と名付けられ、新たな演技の可能性を示すものとして中国の映画人にきわめて大きな衝撃を与えました。当時の中国の男優たちは、競って高倉健を模倣しました。襟を立ててクールな表情をして見せたり、せりふを言わずに

高倉健
撮影：今津勝幸

顔の表情や仕草だけで語らせたり、あるいは顔を見せずに背中で演技したりする者は後を絶たなかったのです。

——一九八〇年代なかばの第五世代監督の衝撃的デビューに伴い、映画的な演技が中国映画に定着するようになりました。とりわけ張芸謀監督がキャメラマンとして手がけた『黄色い大地』や『一人と八人』における登場人物たちの無表情な顔は、当時大変大きな話題となりましたが、そこには、高倉健の影響がありましたか。

張 「高倉健の演技を目指せ」とはスタッフの誰も口にしませんでしたが、『一人と八人』と『黄色い大地』の撮影がおこなわれていた一九八三年頃は、ちょうど高倉健が絶大な影響力をもっていた時期ですから、俳優たちは意識的に、あるいは無意識のうちに高倉健の演技を模倣したと思います。

❖『単騎、千里を走る。』における高倉健

——『鉄道員　ぽっぽや』（降旗康男監督、一九九九年）や『ホタル』（降旗康男監督、二〇〇一年）における高倉健の白髪の姿とは対照的に、『単騎、千里を走る。』の彼は、ほとんどの場面で帽子をかぶっていますが、帽子を外した僅かなシーンにおいては、短めの、真っ黒の髪ですね。その姿は『君よ憤怒の河を渉れ』の主人公を強く想起させます。監督は、『君よ憤怒の河を渉れ』の高倉健のイメージを再び中国の観客の中に喚起なさろうとしたのでしょうか。

張 確かにそこには、私の個人的な感情が色濃く反映されています。中国で「自古紅顔多薄命、不譲名

将見白頭（美人は薄命だと言われるが、英雄は老いた姿を他人には見せないもの）」というフレーズがあるように、私はどうしても高倉さんを白髪で老けた姿で登場させたくなかったのです。実は高倉さんは、敢えて老けた衰弱した姿で登場したらどうかと自ら提案されました。しかし、映画のテーマを損なわないという前提で、私は自分の理想像である高倉健を格好良く撮りました。

――高倉健を想定して製作された映画であるということで、やくざ映画やアクション映画の要素を取り入れようとは思いませんでしたか。

張　脚本は五年かけて、複数の脚本家によって一九回も改稿しましたが、そのような意図は最初からありませんでした。

――男性性の権化として神話化されてきた従来の高倉健のイメージとは違って、今回の映画のなかの高倉健は、非常に人間味豊かな存在ですが、張芸謀監督は高倉健の新たな可能性を引き出そうとなさったのですか。

張　神話化された高倉健のイメージを、ヒューマンな感情をもつ普通の人間に還元させるというのは、私の意図というよりも、高倉さん御自身の要望でした。この映画をめぐって、高倉さんと意見交換をおこなっていた五年の間に、彼が、人間の純粋で素朴な感情や、人と人との真摯な交流を、なにより表現したかったのだと強く感じました。日本を代表する俳優としての地位を不動のものにした高倉さんは、今さら格好をつける必要性が全くないわけですし、彼はむしろ自らの原点に戻りたかったのだと思います。そのため、親子の情や人と人との交流というテーマを軸に脚本を仕上げました。

――『単騎、千里を走る。』では、高倉健がナレーションで自分の弱みや孤独を語り続けるばかりでなく、意外にも泣いて見せたりしますね。

張　脚本には、「涙如雨下（雨が降るがごとく涙を流す）」というような文学的な表現が何カ所もありました。それを読んだ高倉さんが「涙を見せずに、観客の想像に任せた方がいいのでは」と相談してきたことがあったので、私は「これは、シナリオライターがストーリーの世界に溺れて書いたもので、本番では無視してもいいですよ」と言い、涙を見せないことで合意しました。

しかし、撮影現場で子どもや老人、李加民などの素人が、物語に感情移入したあまり、大泣きしたり、ぼろぼろ涙をこぼしたりするような自然な演技を見せるのを目の当たりにした高倉さんは、いつの間にかそれにつられてもらい泣きしてしまいました。このようなことが何回もありました。そして撮影が終了するごとに、高倉さんは「今日はまた涙もろくなってしまいました」と私に言いましたが、大変リアルな演技なので、そのまま使いました。このような撮影中の出来事の積み重ねによって、高倉健の人間味が引き出されたと言えるかもしれません。

――今までの監督の作品においては、頑固なキャラクターが執拗に目標を達成しようとする設定が多いですね。たとえば、『秋菊の物語』、『キープ・クール』（一九九七年）、『あの子を探して』（一九九八年）、『初恋の来た道』などです。

張　『単騎、千里を走る。』の主人公も、それと同じ系譜に属しています。つまり、他の人でしたら断念することを、彼ら彼女らはけっしてギブアップせず、あくまで自分の意志を通そうとします。このような独特な性格は、物語を展開させるための原動力となり得るのです。しかし、このようなキャラクターだけでは物語は成り立ちません。彼らの目的達成を妨げるさまざまな「障碍」をも同時に設定しなくてはならないのです。なぜならば、このような相反する力の相互作用こそが、物語展開の面白さを生み出していくからです。

『単騎、千里を走る。』の主人公が直面した「障碍」というのは、まず彼が言葉の通じない外国人であり、また自己表現が苦手な性格の持ち主であるということです。そして、彼が中国の刑務所で受刑者が演ずる芝居を撮影すること自体もきわめて困難です。実際、刑務所での撮影という設定の合理性について、中国司法界の権威の方に相談しました。中国国内でまだ前例はありませんが、必要な司法的手続きを経れば不可能ではないとのことでした。

『単騎、千里を走る。』の撮影中　撮影：今津勝幸

――中国では、寡黙さが高倉健の男らしさの最も顕著な特徴として認識され、神話化されてきましたが、この映画において、どのように表現なさったのですか。

張　高倉さんの出演作を観なおして、寡黙さこそが彼の演技の神髄であることを確信しました。饒舌な高倉健は考えられないでしょう。そのため、我々はなるべくせりふを抑え、仕草や目の表情などでものを語らせ、高倉さんの演技のスタイルを生かそうとしました。そもそも私は個人的にせりふの多用が好きではないですからね。

――しかし一方、物語の次元においては、このような寡黙さがむしろ批判的に捉えられているように感じました。

張　要するに映画のなかでは、高倉健と中井貴一の親子の断絶が、互いに自己表現が苦手であること、他人とのコミュニケーションが不十分であること、問題が起きた際に積極的に解決せず、逃げつづけることなどによって生じてしまったのです。だから、「私は李加民が羨ましかった。彼は周りを気にせず大泣きし、大勢の人の前で言いたいことを言える。彼は幸せです」という高倉さんのナレーションがあるように、孤独な人間は、自己表現のできる人間を見て、羨ましく感じずにはいられないわけです。

――監督は異なる国籍、言語、文化を擁する、他者同士のコミュニケーションについて、どのような考えをお持ちですか。

張　これは、この映画で特に強調したいテーマの一つです。コミュニケーションをスムーズにおこなうためには、互いの文化的相違点をまず明確に認識しておかなくてはならないのです。たとえば、子どもの教育ひとつ取ってみても、中国と西洋ではそれぞれ異なっています。中国では、儒教的な家父長制的な考え方がまだ根強く、大人の言う通りに行動する子が良い子と見なされ、子どもをしつける際に体罰も辞さないのにたいして、西洋的な教育では、いかにのびのびと子どもの個性を引き出せるかという点に重きが置かれています。この映画は、どちらの文化が優れているか、正しいかについて価値判断を下すのではなく、文化の違いだけを提示しておきたいと思いました。そして、なにより他者同士のコミュニケーションには真摯な姿勢や好意的な眼差しが欠かせないというメッセージを伝えたかったのです。

❖張芸謀監督の演出法

――監督は、超大作の『HERO』や『LOVERS』の後、『単騎、千里を走る。』を撮影されました。作風が全く異なりますが、この点について監督の考えを聞かせてください。

張　いつまでも同じことの反復に終始する映画監督は無能だと考えて

張芸謀
撮影：幸田森

います。そのため、私はつねに新しい何かを打ちだそうとしてきました。リスクが大きく、またさまざまな誤解や批判を招きかねませんが、私は後悔していません。今後も、新人監督のように新鮮かつ不安な気持ちをもちながら、異なるジャンルの映画に挑戦していきたいと思います。

――張芸謀監督は、素人や子役の演技指導に大変優れていらっしゃいます。『単騎、千里を走る。』でも素人や子役の演技が大きな比重を占めていますが、この映画の撮影のために、何フィートのフィルムを使用したのですか。一つのシーンを完成させるのに、たいてい何回の撮影をおこなったのですか。

張 およそ三〇万フィートのフィルムを使用しました。『秋菊の物語』(五〇万フィート)と『キープ・クール』(一八万フィート)の中間を行くような感じですね。撮影回数の平均を計算しているわけではありませんが、最高の場合、五〇回に上りました。

――素人の子役と高倉健が素晴らしいコンビネーションを見せていますが、どのように撮影されたのでしょうか。

張 高倉さんは、周囲の状況に柔軟に適応できる優れた能力をもっています。おそらく、彼の俳優人生において、これほど多くの素人やエキストラと共演することは初めてではないかと思います。しかし、彼は、撮影現場の状況のいかんを問わず、いつも素早く役柄になりきることができたばかりでなく、素人やエキストラの演技のなかに自然に溶け込むような柔軟さを見せていましたので、感服しました。

あの子役とのコンビネーションですが、映画のなかでは、はじめ子どもが高倉健を嫌がり、彼から逃げ出そうとするけれども、徐々に近づいていくという設定なので、それに合わせて高倉さんは、最初、子どもとの間に距離を置くようにしていました。実は高倉さんはあの子を大変かわいがっていて、いつもお菓子や洋服などをプレゼントしていましたが、直接渡さずに他のスタッフを介して渡すようにしていました。二人の間で次第に強い絆が生まれるシーンの撮影に至ると、高倉さんの、子どもに対する接し方も打って変わり、積極的に子どもとふれ合うようになりました。撮影が終わり、高倉さんが帰国する際に、その子は大泣きして、離れたくないと言っていました。

——張芸謀監督は、子役や素人だけではなく、女優の使い方に関してもきわめて高い評価を受けていらっしゃいます。監督が世に送り出したコン・リーとチャン・ツィイーが共演する『さゆり』（ロブ・マーシャル監督、二〇〇五年）が日本公開されますが、お二人の女優についてお話しいただけますか。

張　コン・リーは年齢や時代や身分の異なる人物を幅広く表現できるため、女優生命がきっと長いだろうと私は十数年前に言いましたが、事実コン・リーは中国を代表する女優として今日に至るまで、中国のみならず、ハリウッドでも活躍しています。コン・リーと比べて、チャン・ツィイーは、デビューしたのも国際的に名を知られたのも早く、それに自らカンフーシーンに挑むことができるので、さまざまな可能性に富んでいます。今後のさらなる活躍が期待できると思います。

——張芸謀監督が女優を選ぶ際に、卓越した演技力のほか、外見的にどのようなことにこだわっていらっしゃいますか。

張　まず頭と顔が小さく、首が長いというのが必須条件です。それに、私は、「洋気（ソース顔、濃い系）」の女優よりも、中国的、広く言えば東洋的な顔立ちの女優が好きですね。

――最後の質問になりますが、張芸謀監督にとって男らしさとはなんですか。

張　私にとって、高倉健は男らしさのすべてを体現する存在です。それは、外見と内面の両方に現れています。つまり、スクリーンでお馴染みの、強靱で寡黙でクールな高倉健のイメージですね。また一方、実生活での高倉さんは、心優しく思いやりのある方で、実によく人のために気を遣ってくださいます。そして世界や周囲の人々にたいして、いつも温かい眼差しを向けています。このような外見と内面を併せ持つところから、高倉さんの男らしさが生まれたのだと思います。

――監督ご自身もこのような男らしさを体現する存在ではないでしょうか。

張　私は高倉さんには遠く及びません。彼は私の目標なんですよ。

撮影：今津勝幸

二〇〇六年一一月一八日、丸の内カフェにて

中国社会の「今」を個人の目線から描く

賈樟柯《ジャ・ジャンクー》（監督）インタビュー

『映画芸術』2007年夏号より

ジャ・ジャンクー（賈樟柯）

中国第六世代監督の旗手である。一九七〇年、中国山西省汾陽生まれ。絵画を学んだ後、一九九三年に北京電影学院シナリオ学科入学。在学中に『有一天、在北京（ある日、北京で）』（一九九四年）、『小山回家（小山が里帰りする）』（一九九五年）、『嘟嘟（トウトウ）』（一九九六年）の短篇を撮る。一九九七年に『一瞬の夢』を監督し、一躍脚光を浴びる。『プラットホーム』（二〇〇〇年）、『青の稲妻』（二〇〇二年）、『世界』（二〇〇五年）、『長江哀歌』（二〇〇六年）によって、中国映画の巨匠として世界に認識されるに至った。『公共場所』（二〇〇一年）、『東』（二〇〇六年）をはじめとするドキュメンタリー映画をも手がけている。

著者が賈樟柯監督にインタビューしたのは、彼が『長江哀歌』を撮り終え、そのキャンペーンのため来日した二〇〇六年だった。監督が少年時代、日本映画に出会った際に受けた鮮烈な印象や、それらをいかにして自らの作品の中に投影したのかについて、様々な証言を得ることができた。その後監督は、『四川のうた』(二〇〇八年)、『罪の手ざわり』(二〇一三年)、『山河ノスタルジア』(二〇一五年)、『江湖児女』(二〇一八年)などのメガホンを執ったが、いずれも「オフィス北野」が出資や製作、または配給を手掛けている。

❖モティーフの由来

――賈樟柯監督の作品のなかには、「舞台」・「流行歌」・「パフォーマンス」といったモティーフがつねにあらわれてくるように思います。

賈樟柯(以下「賈」) これは、少年時代の私の生活経験と密接に関わっています。当時、住んでいた汾陽という田舎町はきわめて閉鎖的で、日常に変化がなく、退屈な毎日の繰り返しでした。そのようななかで、サーカスの一座や、あるいは流行歌やダンス・ショーで巡業する劇団がやってくると、その日は突然、汾陽の人々にとってお祭りの日と化しました。そうした熱気のなかで受容した通俗的な流行文化は、少年時代の私の心に潤いを与えてくれました。いってみればそれは、厳しい現実から逃れるための避難所のようなものでした。

一方、私が思っているのは、人間はどんなに過酷な環境に置かれたとしても、必ずしも毎日涙を流し、辛酸を舐めながら暮らしているとは限らないということです。楽観的な態度で忍耐強く事に臨むならば、苦難のなかでも一瞬の夢を見たり、束の間の快楽を味わったりすることも可能でしょう。だからこそ私は、現実社会の過酷な側面に焦点を当てるとともに、登場人物の一瞬の夢や快楽をも捉えるべきだと考えました。そのために、意識的に、あるいは無意識のうちに、歌やダンスといった非日常的なシーンをつねに作品のなかに取り入れているのではないでしょうか。

——『長江哀歌』では、趙濤夫妻が大橋のそばで社交ダンスを踊るシーンのバックに、一九八〇年製作の中国映画『等到満山紅葉時（紅葉が赤くなる頃を待とう）』の主題歌が流れています。監督のなかには、当時の中国映画にたいする記憶がまだ残っているのでしょうか。

賈　七〇年代末から八〇年代前半までは、中国映画がもっとも元気の良かった時代で、人々はみな映画に夢中でした。子どもだった私は親に連れられて頻繁に映画館に通っていました。『戦場の花』（張錚監督、一九七九年）や『苦悩人的笑（悩む人の苦笑）』（楊延晋監

『長江哀歌』
『映画芸術』2007年夏号
より

督、一九七九年）、『人、中年に到る』（王啓民、孫羽監督、一九八二年）といった中国映画は、今でも鮮明に記憶に焼きついています。とりわけ、この時期の中国映画には、文化大革命を「中華民族の苦難」としてセンチメンタルに描いた作品が非常に多かったことが印象的でした。そのために、次回作（『刺青時代』未完成）では、あくまで個人の視点から、個人の体験・記憶としての文革を描こうと思い立ったのです。

――『一瞬の夢』『青の稲妻』『長江哀歌』のなかで、ジョン・ウーの『男たちの挽歌』（一九八六年）や『狼／男たちの挽歌・最終章』（一九八九年）が頻繁に引用されていますが、監督のなかにはジョン・ウーにたいする特別な思いがあるのでしょうか。

賈　ジョン・ウーの映画は、少年時代の私の記憶の一部をなしています。八〇年代の中国においては、海外の娯楽映画がビデオ上映というかたちで流通した時期があり、私は六年間にわたって数多くの香港製のカンフー映画やアクション映画をビデオで観ていました。ジョン・ウーの『男たちの挽歌』や『狼／男たちの挽歌・最終章』に出会ったのはその時期で、すっかり魅了されました。とはいっても、ジョン・ウー監督が私の映画のスタイルの確立に及ぼした影響は皆無です。

❖日本映画と文学

――『プラットホーム』の台本には、若者たちが『君よ憤怒の河を渉れ』（佐藤純彌監督、一九七六年）や『アッシイたちの街』（山本薩夫監督、一九八〇年）といった日本映画に熱狂するというシーンが描かれていますが、完成した映画には見当たりませんね。

賈　七〇年代末から八〇年代初頭にかけての中国では、日本映画が大変な人気を集めました。もともと『プラットホーム』には、『君よ憤怒の河を渉れ』や『アッシイたちの街』だけでなく、山口百恵主演のテレビドラマを取り入れることも予定していました。すなわち、『赤い疑惑』に夢中になっている伊瑞娟が、ドラマのヒロインの髪型や洋服を真似した格好で見合いの場に臨むというシーンです。実際に撮影もおこなわれたのですが、オリジナルの映画の一部を使用するためには版権の問題をクリアしなくてはならず、予算不足のために結局このシーンを断念せざるを得なくなったのです。

――日本映画は中国の映画人にも何らかの影響を与えたのでしょうか。

賈　そうですね。小津安二郎や溝口健二から六〇～七〇年代の今村昌平、大島渚にいたるまで、日本映画は中国の映画人にきわめて大きな影響を与えてきました。たとえば、小栗康平の『泥の河』（一九八一年）におけるフィックスの長廻しによって啓発された中国の監督やキャメラマンは少なくないと思います。私が北京電影学院に在学していた頃は、日本映画の古典は断片的にしか観ることができません

『アッシイたちの街』
写真提供：山本駿

『プラットホーム』

でした。たとえば、日本映画史の授業で『東京物語』が取り上げられた際にも、時間の関係で二〇分しか見せてもらえませんでした。しかしながら、大学を卒業してから、様々なルートをとおして日本映画の名作を入手し、研究を重ねてきました。小津と溝口のほか、大島渚の『少年』（一九六九年）にとくに共鳴しました。

――監督が執筆された論文を拝見すると、文学的な才能にも恵まれているように感じられましたが、文学とは何らかの接点をおもちだったのでしょうか。

賈　少年時代の私が最初に接した文学作品は、山西省出身の作家たちが書いた「山薬蛋派《シャンヤオダンパイ》（じゃがいも派）」と呼ばれる共産党革命を題材とした小説でした。さらに、中学校に入ると、国語の先生に薦められて、国内外の詩や、ソビエトと東欧諸国の小説を読み始めました。今でもその先生に感謝しています。彼のお陰で、私は本を読む習慣を身に付け、文字通りの文学青年に変わったからです。これは、私の人生にとって一つの転換点となったといっても過言ではありません。

映画の仕事に携わるようになってから、私の同世代の多くの監督が文才に恵まれていることに驚きました。考えてみると、われわれの少年時代は文字文化の時代であり、ものを読んだり、書いたりする以外に、ほかの娯楽の選択肢や自己表現の手段がなかったのです。実を言うと、私はアコーディオンを習いたかったのです。しかし、楽器を購入するだけの金銭的な余裕がまったくなかったために、断念せざるを得ませんでした。その一方で、詩や小説は、筆一本と紙一枚さえあれば自由に書くことができます。

そこで私は、中学生のころから執筆活動を始めたのですが、いくつかの作品が新聞や雑誌に掲載され、山西省作家協会の注目も集めました。また、北京電影学院に在学していたあいだも、監督としてデビューするまで、生活費を稼ぐために、長編テレビドラマの脚本を数多く手がけました。

❖個人の視点・目線から

――監督の映画スタイルに影響を与えた監督や作品があれば教えてください。

賈　映画監督になりたいという衝動に最初に駆られたのは、一九九〇年に陳凱歌（チェン・カイコー）監督の『黄色い大地』（一九八四年）を観て深い感銘を覚えたことでした。ですが、個人の人生体験に基づいた映画を撮りたいと決意したのは、九六年頃、北京電影学院で侯孝賢（ホウ・シャオシェン）監督の『風櫃の少年』（一九八四年）に出会ったことが大きかったです。

伝統的な中国映画においては、全知全能の神の視点が貫かれています。すなわち、これまで映画の作り手は、まるで登場人物たちの心理や行動パターン、運命までをも明晰に把握しているかのような演出をおこない、ストーリーの因果関係もはっきり示すようにしていました。しかしながら、それは、実際にわれわれが人とコミュニケーションをとるときとは遠くかけ離れています。何か人生の転機となる出来事が起こったとき、周囲の人々が何を考えていたのか、なぜそうなったのか、われわれは把握しているわけではありません。予測不可能で曖昧な状態こそが、われわれが生きている現実そのものではないでしょうか。ですから、『プラットホーム』のなかで私は、敢えて因果関係を無視し、なぜそうなったかといった説明的な部分をすべて削除することで、神の視点から個人の視点へと移行しようとしたのです。

――監督の映画は、大人になった者が過ぎ去った青春時代を振り返るのではなく、思春期のさなかにある若者の目線から世界を描いているように感じられます。

賈　私は中国社会の「今」を一種の「臨場感」をもって描こうとしてきました。すなわち、懐かしく回顧したり抒情的に美化するのではなく、映画の世界のなかにみずから深く入り込むために、ドキュメンタリー・タッチで撮ろうとしたということです。これはまた、二七歳で監督としてデビューした私自身のキャリアとも関係しているでしょう。元気盛りで自由奔放な年頃で、しかも自分が置かれている現実そのものを映画の題材としていたのですから。

――『青の稲妻』と『世界』には、趙濤が洋服やレインコートを頭上に広げながら歩くシーンや、窓際に座る登場人物たちが逆光のなかで会話を交わすシーンが幾度となく登場しますが、これらのモティーフはどのようにして生まれてきたのでしょうか。

賈　いずれも脚本の段階から構想していたものでした。私は厳しい物質的条件のもとで一生懸命生きていく人間が好きです。おそらく、そのために、雨のなかで粗末なレインコートを両手で広げながら走る女性の姿に美しさを覚えるのでしょう。

逆光のシーンが自分の映像表現のトレードマークとなるとは、当初は予想していませんでした。日光に背を向けた人間の姿からは、彼らのうちに宿っている希望がうごめいているように感じます。撮影にあたっては、照明のセッティングが非常に複雑で、容易に思うものを実現することができないことが判っていても、敢えて逆光の効果を求めつづけました。のちに侯孝賢監督が、はじめてその特徴に気づいてくれたのです。

――監督は素人を起用することが多いですが、どのように演技指導をおこなってきたのでしょうか。

賈　私は出来る限り俳優に自由を与えようと努めてきました。立ち位置をどこにしなくてはいけないと指示することもありませんし、現場でなるべく照明の数を少なくしたり、床のケーブルをなるべく片づけたりするのも、俳優たちに伸び伸びと演技できる空間を提供したかったからです。そして、キャメラマンにたいしても、周囲の環境にわずらわされることなく、自然体で振舞う俳優の姿をドキュメンタリー・タッチで撮るように求めてきました。

❖映画作りの新しい試み

――監督が手がけた一連の作品は、技術面において変化が見られますね。

賈　『一瞬の夢』は16ミリフィルム、『プラットホーム』は35ミリフィルム、『青の稲妻』はDV、『世界』『長江哀歌』はHDVをそれぞれ使ってきましたので、技術的な条件がまったく違いました。DVの場合、僅かな照明でも撮影が可能であるのにたいして、HDで撮影する場合、数多くのライトが必要となりますが、自然な色彩を出せるという点でDVに勝っています。DVとHDの両者の特徴を一体化したのがＨＤＶですね（いずれもデジタルビデオカメラであるが、ＤＶ、ＨＤ、ＨＤＶの順で解像度が高くなる）。また、これらの撮影機材はハンディーで自由に動かせるという利点をもっていますが、撮影にあたっては意識的にキャメラの動きを抑えました。

――音楽や音響効果についての考えを聞かせてください。

賈　私の作品にはいずれも、流行歌や音楽がふんだんに取り入れられていますが、『一瞬の夢』『プラットホーム』『青の稲妻』では、登場人物によって歌われる流行歌や、テープレコーダから流れてくる音楽など、音源が特定できる環境音ばかりでした。半野喜弘さんが『プラットホーム』のために音楽を作曲してくださいましたが、ごく僅かしか使用しませんでした。

『世界』『長江哀歌』になると、林強さんが作曲したオリジナルの電子音楽が大きな比重を占めることとなりました。このような変化は映画の題材によるものでした。『世界』はテーマパーク「世界公園」というきわめて人工的な空間を舞台としているために、デジタル感覚の映像や電子音楽が相応しいと考えました。また、『長江哀歌』では、そこに登場する昔ながらの三峡の風景のなかに、現代文明を想起させる電子音楽を導入することによって、古い中国と新しい中国との衝突を描き出そうとしました。

さらに『長江哀歌』ではもう一つ新たな試みをおこないました。すなわち、音源を明確に示しつつ、せりふ、音響効果、バックミュージックを有機的に融合させることで、全体としての音楽性を際立たせることを試みました。たとえば、映画のなかで金槌を振りおろす音や、波の音、船の汽笛の音などは、同時録音された音に加えて、それぞれ異なった場所から採取してきたサウンドをミキシングし、映画のなかに挿入しました。そのプロセスは作曲ときわめて類似していると思います。

❖中国社会の変化を描く

――監督の作品は文革直後から現在に至るまでの中国の若者の姿を描いてきましたが、一九八〇年代、九〇年代、二〇〇〇年以降の現在の中国にたいして、監督はそれぞれどのような印象を持っておられますか。

賈　八〇年代は、中国が市場経済の時代へと徐々に転換していく端境期であったために、希望に満ちた時代であり、また知識人たちが文化大革命によって失われてしまった個人の自由や文化のルーツを夢中で探しつづける文化の時代でもありました。『プラットホーム』はその時代に捧げたオマージュでした。

それにたいして、九〇年代は、人々が様々な難題を突きつけられて困惑する時代であるといえるでしょう。そのような困惑は、凄まじい勢いで急成長する経済にともない、人々の社会的地位が著しく変化してきたところから来ています。たとえば、かつて、中国の憲法においては、各社会階層のなかで、工場労働者がリーダーシップをとることが規定されていたものの、九〇年代以降、彼らの存在感は著しく弱まり、社会の周辺へと押し込められるようになりました。リストラされた工場労働者の子どもたちのなかに蓄積する不満や鬱憤を描いた『青の稲妻』は、二〇〇一年の山西省大同市を舞台としているものの、むしろそこには、九〇年代の社会的状況が反映されているのです。

そして、二〇〇〇年以降は、決断の時代に来ていると思います。すなわち、八〇年代、九〇年代に試行錯誤を繰り返し、模索しつづけた結果、社会全体が徐々に成熟していったことで、心の余裕が生じてきたのです。個人の自由という意識が定着し、みずからの人生を自分の力で決めていくという行動力も生まれてきました。『長江哀歌』は、まさに決断というテーマにまつわる映画です。趙濤が演じる看護師が夫との離婚を決めたのも、炭鉱労働者が一六年前に別れた妻と復縁することを決意したのも、いずれも人生の決断にほかなりません。このような物語設定は、かつての中国社会においては成り立たなかったでしょう。八〇年代の中国映画によく出てくるパターンとして、恋愛が進展しない主人公が何の打開策も見出せないままにペシミスティックに苦悩するというのがありますが、それは現在の中国社会にまったく当てはまらなくなっていると思います。というのも、現在の中国人は、恋愛感情のもつれぐらいのことは余裕を持って自分で処理できるからです。

——映画というメディアの将来的な可能性について監督はどのようにお考えですか。

賈　メディアとしての映画が、娯楽映画の氾濫と、ニューメディアの出現という二つの難題に直面していることは否めません。それは、現代の若者が物事を真剣に考えたり、社会の不正にたいして怒りをぶつけるといった「若者の特権」をみずから放棄しつつあるという現実と密接に連動していると思います。しかしながら私は、映画の未来を悲観的に見てはいません。というのも、観客にみずから思考することを促すような映画が、どのような社会においても、いつの時代になっても求められますし、映像という鏡に映った自分の姿を覗きたいという欲望が人間の根本にあると信じているからです。

その一方で、確かに、ＤＶＤやインターネットの普及が映画市場に影響を及ぼすことは必至だと思いますが、同じ映画館において数千人が同じ映画を鑑賞するという従来のかたちから、自宅のホームシアターで一人で映画を観たり、あるいは地下鉄の駅で携帯電話のディスプレーで三〇分程度時間つぶしに映画を観るというかたちに変わるだけのことです。映画というメディアが消滅することはまずないと思います。

二〇一五年一二月一九日、東京で取材
二〇一七年二月一五日、電話で追加取材

第六世代監督と日本映画の出会い

王超《ワン・チャオ》（監督）インタビュー

ワン・チャオ（王超）

一九六四年南京生まれ。九一年から九四年にかけて、北京電影学院で学ぶ。陳凱歌の『始皇帝暗殺』（一九九八年）の助監督を務めたのち、二〇〇一年に『安陽の赤ちゃん』で衝撃的なデビューを果たし、第五四回カンヌ国際映画祭「監督週間」特別賞にノミネートされ、各国際映画祭で一一の賞を獲得。その後、『日日夜夜』（二〇〇三年）、『江城夏日』（二〇〇五年）、『重来』（二〇〇八年）、『幻想曲』（二〇一三年）、『父子情』（二〇一七年）、『尋找羅麦』（二〇一八年）などのインディペンデント作品を手掛ける。中国第六世代監督の一人である。

一口に第六世代監督といっても、賈樟柯（ジャ・ジャンクー）や婁燁（ロウ・イエ）ら、メジャーな大物監督と違って、メディアへの露出が少なく、マイペースで撮りたい作品を撮り続け、中国のアート系映画の製作を支えている監督も存在する。王超はその一人である。彼は電影学院時代に賈樟柯のルームメイトだったが、その後、対照的な映画人生を歩んだ。

❖南京の映画館で出会った日本映画

――監督と日本映画との最初の出会いについて聞かせてください。

王超（以下「王」）　僕は一九六四年生まれで、古都の南京には二七歳のときまで住んでいました。南京という街は、極めて映画文化に造詣の深い土地でしたね。当時、中国には夥しい数の映画配給会社がありましたが、そのほとんどは、儲からない映画のフィルムなんて絶対に買わなかった。でも、そのなかで南京の配給会社だけは、海外の名作映画をも積極的に買い付け、上映したんです。そのおかげで僕は、ポランスキーの『テス』（一九七九年）、トリュフォーの『終電車』（一九八〇年）、ファスビンダーの『リリー・マルレーン』（一九八一年）、ヴェンダースの『パリ、テキサス』（一九八四年）のいずれも、南京の映画館で当時観ることができました。

僕はかなりの映画少年だったんで、当時流行り物の娯楽映画よりも、むしろ文芸作品や、前衛的なアート系を好んで観ました。そのなかでも、『Wの悲劇』（澤井信一郎監督、一九八五年）との出会いは衝撃的でしたね。主人公は、薬師丸ひろ子演じる、ある劇団の研修生です。彼女は、大舞台に立つという野心ために、悪の誘惑に乗ってしまう。そして、だんだんと身も心も蝕まれていく。

本作の〝劇中劇〟という物語構造は、主人公の置かれている状況に巧くマッチしていて、とびきり洒落ていた。また、緻密な演出やシャープな映像、そしてなにより、女優・薬師丸ひろ子の名演技に、完全に度肝を抜かれた。

それから『蒲田行進曲』（深作欣二監督、一九八二年）も忘れがたい作品だった。主人公の男性が、ヒロイン・松坂慶子と他の男との間にできた子供を、自分の子として受け入れるというシリアスな設定。この設定と全編コメディー仕立ての本編とのコントラストが最高で、強烈な印象を与えてくれた。

『砂の器』（野村芳太郎監督、一九七一年）は、主人公の和賀英良が自分の知られざる過去を隠すために罪を犯すというストーリー。正直、これにはなんの新鮮味も感じなかった。だけどヒロインの女が、殺人を犯してしまった恋人の血の付い

『Wの悲劇』、『砂の器』の中国版ポスター

たワイシャツを細かく切り刻み、列車の窓から紙吹雪みたいにまくシーンがあって、それが脳裏に焼き付いて離れなかった。

いずれの作品の登場人物も、人間として欠陥を抱えた弱い存在だった。でも、たとえ悪役であっても、どの人物も、自分の欲望を隠して取り繕おうとせず、ほんとうの自分自身と真剣に向き合っていた。その姿は僕の目には非常に格好良く見えた。猛烈に美しかったんです。

なぜ日本のアニメーションが世界的にはやっているのか。日本人は文化を記号化することに長けているからでしょうね。記号化するにあたって、作り手は善も悪も徹底的に描かなければならない。作り手の意識のなかで少しでも曖昧なところがあると、記号化することはできない。

僕自身、子どものころ「人間教育」を受けることができたことを幸運に思っています。つまり、人間性を養う教育。なかでも日本映画は、欧米の古典文学と並び、少年時代の僕に最も大きな影響を与えてくれた。言ってみれば、ある種の啓蒙だった。日本映画との出会いを通じて、人間性を見つめる視点が得られ、人格が形作られた。ちょうど、あの頃の日中関係は蜜月期だった。だから、もし今のように日中関係がギクシャクしていたら、日本映画に触れる機会を失い、人生の大きな欠落となっていたでしょう。そういう意味でも幸運でした。

その点でいえば、僕らは第五世代の監督とは一線を画していました。文化大革命のとき十代だった彼らは、まともな教育を受けられず、農村やへき地に下放され、大きなブランクができてしまった。なぜ、僕ら第六世代の監督は、ヒューマンなテーマを軸にした作品を作り続けることができるのか？　それは、僕らがスタートの時点で恵まれていて、永久不滅な価値とは何かを知っているからだろう。

またあの頃は、日本の社会派映画からも絶大な影響を受けた。僕ら第六世代の監督の作品には、中国社会の低層にスポットライトを当てたものが多い。だから、国際映画祭に参加するたびに、きまって「あなたの映画はどんな外国映画の影響を受けたんですか？」と、西側のジャーナリストたちに聞かれた。それに対して、僕らはこれまで、イタリアの〝ネオレアリズモ〟など、北京電影学院時代に教わったヨーロッパの名作の名を挙げていた。しかしよくよく考えると、少年時代に観た日本映画の影響はそれ以上に大きかったと思う。たとえば、当時の若い人たちと同じように、僕自身、当時は山本薩夫監督の『アッシイたちの街』（一九八一年）に登場するような、よれよれのジーンズを履いていた。おまけに、ぼさぼさ頭でギターをかき鳴らす姿がカッコよく見えた。でも、それと同時に、下町の町工場で働く名もない人々に焦点を当てた山本薩夫監督のビジョンにもシンパシーを覚えた。ほ

『あゝ野麦峠』の現場で、大竹しのぶに演技指導をおこなう山本薩夫
写真提供：山本駿

『アッシイたちの街』
写真提供：山本駿

ぼ同時期に観た、山本監督の『あ、野麦峠』（一九八二年）や、熊井啓監督の『サンダカン八番娼館　望郷』（一九七一年）も同じ系譜にあった。それらのルーツは、中国での公開が一九六〇年代だった『裸の島』（新藤兼人監督、一九六〇年）などの、独立プロの作品にまで遡ることができるでしょう。

❖日本の映画スターたち

——その時代に出会った日本の映画スターに対しては、どのような印象を持ったでしょうか。

王　中国で人気を博した日本の映画スターといえば、何と言っても、『君よ憤怒の河を渉れ』（佐藤純彌監督、一九七六年）、『遙かなる山の呼び声』（山田洋次監督、一九八〇年）で主演を務めた高倉健ですね。彼は、華麗な演技で人の目を奪うタイプの俳優じゃ絶対ない。いろいろな異なる役柄をこなす演技の幅も、正直あまりない。僕に言わせれば、同じタイプの人物像を、多彩に演じ切るタイプの俳優。彼の感情表現はいつも複雑さと曖昧さ、つまり多義性に富んでいる。彼の演じている役は、つねに複数の選択肢や可能性の交差点に立っているんだ。登場人物がどの方向へなびいていくのか、繊細で説得力のある演技で徐々に示してくれるので、似たキャラクターを演じていても、観客を飽きさせない。最近観た『鉄道員　ぽっぽや』（降旗康男監督、一九九九年）や『あなたへ』（降旗康男監督、二〇一二年）では、彼の演技に詩的な味わいが加えられ、それまでの高倉健のイメージとのギャップに別種の感動を覚えた。

僕はむしろ、映画監督になってから、俳優としての高倉健の偉大さを改めて感じるようになった。他のアジアの映画監督と同じように、僕も抑制的で含蓄のある東洋的な美を追い求めてきた。だけれど、高倉健は俳優の仕事を通して、そのような東洋的な美を凝縮した形で見せてくれた最高のお手本でしたね。

――なぜ一九八〇年代の中国で、高倉健が中国国民にあれほど支持されたのでしょう?

王　日中の男優の力量差というよりも、両国の映画のレベルの違いによるものだったと思う。当時の中国では、文革の苦難から立ち上がったばかりで、激しい憤りや、センチメンタリズムといった短絡的な感情表現が、当時の中国映画を特徴付けていた。高倉健のような俳優を生みだすためには、社会のさまざまな問題点を冷静に受け止める寛容さと、人間の心の機微を感得できる心の余裕が求められるが、当時の中国映画界ではそれを身につけた監督やスタッフが皆無で、高倉健のような俳優が生まれる土壌はなかった。

中国映画の場合、時代が大きく変わるたびに、多くの映画人はスクリーンから消え去ってしまう。それに対して日本映画の場合、同じ監督やスタッフ、俳優が戦前からずっと途切れることなく活躍し続けていた。だから、日本の映画文化には断絶がなかった。それが一九八〇年代に一つのピークを迎え、『遙かなる山の呼び声』や『幸福の黄色いハンカチ』(一九七八年)における、山田洋次と高倉健の名コンビを生み出したんじゃないかな。

僕の作品の『江城夏日』、『日日夜夜』に登場する、父親を演じる俳優の演技は、八〇年代当時の中国の男優と比べたら天と地の違い。だけどそれは、現在の脚本家や監督によるヒューマニスティックな人間描写そのものが深まってきた結果だと考えるべきでしょう。

——日本の女優さんについてはいかがでしたか。

王　僕の少年時代には、中国でAVもなければグラビアもなかった。だから、日本映画に出てくる美しい女優たちは、僕の夢のなかの恋人でした。『愛と死』（中村登監督、一九七一年）の栗原小巻と『蒲田行進曲』の松坂慶子は、バタ臭さを持ちながら優雅で親しみやすかったので、最も好きな女優だった。ちなみに中野良子のイメージは奔放過ぎ、逆に吉永小百合は地味過ぎたから、この二人には及ばなかったな。さらに言えば、当時の中国で人気絶大だった山口百恵に対する印象は、僕の場合希薄だったね。彼女の出演作は映画よりもむしろ「赤い」シリーズみたいなドラマが多かった。残念ながら、僕の好きなアート系の作品ではなかった。でも、彼女の歌をかなり聞いたので、癖のある中音の歌声だけはずっと印象に残っています。

でも演技の面においては、『Wの悲劇』や『探偵物語』（根岸吉太郎監督、一九八三年）の薬師丸ひろ子が、当時の僕に最も鮮烈な印象を与えた。本能的にエネルギッシュに振る舞っているよう

『愛と死』の現場。
栗原小巻、中村登
写真提供：中村好夫

に見えるが、抑制がかかっており、わざとらしさはまったく感じられない。僕のなかでは、最も映画的でモダニティーに富んだ天性の女優だった。

❖北京電影学院の思い出

——一九九一年より、監督は北京電影学院で映画の勉強をされていましたが、そのときに観た、最も印象に残った日本映画はなんですか?

王　最初に出会ったのは今村昌平監督の『楢山節考』(一九八三年)だった。その、人間を見据える残酷なまでの眼差しが、僕だけではなく、賈樟柯らほかの第六世代監督にも大きな衝撃を与えたと思う。『楢山節考』は鄭亜玲先生による「電影賞析(映画鑑賞)」という授業でのビデオ上映で観た。

実は、僕も賈樟柯も、電影学院の正規の学生ではなかった。特に、夜間部だった僕は昼間にたくさん時間があったので、どこそこの学科で映画上映があると聞きつけると、すぐに駆けつけて映画をむさぼるようにして観た。正規の学生なら、自分の所属の学科の授業しか出席しなかったので、僕は彼らより何倍もの映画を観たと思う。

小栗康平監督の『泥の河』(一九八一年)は一九八二年に中国で一般公開されたが、上映回数が少なかったため、観る機会を逃してしまった。悔しくて中国語訳の台本を手に入れて、読みながら画面を想像していた。実際にそれを観たのは九〇年代の北京電影学院の授業内においてだった。終戦直後に水上生活を強いられた少年の母親が、生活のため船上で身を売るという描写。そこに、二人の少年の友情を織り込むことで、ドキュメンタリータッチの質感と、抒情的で詩的な美しさが生みだされていた。フィックスの長廻しのキャメラワークもたいへんに印象的だった。

実は、小栗康平監督は、僕にとって初めての日本人の友人でもあります。二〇〇〇年、インドで開催された国際映画祭に僕は『安陽の赤ちゃん』を携えて参加しましたが、そこの審査委員のひとりが小栗監督でした。審査員の評価が割れるなかで、彼は僕の作品を高く評価し、結果、その一票がグランプリをもたらしたと後に伝え聞きました。なかなか決まらなかった日本での配給ができたのも、小栗監督と、中国語を話せる監督のお嬢さんの尽力によるものだったんです。

相米慎二監督の『台風クラブ』（一九八五年）も、電影学院の授業で観た。重大なテーマや物事の本質を、繊細なディティールの一つで描き出してしまうその手腕に感服しました。たとえば、親が不在のときに、少女が母親の部屋に入り、化粧台でメークをする。そして母の布団のなかへ入り、おそらく自慰行為をする。

トークショーに出演する王超監督（左）と小栗康平監督（右）。
2015年12月、ポレポレ東中野。　撮影：劉文兵

そんな風に、思春期の少女のプライベートな内面がビジュアルとして不意に突きつけられたから、僕は戦慄すら覚えた。

大島渚監督のように、日本映画の伝統をぶっ壊そうとする映像作家とは対照的に、相米も小栗も小津安二郎が築き上げた映画言語を受け継ぎながら、そこにさらにモダニティーの新風を吹き込んだように感じた。彼らの作品における東洋的なモダニティーに、僕は親しみを覚えた。アントニオーニのような欧米の映像作家よりも、日本の監督の映像世界の方が感情移入しやすいからね。

――先ほど、お話のなかに小津安二郎の名前が出てきましたが、小津や黒澤の作品もよくご覧になったんですか？

王　もちろん。小津は『東京物語』（一九五三年）以上に、『晩春』（一九四九年）が好きです。また、一番好きな黒澤映画は『赤ひげ』（一九六五年）。後者は典型的な黒澤作品ではありませんが、含蓄のある抑制の効いた作風と、明快なテンポ、とりわけそのヒューマニズムにたいへん親近感を抱きました。

でも、僕が最も感服した日本映画の巨匠は溝口健二。『残菊物語』（一九三九年）、『山椒大夫』（一九五四年）、『雨月物語』（一九五三年）における長廻しを特徴付けるキャメラワークを見て、映画言語におけるモダニティーの源は溝口作品にあったと納得できた。

――監督も賈樟柯も、当時の電影学院の正規の学生よりも、その後、国際的にも活躍されるようになりますが、それはなぜだったのでしょうか。

王　僕は、賈樟柯と同じ年に電影学院に入った。僕らはルームメイトだったから、彼のことはよく知っている。美術畑出身で、画家になるのを夢見て、初めは美術学院を目指していた。また小説家でもあり、作品が中国の文学雑誌に掲載されたほどで腕前はプロ並みでした。もう北京電影学院に入る時点で、すでに立派な美術青年、文学青年でした。

一方、僕の場合、電影学院に入ったときはもう二七歳でした。それまではひたすら、文学や映画の世界に浸っていました。南京で数多くの映画を鑑賞して、一九七九年から『世界映画』を購読していて。これは中国唯一の、外国映画理論を紹介する専門誌です。まさに独学でしたね。でも、映画に対する見方やビジョンは人よりもしっかりもっていた。つまり、良い映画を撮れるかどうかは、電影学院の正規の学生かどうかということよりも、作り手自身の世界観、芸術観によるところが大きいのでしょう。

❖「DVD時代」と日本映画

——一九九〇年代後半になると、日本映画はDVDなどの映像ソフトとして、中国で広く流通していきました。その一部は海賊版で、深刻な著作権問題が生じましたが、それまでなかった規模で、中国人は日本映画に触れることができるようになったと思うのですが。

王　確かに、様々なバリエーションの日本映画を観ることができました。映画人だけではなく、映画好きもこぞって小津映画を観ていた。侯孝賢（ホウ・シャオシェン）が小津の作風を受け継いでいることは、僕らの間でも周知のことでした。

そのなかで、僕にとっての最大の発見は、必ずしも国際的に名を知られている巨匠ではなくとも、優れた映画監督が日本には数多くいるという事実でした。森田芳光監督は、間違いなくそのうちの一人。彼の作品を最初に観たのは、夏目漱石原作の『それから』（一九八五年）。憂いがかった知的な雰囲気は僕の好みに合っていた。

続けて『家族ゲーム』（一九八三年）もＤＶＤで観た。ある家族を通じて、日本の国民性を子どもの視点から描き出す、ブラックユーモアたっぷりの作品。『それから』とは全く違う演出に目を見張った。その後観たのは『失楽園』（一九九七年）。映画を観る前、すでに渡辺淳一の原作を読んでいました。過激なエロスの描写にインパクトがあったけれど、手法はそれほど目新しいものじゃなかった。それに対して、森田監督の映画版には、映像メディアという配慮が働いたのか、エロスの部分が原作より少なくなっていた。だけど、その代わりにキャメラワークや、編集といった表現スタイルによって、自らのオリジナリティーを打ち出していると感じた。大都会に暮らす人間の愛欲をテーマにする作品を撮るなら、僕を含め、中国の映画監督が森田監督に追い付くにはまだ何年もかかるなと、その時に一種の絶望感に襲われたのが正直なところでした。

大林宣彦監督の『姉妹坂』（一九八五年）は八〇年代後半、南京の映画館ですでに観ていた。人間の成長に伴った美しさと残酷さを、洗練された演出で見せてくれた青春映画。それから二〇〇〇年に入って、『時をかける少女』（一九八三年）、『異人たちとの夏』（一九八八年）など、数本の大林作品をＤＶＤで観た。

その間の取り方は絶妙で、心に染みるものがあった。僕は、もし、これから商業ベースの青春映画やアイドル映画を撮る機会があるのなら、大林監督の全作品を観てその作風を真似したいと思いました。

森田監督も大林監督も国際的に広く名を知られる巨匠ではないかもしれない。だけど、彼らは自分自身のため、また日本の観客のために映画を作り続けてきた。決して「国際映画祭受賞」とか、功利的な目的のためなんかじゃなく。

❖インディペンデント映画の製作をとりまく環境

——監督の近作を拝見しますと、都会の中産階級の中国人を主人公とした作品が多いようですね。

王 欧米ではいまだに、中国映画と言えば、張芸謀（チャン・イーモウ）たち第五世代監督が手掛けた、封建社会時代の中国のエキゾチックな風俗を見せ物として描く作品をイメージする人が多い。あるいは、CGを駆使したカンフー大作、もしくは、僕ら第六世代の監督による、現代の中国社会の変遷に翻弄される下層の人々をクローズアップする作品群になるかと思う。僕のデビュー作『安陽の赤ちゃん』もその部類に入るだろう。

もちろん『安陽の赤ちゃん』のような、厳しい環境に置かれた人々の苦闘と尊厳を撮り続けたい気持ちはあった。だけど、僕はあくまでも都会に住む知識人の一人であって、自分自身の生存環境や、自分の精神世界を当然ながら描きたい。中国の中産階級に着目するようになるのもごく自然な流れだったと思います。

しかし、『重来』という作品を作ろうとしたときに、ヨーロッパのプロデューサーの方が「中産階級の題材は私たち欧米の監督が扱うべき題材なんだ」と反対した。僕にしてみれば、カンヌ国際映画祭に気に入ってもらえるかどうかは関係なかった。純粋に、社会問題に対して自分の意見を言わなくてはならないとき、あるいは自分の心の持ち方や愛の形に問題が起きたときに、映画を作らずにはいられなかっただけです。

僕ら第六世代の監督の手掛けるインディペンデント映画は、政府のバックアップはもちろん得られず、製作費もわずかしかないため、短期間で早撮りすることを強いられている。『安陽の赤ちゃん』と『幻想曲』の撮影期間はいずれも三週間だった。さまざまな限界のなかで、自分の撮りたい題材を撮り続けていることを誇りに思う。だけど、撮り終えた際には、心残りを感じることが多い。もっと落ち着いて心に染み入るような作品に仕上げることができれば、憧れの日本の映画監督に近づけただろうと思うが、なかなかそうはできない。

二〇一五年に日本で小栗康平監督と再会し、新作の『幻想曲』を

『安陽の赤ちゃん』

見せた。僕のデビュー作に続き、十数年ぶりに見せた作品にもかかわらず、気恥ずかしくなるような出来栄えだった。自分の成長をもっと小栗監督に見せたかったのに、それができずとても悔しかった。

さまざまな制約のなかで、そもそも映画の作り手として、今の僕は良いコンディションであるとは決して言えない。また現在、中国の映画産業はある意味で繁栄を極めており、僕たちは多くの誘惑に晒されている。それは、メジャーな商業映画からの誘惑であったり、国家権力やイデオロギーからの誘惑であったりするのだが、それらの誘惑に惑わされず、そういった作品に手を貸さないでい続けることにも強い勇気が必須だ。

インディペンデント映画やアート系の作品を巡る製作環境の悪化は世界的な問題で、日本映画も例外じゃない。かつての日本映画は、たとえアート系の作品でも、採算が取れた。そのため、十分な準備時間、人材の調達に恵まれていたという良き時代があった。だが、近年、日本映画の製作環境が変わってきて、かつてのような心を打つ作品はあまり見なくなった。とても残念に思います。

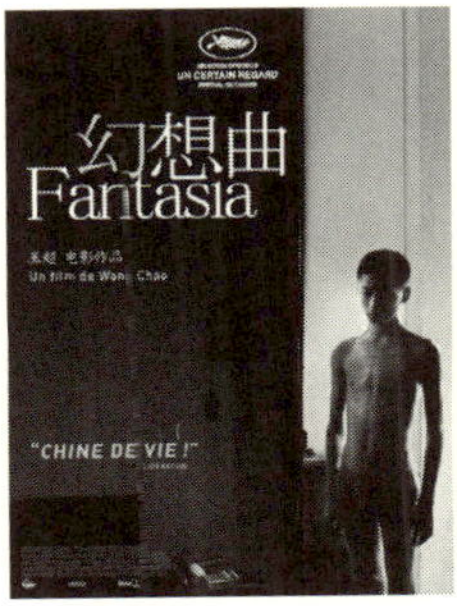

『幻想曲』

『重来』

❖近年の日本映画について

――監督の作品では、やはりデビュー作の『安陽の赤ちゃん』が一番インパクトがあって、印象に残りますね。

王　『安陽の赤ちゃん』はデジタルではなく、フィルムによって撮影されたもので、中国的な物珍しさが生々しい質感で打ちだされていましたね。

それに対して、都会の中産階級を描いた近年の作品は、技術的にも映画言語的にも『安陽の赤ちゃん』より成熟はしているものの、見る者に馴染みやすい題材なので、インパクトは弱い、というところじゃないでしょうか。

でもやっぱり、それ以上に、僕自身の製作姿勢の問題でしょう。僕たち第六世代の監督は、フランス映画の巨匠ロベール・ブレッソンから受けた影響が強く、古典的なハリウッドのドラマツルギーや、キャラクターの性格描写を拒絶し続けてきた。そのため、デビュー作の『安陽の赤ちゃん』は、物語や登場人物の方向性を全く意識せずに伸び伸びと撮っていた。

しかしその後、多くのキャリアを積んできているうちに、映画づくりの方向性がわかってきて、作品の構造がより洗練された反面、登場人物が置かれた状況そのものの根源へと迫ろうとする勢いが弱まったと自覚しています。

――ここ数年、北京や上海で開催されている国際映画祭において、毎年、数十から百本近い日本映画の新作が上映されていますが、監督はご覧になっていますか。

王　中国国内にいれば、なるべく観るようにしています。とくに、国際映画祭受賞の常連である是枝裕和や、河瀬直美監督の作品には注目しています。

話が飛びますが、昔、中国では女性が靴を手作りしていた。靴底を強くするため、何度も細かく針を刺して「刺し子縫い」にした。是枝裕和監督の手法はディティールに凝っていて、まるでその作業を連想させました。資金や製作期間に追われ、なかなか細部にこだわる余裕がなかった僕は、彼の堅実な製作姿勢に感心した。そして羨ましくも思った。彼の初期の『幻の光』（一九八五年）あたりが大好きです。

しかし、近作の『海街 diary』（二〇一五年）、『海よりもまた深く』（二〇一六年）を観ると、マーケティングを意識し、国際映画祭での受賞をイメージしたかのような作品で、正直がっかりした。また、これらの作品においては、家族の間の会話が大きな比重を占めているが、日本人は皆、あんなふうにお喋りが上手なのか。いや、実際は中国人以上にシャイで、自己表現が苦手のような気がする。要するに、彼の作品のさまざまな要素が、国際映画祭向けにプログラミング化されているように感じた。

靴底の「刺し子縫い」の作業は相変わらずだが、ユーザーのオファーを受けてから流れ作業のように手早く作るようになった感は否めない。彼の初期の作品のように、周囲をまったく意識せず自分の作業に打ち込んで一針一針縫い上げた作品のほうが僕は好きだ。

ベテラン監督は、経験による熟練さと同時に、わざとらしさ、パターン化、はっきりした方向性がどうしても作品に出てしまう。僕はごく一部の日本映画しか観てないが、西川美和、諏訪敦彦、青山真治らがアート系の映画づくりを堅持し、それを牽引しているように感じた。

――監督の今後の抱負について聞かせてください。

王　頭を使わずに楽しめる商業映画が横行するなかで、中国の観客の感受性が危険な水準にまで下がっているという危機感が、僕にはずっとある。それが今以下に下がらないように、良い作品を作り続けていくしかない。

（写真提供：王超）

二〇一八年三月七日、東京で取材
二〇一八年三月二〇日、電話で追加取材

新世代の監督と日本文化

路陽《ルー・ヤン》（監督）インタビュー

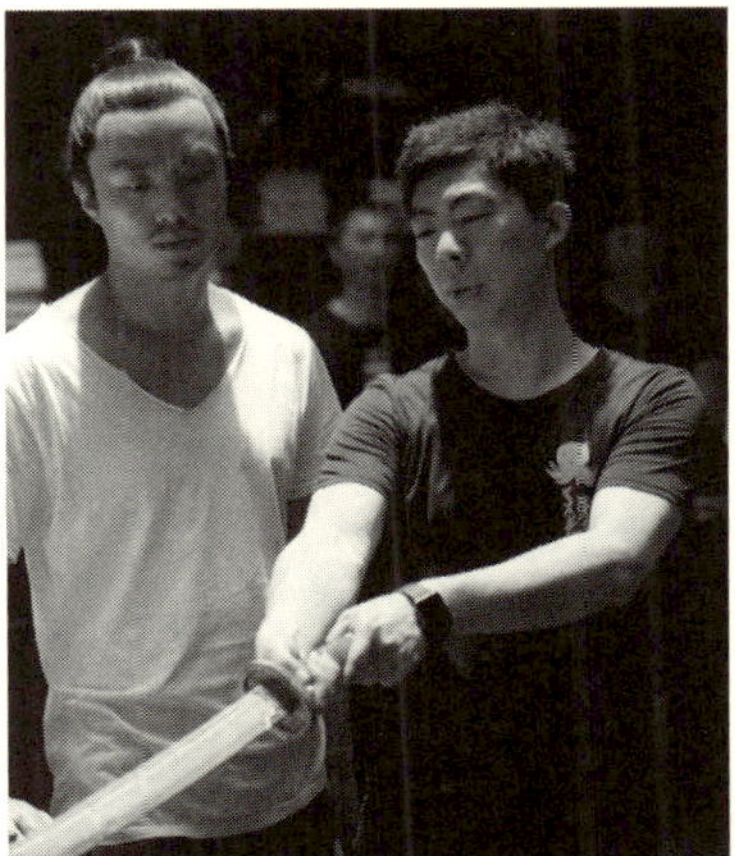

俳優に演技指導をする
路陽監督（右）

ルー・ヤン（路陽）

一九七九年北京生まれ。北京理工大学で学んだ後、二〇〇四年に北京電影学院修士課程に入学。修了後テレビドラマのシナリオや演出を手掛け、二〇一〇年に『盲人電影院』で監督デビューを果たす。一四年には『ブレイド・マスター』を監督し、カンフー時代劇に新風を吹き込み、一躍脚光を浴びる。一七年、続編にあたる『修羅　黒衣の反逆』がヒット。その洗練された演出が高く評価され、中国映画のホープと嘱望されている。

二〇一二年、中国の映画市場はとうとう日本を抜き、北米に次ぐ、世界第二位のシェアにまで上り詰めた。そして一五年には、日本の四倍にも相当する市場規模にまで急成長。さらに一七年、スクリーン数は世界第一位を記録した。

平均年齢が二二歳未満の観客層によって占められる、中国の映画市場。ここでは、オールスター登場のアクション大作や、中国的ローカルカラーの強いコメディーがもっとも人気を集めている。そのなかで、中国の歴史や文化を鮮烈な映像スタイルで描くいわゆる第五世代の監督たち、あるいは中国社会の現実をリアリスティックに映しだす第六世代とは対照的に、新世代の中国の映画監督たちの作品は、ファンタジックな虚構性を追求し、ジャンル映画の可能性を探ろうとする傾向が顕著であるように思われる。

それは、彼ら自身が映画を観てきた環境が、前世代の監督たちとは大きく異なっていることによるところが大きい。つまり、映画館だけではなく、DVDやインターネットを通じても、映画史上の古典や各国の最新作に自由にアクセスすることが可能となり、さらにマンガ、アニメ、ゲームに接するなかで、想像力やインスピレーションが育まれたからである。

また、国家公務員に準じる待遇を受けた第五世代や、映像作家であることを自負する第六世代とは異なり、フリーランスの立場を自覚している新世代の監督たちは、映画市場の様々な要請に柔軟に応える器用さをも併せ持っている。

今回は、新世代の中国の映画監督が受けた日本文化や日本映画の影響、そして、中国映画市場の現状と彼ら自身の製作姿勢について、路陽監督に取材した。

❖日本マンガから新選組、井上靖まで

――日本文化が監督に与えた影響について聞かせてください。

路陽（以下「路」） 僕みたいに、一九七〇年代末から八〇年代初頭に生まれた人間は、小学校のころ、当時中国になだれ込んできた日本のマンガや日本のゲームに非常に親しんでいましたね。少年時代に読んだ日本のマンガといえば、熱血アクション系の少年マンガが多かったね。荒木飛呂彦、木城ゆきと、岩明均、浦沢直樹が大好きな漫画家。それらは僕にとって、映画を作る際のインスピレーションの源泉の一つなのは間違いない。

また、マンガやゲームの一部が日本の歴史を題材にしたもので、それで日本の歴史に興味を持つようになったんです。それが下地となって、大学時代になると司馬遼太郎や井上靖の歴史小説を夢中になって読みました。特に印象に残ったのは、司馬遼太郎作の新選組を描いた『燃えよ剣』、『新選組血風録』でした。主人公が影を背負っていて、心の葛藤を抱えていて。僕はその「敗者の美学」に惹かれて、中国でアクション時代劇を作ろうとしたときに、中国の歴史における新選組のような存在は何だろうと考え、明の時代の秘密警察である「錦衣衛」が思い浮かんだんです。組織に所属しているんですが、やがて良心に目覚め、悪に立ち向かっていくという人物像を仕立て上げました。

また、井上靖を知ったのは、彼の小説を原作とした日中合作映画『敦煌』（佐藤純彌監督、一九八八年）がきっかけでした。彼の作品のなかには、宮本武蔵、徳川家康、武田信玄を主人公とした日本の歴史も

のだけではなく、孔子、劉邦、項羽、そして『敦煌』、『狼災記』など、中国のものもかなり多かった。中国の歴史に対する井上靖の研究は実に深くて感心するんですが、日中両国のインテリが歴史を見る際の視点が、こんなにも異なるんだってことも思い知らされて。でも、日本人の書いた中国ものって、中国人が書いたものよりロマンチックで、読んでいてうきうきしますね。

❖『HANA-BI』をきっかけに日本映画へ

――印象に残った日本映画は?

路 高校生だった僕は、DVDで見た北野武監督の『HANA-BI』(一九九八年)に強烈な印象を受けました。それまではハリウッドや香港のアクションものが大好きで、ドラマチックなストーリー展開とエンターテインメント性しか映画に求めていなかった。だけど、『HANA-BI』から映像作家の表現と主張を感じ取り、映画メディアが娯楽以外の機能を持っていることを発見したんです。

その後、北野監督の全作品を観ました。チャンバラ時代劇の『座頭市』(二〇〇三年)も大好きだった。それに、黒澤明の『姿三四郎』(一九四三年)、『七人の侍』(一九五四年)、『隠し砦の三悪人』(一九五八年)といった時代劇も、自分が後にアクション時代劇を作る土台となった。

その一方、日本のポストモダン風の映画作品にも大学時代に魅了された。たとえば、北村龍平監督が演出を手掛けた『荒神』(二〇〇三年)。あれは終始、二人の登場人物しか登場せず、演劇のような様式美に富んでいましたね。

初めて観た岩井俊二監督の作品は『四月物語』（一九九八年）。その後、『花とアリス』（二〇〇四年）から『リップヴァンウィンクルの花嫁』（二〇一六年）までの全作品を観ました。登場人物の心の機微を捉えるその繊細さや、フィクションの中に含まれる現実の質感といった彼の演出の手腕は独特で、模倣やコピーはとてもできませんね。

僕の場合、今までテンポの速いアクションものばかり撮ってきましたけれど、いつか小津安二郎、山田洋次監督が手掛けたような、ジャンルものではない作品を撮ってみたいと強く願っています。

——今まで多くの若手監督にインタビューや取材をする中で、東野圭吾のファンが多いように感じました。監督はいかがですか。

路　僕の場合、『容疑者Xの献身』（西谷弘監督、二〇〇八年）という映画を観て、原作の東野圭吾に興味を持ちました。初めて読んだ彼の作品は『白夜行』でしたね。二〇〇八、二〇〇九年頃にはスパイものやサスペンスもののテレビドラマのシナリオを書いていたので、参考にするために東野作品を探しだして読みました。彼の作品に多くの中国の若手監督が惹かれる理由として、やはり作品自体の魅力によるものが大きかったと思います。それまで中国に紹介されていた島田荘司の作品とは異なり、推理小説としての比重がそれほど大きくなく、むしろ社会派小説の特徴が際立っていたように感じました。とりわけ、登場人物の描写はユニークで深みがありました。社会環境へのリアリスティックな描写と、登場人物のきめ細かな心理描写が相まって、時間や空間を飛び越え、縦横無尽に展開する物語構造と、何もかも視野に収める俯瞰的な視点がその魅力の源だったと感じます。

近年、少しだけ彼の作品から離れるようになりましたが、それは伊坂幸太郎、横山秀夫ら、他の優秀な小説家の作品に接するようになったからであり、それに東野作品があまりにも多く量産されるようになったからでしょう。

❖アクション映画の新しい試み

――監督の『ブレイド・マスター』とその続編の『修羅　黒衣の反逆』は、それぞれ日本でも上映されましたが、続編では、キャメラワークやアクションシーンの演出が著しく洗練されてきたように思います。

路　それはまず、予算が違ったからでしょうね。最初の作品は三〇〇〇万元だったけれど、続編は八〇〇〇万元になったので、撮影の期間や条件などが随分変わりました。『修羅　黒衣の反逆』では、アリ・アレクサというワイドレンズのキャメラを使ったので、より広い視野を収めることができました。

実は、同じキャメラマンなどのチームで、これまで計四本の作品を撮ってきたんです。いつも激しくディスカッションしながら、試行錯誤を繰り返してきました。それぞれの作品ごとに僕らは成長しましたが、その成長ぶりを作品から感じてくれるのであれば、これほど嬉しいことはありませんね。たとえばこの二本の作品では、手持ちキャメラの撮影が八割を占めていましたが、それがもたらす臨場感を、いかにストーリー展開と結びつけるか。キャメラのブレを抑えたり、強調したりするその手加減を常に試しました。続編ではそれが洗練されてきたと感じています。

──竹林の中のアクションシーンが大変印象に残りますが、アン・リー監督の『グリーン・デスティニー』（二〇〇〇年）を髣髴とさせます。

路　確かに、名作映画のオマージュということで、竹林の中での戦いの場面を脚本の段階で決めていました。でも、アン・リー作品だけではなく、キン・フー監督のカンフー映画や、張芸謀（チャン・イーモウ）監督の『LOVERS』（二〇〇四年）、それに黒澤明監督の『羅生門』（一九五〇年）のなかにも竹林が出てきたと記憶しています。

だけど、これまでの名作映画では、夜の竹林のシーンは少なかったような気がしますね。技術的な困難が伴いますから。竹林は大変背丈が高くて、密度が濃いので夜のライトのセッティングが大変難しい。さらに、闘いでは広い範囲を動き回るので、ライトも広範囲をカバーしなければならず、その上それらは自然な光に見えなくてはならない。これらの試行錯誤の末、ようやく撮影でき

『修羅　黒衣の反逆』でのチャン・チェン

ました。

――今回の作品にはアクション監督もいますが、現場での役割分担について聞かせてください。

路 アクションシーンの大まかな流れは、脚本の段階で既に決まっていますが、具体的な動きに関しては、アクション監督の知恵に頼らなければなりません。彼は経験豊かな武術家で、この闘いの場面ではどのような動きがふさわしいかを提案してくれます。それはいずれも、僕らの想像力を上回るものでした。

たとえば、鉄槌と刀をそれぞれの武器として戦う二人の男の場面では、どちらが負けるか力関係の差を決めた上で、アクション監督にお願いします。回転して攻撃をかわすという注文に対して、それが相手の左側なのか右側なのかあるいは頭上かを決めるのがアクション監督の仕事となります。

――ブルース・リーやジャッキー・チェン、ジェット・リー

『修羅　黒衣の反逆』

による生身の本物のカンフーと、CGなどの特殊撮影のアクションシーンの区別が、こと一般観客には付きにくくなってきたと思います。監督は、撮影において本物のカンフーを使うことに、まだ特別な価値があると思いますか。

路　素晴らしいアクションは、その動きの組み合わせがいかに華やかであるか、あるいはそれを撮影するキャメラワークがいかに変化に富んでいるかとは必ずしも正比例していないように思います。登場人物の感情とリンクしたアクションの瞬発力がもっとも観客の視神経に働きかけ、観客の感情を高ぶらせることができる。このような観客の本能的な興奮を引き起こすことができるのは、本物のカンフーに他なりません。これはCG、特殊撮影ではなかなか到達することができないと感じます。

たとえば、プロの武術家の動きをデータとして撮影してデジタル技術を使って俳優の動きに組み込み、アクションができない俳優が闘っているようにも見せることもできます。しかしそのインパクトは、本物のカンフーとはまた異なってきます。

それにしても、カンフー映画の原点はやはり、生身の本物のカンフーにこそあると思います。素材やデータとして撮影される対象となるのも、結局は本物の武術家なので、本物のカンフーは受け継がれるべきだと強く思いますね。

——『修羅　黒衣の反逆』は、川井憲次が音楽を手掛けましたね。

路　川井憲次は中国ではビッグネームで、ツイ・ハーク監督の『セブンソード』（二〇〇五年）など一〇本以上の中国語圏の映画を手掛けています。彼の音楽のセンスは斬新で、その音楽も多岐に渡っています。とりわけ、シンセサイザーと交響楽を融合させる点が、鮮烈な印象を与えています。僕、自分の作品の音楽を川井さんに書いてもらったらどんなに素晴らしいかと思って、ダメ元で彼のホームページにメッセージを残したんです。返事なんてもらえないだろうと思っていたのに、なんとすぐさま反応してくれて。わざわざ北京に来てくれて一緒に仕事をすることになりました。

――チャン・チェンのカンフーはどうでしたか。

路　チャン・チェンは、プロの武術家というより映画俳優だから、ジェット・リーやジャッキー・チェンとは比べようがありません。でも、それまでに多くのカンフー映画に出演していて、キャメラの前で格好よく体を動かすコツは熟知していて、経験豊かでした。僕の作品に出演する前に『グランド・マスター』（ウォン・カーウァイ監督、二〇一三年）

路陽監督、チャン・チェン

の撮影のために北京に長期滞在し、二年間プロの下で八極拳を学んだので、それなりのインパクトがあったと思います。

チャン・チェンは大変ピュアで、少年のようでしたね。僕と同じようにマンガとアニメが大好きで、意気投合しました。彼は『新世紀エヴァンゲリオン』の熱烈なファンだったので、僕はエヴァのフィギュアを見つけるとすぐに買って、チャン・チェンにプレゼントしました。特に庵野秀明監督のファンなんですよ。

❖中国の先輩監督たち

――日本では、陳凱歌（チェン・カイコー）、張芸謀ら第五世代監督や、賈樟柯（ジャ・ジャンクー）、婁燁（ロウ・イエ）、王兵（ワン・ビン）ら第六世代監督が広く知られていますが、これらの先輩監督の作品をどう思いますか。

路　中国の映画監督を世代で分類するのは、第六世代までで、「第七世代」という名称はまだ使われていません。いろいろな世代の監督がメガホンを取るようになりましたが、その時代背景は異なります。第五世代の監督が北京電影学院を卒業して映画監督になったのは、一九八〇年代半ば、改革開放の初期の頃でした。市場経済がまださほど発達しておらず、計画経済が支配的だった時代なので、第五世代の監督たちも、中国各地に点在していた映画撮影所に配属されました。配属された以上は、必ずメガホンを執る機会が与えられ、しかも製作費用は全て、国の予算で賄われたんです。奇抜なアイデアから生まれるアート系作品をも作ることができました。興行収入を考えずに作りたい作品が作れるという点で、クリエーターにとってはまさに黄金時代でした。しかし、第六世代に至ると、中国映画を取り巻く環境は大きく変動し、テレビを始め娯楽の選択肢が増えるなかで、映画メディアはエンターテインメントの王様の地位から引き下ろされ、周辺に追いやられました。彼らの撮った作品も、低予算のインディペンデント作品が多く、強烈な自己表現がその特徴でした。

ちなみに賈樟柯、王小帥（ワン・シャオシュアイ）、婁燁、張楊（チャン・ヤン）監督は、皆それぞれ作風が異なっています。僕が一番好きな第六世代の監督は、婁燁。彼の作品は詩的でロマンチックで、映画言語においても作品ごとに新しい試みがなされています。彼の作品を見る度、「この題材をこんな風に撮るんだ」っていう新鮮さと驚きを覚えます。映画メディアの可能性を積極的に探っている監督といえば、間違いなく婁燁。

そういえば、第五世代の監督とは、直接的な接点があります。電影学院の修士課程時代の指導教官が、田壮壮（ティエン・チュアンチュアン）だったんです。僕が入学した二〇〇五年、彼はちょうど『呉清源極みの棋譜』（二〇〇六年）を撮っていました。シルビア・チャン、チャン・チェンと共に、日本ロケに行ったと聞きました。その後また、井上靖の『狼災記』を原作にした『ウォーリアー&ウルフ』（二〇〇九年）も製作して。現在、先生は主に後進への教育活動に尽力されていて、つい最近お会いしたときには、多くの教え子が中国映画界のさまざまな分野の屋台骨の役割を果たしているのを見て、映画監督では感じられない達成感があるとおっしゃっていました。最近、陳凱歌監督が新たな電影学院を開きましたが、そのお手伝いをしていると聞いています。一度、監督引退を宣言されましたが、また新作映画に取り掛かるようになったので、とても楽しみにしています。

——チャン・チェンが監督の『ブレイド・マスター』、『修羅　黒衣の反逆』に出演したのも、田壮壮監督の紹介だったのでしょうか。

路　いえ、あれはプロデューサーの張家振さんがチャン・チェンを引き合わせてくれたんです。

——監督の今後の抱負について聞かせてください。

路　市場原理が働いている中国の映画市場では、僕たちは常に、自分が撮りたい企画と、製作側が撮って欲しい企画との間で板挟みになる。だけど僕としては、好きでもない映画を無理して撮るということは絶対にしない。僕自身が好きな作品を、そして観客を楽しませる映画を撮り続けたい。これが、僕の原則です。

（写真提供：路陽）

二〇一八年三月八日、東京で取材

中国フィルム・ノワールと日中合作の可能性

忻鈺坤《シン・ユークン》（監督）インタビュー

シン・ユークン（忻鈺坤）

一九八四年に内モンゴルの炭鉱都市、包頭（パオトウ）に生まれた。熱烈な映画少年だった彼は高校を中退し、西安映画グループ傘下の映画学校に通った後、北京電影学院の脚本・監督学科を目指すが失敗。さまざまな映画現場で録音マイク係やお茶くみの仕事をしながら、映画理論の本を読み漁り、二〇〇八年、念願だった北京電影学院撮影科で一年間学ぶこととなる。

二〇一三年に、サスペンス映画『心迷宮』で監督デビュー。そして国内外で新人監督賞を受賞する。最新作は『無言の激昂』。バイオレンス映画である。

近年、日本における中国映画の上映ラインナップを見ると、ある新しい兆候に気づく。これまでは、重厚な歴史ドラマや、「中国らしさ」を売りにした文芸映画、あるいはドキュメンタリー作品が主流であった。だが、二〇一五年に公開された映画『薄氷の殺人』（刁亦男監督、二〇一四年）に続き、一七年の東京国際映画祭で上映されたのは、アニメ『Have a nice day』（劉健監督、二〇一七年）、そして『迫り来る嵐』（董越監督、二〇一七年）であった。そのうち『迫り来る嵐』は、待望の日本公開も控えている模様。さらに、「電影2018」において上映された『無言の激昂』（忻鈺坤監督、二〇一七年）も、日本の中国映画ファンの間で話題となった。これらの作品はいずれも、フィルム・ノワールというジャンルに属しており、中国的なローカルカラーよりも、むしろ欧米や日本、韓国、香港映画との同質性が際立つ作品群であった。そして、二〇一八年三月八日、『無言の激昂』を携え来日した忻鈺坤監督にお話を伺うことができた。

❖ジュラシックパークとジャッキー・チェン

――シン監督はいつ映画が好きになったのですか。

忻鈺坤（以下「忻」）　スピルバーグ監督の『ジュラシックパーク』（一九九三年）との出会いは、当時幼かった僕にとって衝撃でしたね。その後、こうしたファンタジー溢れるスペクタクルな映画を夢中になって観ました。そうしているうちに、「自分も映画を撮ってみたい」という願望の種が心の中に芽生えたんです。

僕がとくに映画に夢中になっていたのは、中学生のころでした。故郷は地方都市でしたが多くの映画館があって、たとえば人気映画が上映されると、どの映画館も黒山の人だかりで、ムンムンと熱気に包まれていたのをはっきり覚えています。たとえば、ジャッキー・チェンが出演した『ファイナル・プロジェクト』（スタンリー・トン監督、一九九七年）のときは、チケット一枚で、一日中ずっと入り浸って観ていました。だけど、その後の数年間で、ほとんどの映画館は街から消えてしまった。そして九〇年代後半になると、ＤＶＤなどの映像ソフトで映画を見る時代になったんです。

❖デジタル時代の映画撮影

――二〇〇八年の北京電影学院での一年間は、どんなことを学ばれたのですか。

忻　撮影コースでフィルム撮影について勉強していました。その後、デジタルの時代が到来し、フィルムの市場を一気に吹き飛ばしてしまったので、実際にはフィルムを撮影に使うことはありませんでした。でも、今思えばそれは決して無駄な努力ではなかったと思います。だって、フィルム撮影から学んださまざまなテクニックや方法論は、このデジタルの時代にも充分通用するから。フィルムの原理や感光技術を学んだことのある人間は、フィルムに対して、常に畏敬の念を抱いています。だから、撮影の前に綿密にプランを練ったり、最高のタイミングの光を狙うために、キャメラを構えて待ち続けるなんてこともよくありました。また、苦労して撮影したものなので、まるで神聖なもののように大事に扱いました。あくまでも、ただの精神論に過ぎないかもしれません。でも、フィルムの扱い方がわかることで、失われつつある職人芸を身につけているようにも感じるんですよ。

　デジタルの時代になると、早撮りが全盛になりました。それは、企画の立ち上げや製作の段取りそのものがスピーディーになったことも関係していますが、効率が良くなる一方で、撮影すること自体が安易なものに成り下がってしまった。今はどこも、撮影前の準備作業が足りていないように僕は感じます。

——監督はみずから編集も手掛けていたようですね。

忻　映画に接するなかで僕は、演出やキャメラだけでなく、シナリオや編集の全てに興味を持つようになりました。多くの中国の若手監督と同じように、僕も自分のデビュー作である『心迷宮』の編集に自分自身で携わって。『心迷宮』の場合、予算が限られていたのもあるし、作品を最も熟知しているのが他ならない僕自身だったということで、一人で編集しましたね。

『心迷宮』

でもね、編集って、撮影に続く二度目の創作なんですよ。だから、撮影された素材に基づいて、また新しい映画を作り上げることができる。出来上がった作品を観て、多くの可能性が編集の段階で切り落とされていたことに、今更ながら気づきました。それで、第三者の視点が介入することで、また新しいものが生まれてくるんじゃないかって考えて。だから『無言の激昂』のときには、まず編集者に第一版を編集してもらって。まあ、撮影の際に時間とコストを削るため、必要最小限の素材しか撮影していなかったので、そもそも編集者の選択肢は少なかったんですが。またドラマチックな作品なので、台本に書かれた場面の設定や内容は編集によって変わる要素が少なかったかもしれません。だけど、同じ場面においても、僕のねらいとは異なる可能性がずいぶんと生まれてきたと確信しています。たとえば、作品の細部の感情表現やテンポが一層豊かになりました。それは、編集者と監督のコラボレーションの賜物だと感じています。

❖韓国映画から学ぶ

――シナリオを手堅く仕上げる監督の手腕にも感心しています。

忻　シナリオに関しては、韓国映画や日本映画からも大いに学びました。

北野武映画のバイオレンスな美学からも影響を受けましたね。当時、僕はまだ二三、四歳でしたが、僕だけでなく、多くの同世代の男性監督もあれに強く惹き付けられたに違いありません。だけど、映画に対する見方が根本から変わったのは、『殺人の追憶』（ポン・ジュノ監督、二〇〇三年）、

『オールドボーイ』（パク・チャヌク監督、二〇〇三年）などの韓国映画を観たときでした。そのほか、『チェイサー』（ナ・ホンジン監督、二〇〇八年）、『哀しき獣』（ナ・ホンジン監督、二〇一〇年）、『悪魔を見た』（キム・ジウン監督、二〇一〇年）、『哭声　コクソン』、（ナ・ホンジン監督、二〇一六年）からも刺激をうけました。これらの韓国映画は、ジャンルでいえばフィルム・ノワールに分類され、娯楽映画の醍醐味を堪能できる。だけどそれだけではなく、厚みと重層性のあるシリアスなテーマを備えた社会派映画という側面もあったように思います。東洋文化の類似性から親近感を感じたためか、その迫力のある作風に、欧米映画以上に鮮烈な印象をもちました。なにより当時の中国映画には欠けていたジャンルだったので、それらの韓国映画を繰り返し観て、物語構造を熱心に研究しました。

韓国と日本のフィルム・ノワールの系譜が、それぞれどのように形成されたのか、どのような特色を持っているのか。作品を観ながら自分なりに比較してみました。韓国映画の場合は、ハリウッドの様式を吸収した上で製作されたもので、いかにジャンル的な規定を突破するか、また複数のジャンルの要素を融合させたり、組み立てるかに、韓国の映画人たちは腐心していました。だから、それらの作品はどこか見覚えがあるが、意外性や面白味で見る者を楽しませたんです。

日本映画は、独自の日本文化が内包されていて個性的なため、そのままコピーすることは非常に難しい。それに対し、韓国映画のモデルは模倣しやすかったですね。

『オールドボーイ』にしろ『殺人の追憶』にしろ、そのストーリーの展開やキャラクター設定は、作り手が観客の心理を充分熟知していて、彼らのストーリーに対する期待や予想をおさえた上で、敢えてそれらを覆していく。これをやるには、高度なテクニックや綿密な思考が必要です。

僕は自分の作品でもそれを実践してみました。観客が僕の作品を見て、「ストーリーがこのように展開していくだろう」、あるいは「以前見たあの映画と似ているな」と薄々気付くかもしれないけれど、それをはみ出す意外性によって、その先入観を打ち破ることを意識的に試みたんです。

ここ数年、中国の映画市場が活況を呈している中で、中国の観客は映画館で大量の映画を観ており、多くのプロフェッショナルな観客が育ってきました。彼らは、映画の斬新さとステレオタイプを見分ける鋭い眼力を持っています。僕の映画は全部、物語構造で勝負するので、作り手としてはいつも観客の想像力を超えた所に立ち、

『無言の激昂』

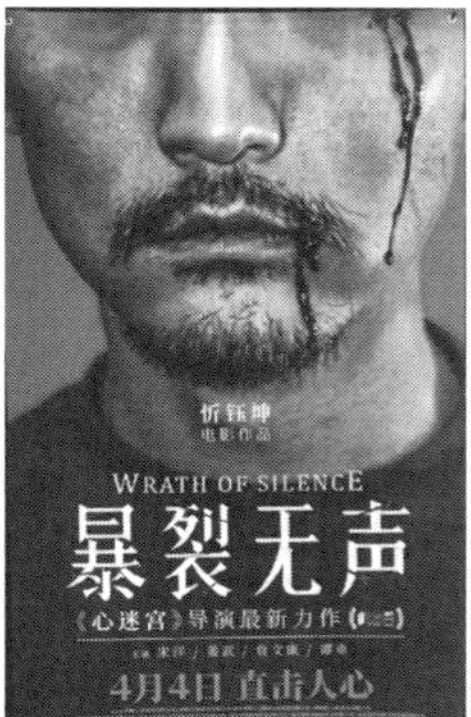

『無言の激昂』ポスター

新鮮な面白味を提供しなきゃいけないんです。

❖日中コラボレーションの意義

――日中の共同製作や、合作映画の可能性についてご意見を聞かせてください。

忻　いま中国の映画市場は、世界じゅうから注目されています。市場が大きいため、多くの製作資金が作り手に割り当てられ、莫大な興行収入から大きな利益が出るということで、多くの日本映画人も中国との共同制作や、製作への参加の道を探っています。岩井俊二、金子修介監督、久石譲や川井憲次ら日本の作曲家や、柳島克己らキャメラマン、さらに種田陽平ら美術スタッフが中国映画の製作に関わっていると聞いています。

映画音楽は成功しやすい分野ですが、外国人のキャメラマンや美術スタッフに、現代の中国を舞台にした映画を手がけてもらうのはやや難しいと思います。生まれ育った環境が違いますから。

それにしても、日本人スタッフとのコラボレーションは、たいへん大きな意義を持っていますね。岩井俊二監督ら日本映画人は、その独自の手法により、中国映画に新しい視点を与えることができます。また、現在の中国映画界には、設備や機材は完備されているものの、それらを使いこなすシステムがまだ機能しておらず、従業員の質や技術的な品質管理の基準の面でも、日本との隔たりが目につきます。映画市場には景気、不景気の波がありますが、映画産業のシステム体系を確固たるものにすれば、今後の中国映画の発展に必ず役立つでしょう。

――中国の映画界では、日本発のコンテンツを映画化する権利を買い漁ることがブームとなったようですね。

忻　ブームは一、二年前がピークでした。それらの日本のコンテンツが中国でも広く知れ渡っており、多くのファンをもっていることの証でもあると思う。でもそれは、健全な姿とはけっして言えません。開拓時代のアメリカで、開拓者が荒野に馬を走らせ、土地を自分のものにしたのと同じように、中国の資本家たちは先を競って、人気コンテンツの映画化権を買おうとしました。しかし、そのなかでも本当に映画化できたものは極めて少なく、コンテンツの使用期間が過ぎるとまたそれが日本の所有者の元に戻ることで、何の利益ももたらさず、映画市場に一時的な混乱を招き、さまざまなトラブルの元にさえなりました。

本来ならコンテンツには定価があり、買う側と売る側の双方が話し合うことで合意しますが、一夜にしてそれらの値段が暴騰するなんてことは、今思えば極めて異常事態でした。それらが教訓となり、今はかなり冷静になっていて、買い漁りブームも弾けたように思います。

二〇一七年の中国における映画市場のヒット作は、どれもそれなりの高い製作水準に達しています。二年ほど前までなら、宣伝プロモーションで勝負することもできました。でも今では、それだけでヒットする余地は少なくなっているように感じます。一年ほど前まで、向こう見ずなまま映画製作に関わろうとする会社が映画に群がり、賭博のように多くのお金が映画界に流れ込みました。しかし蓋を開けてみると、数多くの映画がクランクインしたと報じられたものの、実際に完成して公開されたものはごく少なかった。今年に入ると、映画への投資者はかなり慎重になって、どのような企画なのか、どのようなスタッフ、キャストなのかを見極めた上で決断することが多くなりました。

また、映画スターたちも、出演条件の良い大作ばかりでなく、若手監督が手がける芸術性の高い作品にも出演しようとしています。俳優にとっても、若手監督の下で、自らの新しいキャラクターだったり、新しい可能性を開拓するチャンスが生まれるからです。

❖撮りたい映画を撮る監督に

――今後の抱負はどのようなものですか。

忻　僕の作品は、単なる商業ベースの娯楽作品ではありません。この世界、それぞれの監督たちは、志すものが違えば、映画に携わるきっかけもそれぞれ異なっている。僕の場合、デビューした作品は低予算のサスペンス映画で、「ヒットさせよう」とか、「有名な賞を取りたい」とかの気持ちはなかった。でも、完成した作品が思いがけずさまざまな国際映画祭で受賞し、いきなり脚光を浴びることになりました。その後、多くのプロデューサーから、「娯楽大作を作らないか」と声をかけられました。それは、僕の作品のドラマチックなストーリー展開に、ある種の商業的価値を見いだしたからでしょう。

僕はこのような提案を拒絶するのではなく、常に対話には応じていました。というのも、当時フリーランスだった僕は、他ならない「映画監督」をみずからの職業にしたかったからです。でも、それらのプロデューサーと接触する中でわかったのは、彼らは「いい作品を作りたい」ということよりも、「とにかく金を儲けたい」一心なのだということです。スター俳優を数多く出演させ、ストーリーも、観客を「あっ」と言わせるような奇抜なものが用意されていました。その場合、監督にも多少知名度があった方が観客動員にも繋がるということで、僕の所に話が舞い込んできたわけです。

しかし、それらの企画自体はまだまだ粗雑で、合格点には達していなかった。良い映画というのは、シナリオライターから、監督、スタッフの一人一人まで、心の底から、「俺はどうしても撮りたくて仕方のない、本当に価値のある仕事に取り組んでいるんだ」ってプライドを持っていることがまず大前提になりますからね。

僕はある一点に集中してのめり込むタイプだったので、たとえば文学作品では、東野圭吾のサスペンス小説ばかりを読んでいました。でも年を取ったせいか、最近はそろそろ、そんな思考のルートを変えたいと思っていまして。今は、是枝裕和監督の作品にはまっています。これまでは強烈な題材に心惹かれていましたが、実はそれを映像化することはそれほど難しくはなく、むしろ単純な美しさを淡々と表現することこそ、至難の業なんじゃないでしょうか。最近は芯からそう感じています。

（写真提供：忻鈺坤）

おわりに

本書の様々な証言のなかで最も高い頻度で現れてきたキーワードは、「高倉健」にほかならない。日中映画交流史を語る際に高倉健は欠かすことのできない存在であるからだ。彼が映画のなかで体現した日本人像は、中国の人々にとって憧れの対象であり、目指すべきロールモデルであった。それまでの日本軍人によって代表される、忌まわしいネガティブな日本人像は彼の登場によって一気に覆され、ポジティブなものへと転じた。

高倉健の活躍が日中映画交流史における大きなターニングポイントであったと考えれば、日中映画交流史を「高倉健の時代」、それ以前、それ以後と時代を区切ることができるかもしれない。

戦中から冷戦時代に至るまでの映画と映画人交流は、まさに「高倉健的」なものが中国の人々に受け入れられることを可能とした「条件」、あるいはそれに至るための「準備」であったといえよう。

そして、「高倉健の時代」にあたる一九七〇年代後半〜八〇年代後半においては、日本映画が改革開放に際しての中国人のメンタリティーの形成に強いインパクトを与え、斬新な映画作りを目指していた中国第四、第五世代の映画人に多くのインスピレーションをもたらした。そればかりでなく、賈樟柯

（ジャ・ジャンクー）ら第六世代の映画人も少年時代に「高倉健的」な要素をふんだんに吸収しつつ、独自の映画スタイルを形成した。

長い日中映画交流の歴史において、映画作品における中国と日本の関係は大きく変容してきた。たとえば、「満映」時代は「一方的に教える日本人」対「学び従う中国人」という不均衡な関係が顕著であった。冷戦時代、さらに一九八〇年代にも両国映画のあいだに大きな隔たりがあったことは否めない。「高倉健的」なものが中国で受け入れられてからも、日中合作映画は日本主導であった。

しかし、二〇〇〇年以降はその力関係は大きく揺れ動き、『単騎、千里を走る。』（張芸謀監督、二〇〇五年）や、『空海―KU-KAI―美しき王妃の謎』（陳凱歌監督、二〇一七年）、『マンハント』（ジョン・ウー監督、二〇一七年）はそれまでの日本側主導の日中合作映画という枠を破り、資金や企画の面において中国側がイニシアチブを握るに至ったのである。

変化は両国間の映画受容のあり方にも及んでいる。戦中は「満州・支那映画」のもの珍しさに惹かれたのは一部の日本の文化人であり、冷戦時代は新中国映画に積極的にかかわろうとした日本の左翼的文化人とその周辺が日中映画交流の担い手であり、主な観客層でもあった。「高倉健の時代」に至ると、日本において中国と交流する主体も、そして観客層も一気に拡大し、中国映画はポピュラーなものとなった。また、中国においては、同時代の日本映画から受ける影響は日本における中国映画のそれをはるかに上回るものだった。

しかし、その中国も二〇〇〇年以降はインターネットの普及に伴い、メディア環境が大きく変貌し、推定六億人以上のインターネットユーザーを有するようになっている。日本映画の名作や新作が、動画サイト（一部は違法アップロードであるが）などで簡単に観ることができる。それは、日本映画祭や劇場公開といった公式的なルートでしか日本映画に接することができなかった、「高倉健の時代」と大きく異なっている。フィールド自体もグローバルな形で拡大した。さらに蒼井そらに代表されるセクシー女優やアダルト作品までも、海賊版などの非公式的なチャンネルをつうじて広く流通している。

こうしたなかで、日本映画はハリウッドや中国産の大作、韓流ものを含めた数ある選択肢の一つにすぎなくなった。かつて「高倉健」が中国社会に及ぼしたような圧倒的な影響力は、もはや持ちえず、再現不可能なものとなったといえるだろう。

さらに過去の侵略戦争の加害者であり、現在も領土問題などを抱える国である日本の文化に対して、冷ややかな視線を向ける中国人も少なくないだろう。だが、その一方、「電化製品でもおむつでも日本のほうがちょっと進んでいる」という類の感覚や意識が、中国における日本映画や日本人俳優の受容のなかにも容易に見いだされるだろう。嫌悪と憧憬、疎ましさと親密さが入り混じったアンビヴァレントな二重構造こそ、中国における日本文化の受容を特徴づけるものであるからだ。このような二重構造は日本でも同じかもしれない。

映画メディアはインターネット時代の今日でも、観客に大きなインパクトを与える。相手国の映画から得た「印象」が、その国民の「相手国のイメージ」の形成に影響を及ぼし続けている。いま日中両国にとって何よりも必要なのは、安易なイメージに頼るのではなく、相手国そのものと真摯に向き合い、理解し合うような新たな異文化受容のモデルを構築・確立させることであると考える。そのために相手国の文化を、様々な引き出しを持った豊かな文化として、さらには自国の進むべき道筋を示唆してくれる手本として、互いに好意的な眼差しで受け入れ、認識していくことが、日中両国民に求められるのではないだろうか。

初出一覧

◎「中国の黒澤明」と呼ばれた男　謝晋インタビュー
「激動の時代こそ、良い作品を生みだす――謝晋監督の映画人生」『東方』二〇〇七年三月号、東方書店
◎戦後初めて訪日した中国の映画女優　謝芳インタビュー
「中国の原節子――謝芳さんに聞く」『東方』二〇一八年二月号、東方書店
◎高倉健と『単騎、千里を走る。』　張芸謀インタビュー
「張芸謀訪談録」月刊『PLAYBOY』二〇〇六年二月号、集英社
◎高倉健と香港ノワール　ジョン・ウーインタビュー
「special interview 世界の呉宇森（ジョン・ウー）、原点に立ち戻る（前編）」『キネマ旬報』二〇一五年一二月上旬号
「special interview 世界の呉宇森（ジョン・ウー）、原点に立ち戻る（後編）」『キネマ旬報』二〇一五年一二月下旬号
◎中国社会の「今」を個人の目線から描く　賈樟柯インタビュー
「中国社会の「今」を臨場感をもって描く――中国映画の若き巨匠ジャ・ジャンクー監督に聴く」『映画芸術』二〇〇七夏号、（有）編集プロダクション映芸

あとがき

長年、日中映画交流史の研究に携わってきましたが、映画史を記述することの難しさをつくづくと感じています。膨大な資料の海に溺れず、また偏った私情に流されず、血の通った映画受容史を浮かび上がらせるためには、それぞれの時代の観客や映画人の「声」にじっくりと耳を傾けるほかに道がないと思います。幸いなことに、私は一九八〇年代の日中映画の黄金時代をリアルタイムで経験してきました。それは研究者としての自分の原点であると同時に、間違いなく本研究の土台ともなっています。「実体験」のない時代にかんしては、一次資料を読みあさり、行間を読めるまで精読するとともに、可能なかぎり多くの関係者にインタビューをおこなうよう心掛けました。本書はそうした経験と蓄積の賜物にほかなりません。

十数年にわたる研究活動のなかで、多くの日中両国のトップクラスの映画人にインタビューする機会に恵まれました。今から七年前に山田洋次、佐藤純彌、高倉健、栗原小巻ら日本の映画人が中国とのかかわりについて語った証言集『証言　日中映画人交流』（集英社新書）を出版しましたが、その姉妹編として、陳凱歌（チェン・カイコー）や、張芸謀（チャン・イーモウ）、賈樟柯（ジャ・ジャンクー）ら、中国の映画人の証言を一冊に纏めることもできるのではないかと考え、本書の企画を思い立ちました。

著者による日中映画交流史の概論、そして映画人交流の現場についての佐藤純子氏の証言が、全体のイントロダクションとして位置づけられるとすれば、その土台の上に、各々の中国の映画人が登場し、日本映画とのかかわりについて語る部分が本論となるでしょう。そのなかで故人についても、彼らにまつわる映画史的事実を、関係者へのインタビューや一次資料を通じて検証していくことにより、映画人一人一人の人間像やその感情、置かれた時代状況を浮かび上がらせる。それが本書の狙いです。

とはいうものの、この「大型プロジェクト」は、日中両国の多くの方々のご協力なしでは実現しえませんでした。あらためて、インタビューにご協力いただいた皆様、彼らをご紹介くださった関係者の皆様、ユニジャパンの皆様、そして本書を上梓してくださった東方書店の皆様に深く感謝申し上げます。なお本書の執筆は日本学術振興会科学研究費（基盤研究C）を受けてのものであり、合わせて御礼申し上げます。

お陰様で、従来の映画史研究において語られてこなかった、多くの映画史的新事実が本書によって明らかになったと考えます。日中映画交流史研究に新しい視座や可能性をもたらし、さらに日中映画の共同製作に対して示唆を与えることができたのであれば、本書の課題は成就されたこととなるでしょう。

二〇一八年七月　東京にて

劉文兵

容疑者Xの献身　17, 334
西谷弘監督、2008年
用心棒　268
黒澤明監督、1961年

ら

言鋒　115
演劇
羅生門　251, 336
黒澤明監督、1950年
陸軍　70
木下惠介監督、1944年
離婚　156
王好為監督、1992年
李双双　116
魯韌監督、1962年
李兆麟将軍被害情景　222
（李兆麟将軍殺害の真相）、1946年
リップヴァンウィンクルの花嫁　334
岩井俊二監督、2006年
遼闊的伏爾加河　223
（果てしなく広いボルガ河）
梁山伯と祝英台　30, 31
『梁山伯与祝英台』桑弧、黄沙監督、1953年
リリー・マルレーン　311
ライナー・ヴェルナー・ファスビンダー監督、1981年
林商店　39
『林家舗子』水華監督、1959年
涙痕　92, 93
李文化監督、1979年
レッドクリフ　274
『赤壁』ジョン・ウー監督、2008～09年

わ

ワイルド・ブリット　270, 271
『喋血街頭』ジョン・ウー監督、1990年

フェイス／オフ 258
ジョン・ウー監督、1997 年
不屈の人びと 9, 35
『烈火中永生』水華監督、1965 年
父子情 310
王超監督、2017 年
舞台の姉妹 85, 86, 89, 90, 104
『舞台姐妹』謝晋監督、1964 年
芙蓉鎮 14, 15, 86, 100, 105-107, 185
『芙蓉鎮』謝晋監督、1986 年
プラットホーム
296, 299, 300, 302, 304-306
『站台』賈樟柯監督、2000 年
古井戸 280
『老井』呉天明監督、1986 年
ブレイド・マスター 330, 335, 342
『繡春刀』路陽監督、2014 年
ブロークン・アロー 258
ジョン・ウー監督、1996 年
粉砕暴日 221
並肩前進 224, 225
（肩を並べて前進する）、1964 年
北京ヴァイオリン 244
『和你在一起』陳凱歌監督、2002 年
暴風驟雨 88
謝鉄驪監督、1961 年
北国紅豆 156, 168, 170-174
王好為監督、1984 年
牧馬人 105, 106
謝晋監督、1981 年
ホタル 285
降旗康男監督、2001 年
鉄道員 ぽっぽや 285, 315
降旗康男監督、1999 年

ま

麻煩家族 17
黄磊監督、2017 年
魔女の宅急便 207
宮崎駿監督、1989 年
招かれざる客 136
スタンリー・クレイマー監督、1967 年
幻の光 327
是枝裕和監督、1985 年
マンハント 17, 259, 276, 356
『追捕』ジョン・ウー監督、2017 年
未完の対局 16, 179, 187, 195
佐藤純彌、段吉順監督、1982 年
民主東北 224
無言の激昂 346, 347, 350, 352
『暴裂無声』忻鈺坤監督、2017 年
迷人的楽隊 156
王好為監督、1985 年
盲人電影院 330
路陽監督、2010 年
木蘭従軍 8
卜万蒼監督、1939 年
もののけ姫 204, 207
宮崎駿監督、1997 年

や

柳生一族の陰謀 267
深作欣二監督、1978 年
山の郵便配達 15, 210
『那山、那人、那狗』霍建起監督、1999 年
有一天、在北京 296
（ある日、北京で）賈樟柯監督、1994 年
夕照街 156, 166, 176
王好為監督、1982 年
ゆきゆきて、神軍 185
原一男監督、1987 年
夢・桃中軒牛右衛門の新劇、宮本研作 48

となりのトトロ　202, 207
宮崎駿監督、1988年

泥の河　300, 318
小栗康平監督、1981年

敦煌　16, 179, 195, 206, 332
佐藤純彌監督、1988年

な

泣きながら笑う日　65
松山善三監督、1976年

ならず者　261, 262
石井輝男監督、1964年

楢山節考　65, 252, 318
今村昌平監督、1983年

二十四の瞳　8, 31, 43, 70, 107
木下恵介監督、1954年

日日夜夜　310, 316
王超監督、2003年

二百五小伝　102
鄭小秋監督、1949年

人間の証明　9, 155, 181
佐藤純彌監督、1977年

人情紙風船　43
山中貞雄監督、1937年

能人于四　156
王好為監督、1999年

狼煙は上海に揚る　68
稲垣浩、岳楓監督、1944年

は

ハード・ターゲット　258
ジョン・ウー監督、1993年

梅蘭芳的舞台芸術　223, 227
（梅蘭芳の舞台芸術）、1956年

薄氷の殺人　345
『白日焔火』刁亦男監督、2014年

白毛女　9
王濱、水華監督、1950年

箱根風雲録　43
山本薩夫監督、1952年

裸の島　8, 253, 315
新藤兼人監督、1960年

初恋のきた道　15, 210, 280, 287
『我的父親母親』張芸謀監督、1999年

花とアリス　334
岩井俊二監督、2004年

花の影　244, 250
『風月』陳凱歌監督、1996年

花の生涯〜梅蘭芳〜　244
『梅蘭芳』陳凱歌監督、2008年

パリ、テキサス　311
ヴィム・ヴェンダース監督、1984年

遙かなる山の呼び声　133, 143-145, 147-149, 156, 157, 160, 161, 166, 167, 169-171, 173-176, 315, 316
山田洋次監督、1980年

盤石湾　104
謝晋監督、1976年

晩春　320
小津安二郎監督、1949年

万世流芳　8
卜万蒼、朱石麟、馬徐維邦、楊小仲監督、1943年

人、中年に到る　299
『人到中年』王啓民、孫羽監督、1982年

一人と八人　280, 285
『一個和八個』張軍釗監督、1984年

日出　92
話劇、曹禺作

ファイナル・プロジェクト　346
『警察故事4之簡単任務』スタンリー・トン監督、1997年

風櫃の少年　302
『風櫃来的人』侯孝賢監督、1984年

風暴　35
金山監督、1959年

千と千尋の神隠し 207
宮崎駿監督、2001年
潜網 156, 166
王好為監督、1981年
早春（Letters from China）
218, 224-226
ヨリス・イヴェンス監督、1958年
早春の二月 38, 39, 85-90, 117, 222
『早春二月』謝鉄驪監督、1963年
それから 322
森田芳光監督、1985年
孫文 210
『孫中山』丁蔭楠監督、1986年
村路帯我回家 156, 170
王好為監督、1987年

た

大閲兵 244
『大閲兵』陳凱歌監督、1986年
大河奔流 117-119, 124
謝鉄驪監督、1978年
第三届世界青年与学生友誼聯歓節
223, 224
（第三回世界青年学生友好懇親祭）、1951年
台風クラブ 319
相米慎二監督、1985年
太平輪 268
ジョン・ウー監督、2015年
単騎、千里を走る。
281, 282, 285, 287, 288, 290, 291, 356
『千里走単騎』張芸謀監督、2005年
探偵物語 317
根岸吉太郎監督、1983年
チェイサー 349
ナ・ホンジン監督、2008年
菊豆 チュイトウ
15, 200, 201, 207, 213, 280
『菊豆』張芸謀監督、1989年
長江哀歌 296-299, 304, 305, 307
『山峡好人』賈樟柯監督、2006年
追捕 259
罪の手ざわり 297
『天注定』賈樟柯監督、2013年
テス 311
ロマン・ポランスキー監督、1979年
テラコッタ・ウォリア 秦俑 210
『秦俑』程小東監督、1989年
デルス・ウザーラ 46
黒澤明監督、1975年
天雲山物語 105, 106
『天雲山伝奇』謝晋監督、1980年
天空の城ラピュタ 202, 207
宮崎駿監督、1986年
天平の甍 16, 60, 67
熊井啓監督、1980年
東 296
賈樟柯監督、2006年
東京物語 301, 320
小津安二郎監督、1953年
嘟嘟 296
（トウトウ）賈樟柯監督、1996年
等到満山紅葉時 298
（紅葉が赤くなる頃を待とう）
湯化達、于本正監督、1980年
東風掀起長江浪 223
（東風は長江の浪を引き起こす）
東洋平和の道 213
鈴木重吉監督、1938年
時をかける少女 322
大林宣彦監督、1983年
ドクトル・ジバゴ 268, 269
デイヴィッド・リーン監督、1965年
渡江偵察記 111, 115-117
湯暁丹、湯化達監督、1973年
どっこい生きてる 8, 9, 18
今井正監督、1950年

秋菊の物語　213, 280, 287, 291
『秋菊打官司』張芸謀監督、1992 年
終電車　311
フランソワ・トリュフォー監督、1980 年
重来　310, 324, 325
王超監督、2008 年
縮図　43
新藤兼人監督、1953 年
祝福　39
桑弧監督、1956 年
修羅　黒衣の反逆　330, 335-338, 342
『繡春刀 2 修羅戦場』路陽監督、2017 年
ジュラシックパーク　345
スティーブン・スピルバーグ監督、1993 年
春苗　100, 101, 104, 111, 115
謝晋監督、1975 年
将軍　111, 119, 120, 126
『従奴隷到将軍』王炎監督、1979 年
小山回家　296
（小山が里帰りする）賈樟柯監督、1995 年
少年　301
大島渚監督、1969 年
勝利之路　223
記録映像、1950 年
少林寺　210
張鑫炎監督、1981 年
蜀山奇傳　天空の剣　276
『新蜀山剣俠』ツイ・ハーク監督、1983 年
女籃五号　102, 103
謝晋監督、1957 年
尋找羅麦　310
王超監督、2018 年
新世紀エヴァンゲリオン　340
庵野秀明監督、1995 年〜
針麻酔　76
記録映画
心迷宮　344, 347
忻鈺坤監督、2013 年
人面桃花　2, 3
陳寿蔭監督、1925 年
垂簾聴政 → 西太后
姿三四郎　333
黒澤明監督、1943 年
スター・ウォーズ　275, 276
ジョージ・ルーカス監督、1977 年
砂の器　9, 156, 181, 312
野村芳太郎監督、1974 年
生死擂　156
王好為監督、2001 年
青春の歌　9, 35, 38, 85-87, 89, 94
『青春之歌』崔嵬、陳懐皚監督、1959 年
西太后　123, 210
『火焼円明園』『垂簾聴政』李翰祥監督、1983 年
制服の処女　74
レオンティーネ・ザーガン監督、1931 年
世界　296, 303-305
『世界』賈樟柯監督、2005 年
切腹　65-68
小林正樹監督、1962 年
セブンソード　338
『七剣』ツイ・ハーク監督、2005 年
迫り来る嵐　345
『暴雪将至』董越監督、2017 年
戦場に捧げる花　106
『高山下的花環』謝晋監督、1984 年
戦場の花　119, 298
『小花』張錚監督、1979 年
戦争と人間　46, 48, 246, 249
山本薩夫監督、1970 〜 73 年

紅灯記 76, 113
革命京劇
紅夢 280
『大紅灯籠高高掛』張芸謀監督、1991年
哭声　コクソン 349
ナ・ホンジン監督、2016年
心の香り 210
『心香』孫周監督、1992年
呉清源　極みの棋譜 341
『呉清源』田壮壮監督、2006年
子供たちの王様 244
『孩子王』陳凱歌監督、1987年
米 43
今井正監督、1957年

さ

最後の一幕 35
話劇、藍光作
最後の女達 107
楠田清監督、1954年
西遊記　鉄扇公主の巻 8
『鉄扇公主』万籟鳴、万古蟾監督、1941年
桜 75
『桜』韓小磊、詹相持監督、1979年
殺人の追憶 348, 349
ポン・ジュノ監督、2003年
座頭市 333
北野武監督、2003年
サムライ 261, 270
ジャン＝ピエール・メルヴィル監督、1967年
さゆり 292
ロブ・マーシャル監督、2005年
さらば、わが愛／覇王別姫 15, 19, 210, 244
『覇王別姫』陳凱歌監督、1992年
山花 92
崔嵬監督、1975年
山河ノスタルジア 297
『山河故人』賈樟柯監督、2015年
残菊物語 320
溝口健二監督、1939年
山椒大夫 320
溝口健二監督、1954年
山村新人 117
姜樹森、荊傑監督、1976年
サンダカン八番娼館　望郷 9, 64-68, 77, 135, 155, 181, 315
熊井啓監督、1974年
三人の李さん 103
『大李、老李和小李』謝晋監督、1962年
幸福の黄色いハンカチ 133, 316
山田洋次監督、1977年
四月物語 334
岩井俊二監督、1998年
始皇帝暗殺 244, 250, 310
『荊軻刺秦王』陳凱歌監督、1998年
刺青時代 299
賈樟柯監督（未完）
四川のうた 297
『二十四城記』賈樟柯監督、2008年
七人の侍 333
黒澤明監督、1954年
失信的村庄 156
王好為監督、1986年
失楽園 322
森田芳光監督、1997年
忍ぶ川 64
熊井啓監督、1972年
姐妹倆 122
（姉妹）淘金監督、1981年
姉妹坂 322
大林宣彦監督、1985年

カラテ愚連隊　258
『鉄漢柔情』ジョン・ウー監督、1973年
華麗なる一族　156
山本薩夫監督、1974年
キープ・クール　287, 291
『有話好好説』張芸謀監督、1997年
黄色い大地　14, 19, 184-186, 206, 244, 251, 254, 255, 280, 285, 302
『黄土地』陳凱歌監督、1984年
喜劇ピンぼけ家族　127, 156, 158, 165, 168
『瞧這一家子』王好為監督、1979年
帰心似箭　158
（帰心矢の如し）李俊監督、1979年
幾番風雨　102
何兆璋監督、1948年
希望　121
于彦夫監督、1977年
君の名は。　12
新海誠監督、2016年
君よ憤怒の河を渉れ
9, 77, 133, 135-138, 140-145, 147, 149, 155, 179, 181, 182, 245, 259, 260, 281-283, 285, 299, 300, 315
佐藤純彌監督、1976年
許茂和他的女児們　120, 121
（許茂とその娘たち）王炎監督、1981年
キリング・ミー・ソフトリー　244
陳凱歌監督、2002年
金環蝕　155
山本薩夫監督、1975年
金大班的最後一夜　99
話劇
空海—KU-KAI—美しき王妃の謎
17, 244, 248-250, 253, 356
『妖猫伝』陳凱歌監督、2017年
愚公移山　226
ヨリス・イヴェンス監督、1975年
草を刈る娘　61
西川克己監督、1961年
苦悩人的笑　298
（悩む人の苦笑）楊延晋監督、1979年
グランド・マスター　339
『一代宗師』ウォン・カーウァイ監督、2013年
グリーン・デスティニー　336
『臥虎蔵龍』アン・リー監督、2000年
グレートウォール　280
『長城』張芸謀監督、2017年
嫌疑者X的献身　17
蘇有朋監督、2017年
幻想曲　310, 324, 325
王超監督、2013年
黄英姑　121, 122
荊傑、舒笑言監督、1980年
公共場所　296
賈樟柯監督、2001年
高原風雪　116
話劇
江湖児女　299
賈樟柯監督、2018年
格子なき牢獄　74
レオニード・モギー監督、1938年
紅情怨　2, 3
『忠孝節義』邵酔翁監督、1926年
江城夏日　310, 316
王超監督、2005年
紅色娘子軍　103, 104
『紅色娘子軍』謝晋監督、1960年
荒神　333
北村龍平監督、2003年
香雪　156, 170, 175, 176
『哦, 香雪』王好為監督、1989年

阿片戦争　106, 203
『鴉片戦争』謝晋監督、1997年
安陽の赤ちゃん　310, 319, 323, 324, 326
『安陽嬰兒』王超監督、2001年
活きる　280
『活着』張芸謀監督、1994年
異人たちとの夏　322
大林宣彦監督、1988年
一盤没有下完的棋 → 未完の対局
一瞬の夢　296, 299, 304, 305
『小武』賈樟柯監督、1997年
ウエスト・サイド物語　271
ロバート・ワイズ、ジェローム・ロビンス監督、1961年
ウォーリアー&ウルフ　17, 341
『狼災記』田壮壮監督、2009年
雨過天青　2, 3
夏赤鳳監督、1931年
雨月物語　320
溝口健二監督、1953年
海街 diary　327
是枝裕和監督、2015年
海よりもまた深く　327
是枝裕和監督、2016年
駅　STATION　260, 263, 264, 276
降旗康男監督、1981年
オールドボーイ　349
パク・チャヌク監督、2003年
男たちの挽歌　258, 264, 269, 299
『英雄本色』ジョン・ウー監督、1986年
狼／男たちの挽歌・最終章　262, 273, 276, 299
『喋血雙雄』ジョン・ウー監督、1989年
男はつらいよ　9, 159, 160
山田洋次監督、1969 ～ 1995年
鬼が来た！　15
『鬼子来了』姜文監督、2002年
鬼婆　253
新藤兼人監督、1964年
女ひとり大地を行く　8
亀井文夫監督、1953年

か

海霞　156, 164, 169
銭江、陳懐皚、王好為監督、1974年
海港　104, 165
謝鉄驪、謝晋監督、1972年
海上明珠　156
王好為監督、1975年
解放了的長春　221
（解放された長春）
隠し砦の三悪人　333
黒澤明監督、1958年
岳武穆精忠報国　254
呉永剛監督、1940年
影　280
張芸謀監督、2018年
カサブランカ　102
マイケル・カーティス監督、1942年
火焼円明園 → 西太后
化石　64, 67, 68
小林正樹監督、1975年
風の谷のナウシカ　207
宮崎駿監督、1984年
家族ゲーム　322
森田芳光監督、1983年
家族はつらいよ　17
山田洋次監督、2016年
哀しき獣　349
ナ・ホンジン監督、2010年
蒲田行進曲　248, 249, 312, 317
深作欣二監督、1982年

映画タイトル索引

＊中国語映画の原題はゴシックで示し、英語、韓国語などその他の言語の原題は省略した。
＊日本未公開の中国映画は、漢字の音読み順とした。本文にタイトルの日本語訳が出てきたものは（　）で添えた。
＊京劇・話劇等のタイトルも収録している。

アルファベット

HERO　15, 18, 211, 280, 290
『**英雄**』張芸謀監督、2002 年

HANA-BI　333
北野武監督、1998 年

Have a nice day　345
『**大世界**』劉健監督、2017 年

LOVERS　15, 18, 211, 280, 290, 336
『**十面埋伏**』張芸謀監督、2004 年

M:I-2　258
ジョン・ウー監督、2000 年

Pluie　225
（雨）ヨリス・イヴェンス監督、1929 年

STAND BY ME ドラえもん　12
山崎貴、八木竜一監督、2014 年

W の悲劇　311, 312, 317
澤井信一郎監督、1985 年

あ

あゝ野麦峠　314, 315
山本薩夫監督、1982 年

アーメン・オーメン・カンフーメン！　275, 276
『**摩登天師**』ジョン・ウー監督、1981 年

愛と死　9, 155, 181, 317
中村登監督、1971 年

愛のコリーダ　251
大島渚監督、1976 年

青い凧　200-203, 207
『**藍風箏**』田壮壮監督、1993 年

蒼き狼　成吉思汗の生涯　17
テレビドラマ、1980 年

青の稲妻　296, 299, 303-306
『**任逍遙**』賈樟柯監督、2002 年

赤い疑惑　300
テレビドラマ、1975 ～ 76 年

紅いコーリャン　14, 19, 185, 186, 200, 206, 280
『**紅高粱**』張芸謀監督、1987 年

赤ひげ　320
黒澤明監督、1965 年

悪魔を見た　349
キム・ジウン監督、2010 年

啞妻　102
呉仞之監督、1948 年

新しき土　213
伊丹万作、アーノルド・ファンク監督、1937 年

アッシイたちの街　193, 299, 300, 314
山本薩夫監督、1980 年

あなたへ　315
降旗康男監督、2012 年

あの子を探して　287
『**一个都不能少**』張芸謀監督、1998年

著者略歴

劉文兵（りゅう ぶんぺい　Liu-Wenbing）

1967年中国山東省生まれ。東京大学大学院総合文化研究科超域文化科学専攻表象文化論コース博士課程修了。2004年博士学位取得。博士（学術）。日本学術振興会外国人特別研究員を経て、現在、東京大学学術研究員。早稲田大学、慶應義塾大学ほか非常勤講師。

主な著書（単著）に『日中映画交流史』（東京大学出版会、2016）、『日本電影在中国』（中国語、中国電影出版社、2015）、『中国抗日映画・ドラマの世界』（祥伝社新書、2013）、『中国映画の熱狂的黄金期——改革開放時代における大衆文化のうねり』（岩波書店、2012）、『証言　日中映画人交流』（集英社新書、2011）、『中国10億人の日本映画熱愛史——高倉健、山口百恵からキムタク、アニメまで』（集英社新書、2006）、『映画のなかの上海——表象としての都市・女性・プロパガンダ』（慶應義塾大学出版会、2004）がある。

主な共著（分担執筆）に『映像の可能性を探る——ドキュメンタリーからフィクションまで』（専修大学出版局、2018）、『映画監督　小林正樹』（岩波書店、2016）、『高倉健』（文春文庫、2016）、『学芸の環流——東西の翻訳・思想・映像』（専修大学出版局、2014）、『日本映画は生きている　踏み越えるドキュメンタリー』（岩波書店、2010）、『表象のディスクール　メディア』（東京大学出版会、2000）がある。論文多数。2016年、日本映画ペンクラブ賞・奨励賞を受賞。

映画《えいが》がつなぐ中国《ちゅうごく》と日本《にほん》
日中《にっちゅう》映画《えいが》人《じん》インタビュー

二〇一八年七月三一日　初版第一刷発行

著　者●劉文兵

発行者●山田真史
発行所●株式会社東方書店
東京都千代田区神田神保町一―三　〒一〇一―〇〇五一
電話〇三―三二九四―一〇〇一
営業電話〇三―三九三七―〇三〇〇
装　幀●加藤浩志（木曜舎）
印刷・製本●モリモト印刷株式会社

定価はカバーに表示してあります

ISBN978-4-497-21815-5　C0074

小社ホームページ〈中国・本の情報館〉で小社出版物のご案内をしております。
http://www.toho-shoten.co.jp/